制度与经济增长

与新制度经济学对话

姚洋 著

文汇出版社

图书在版编目(CIP)数据

制度与经济增长/姚洋著. —上海：文汇出版社，
2022.8
ISBN 978-7-5496-3831-4

Ⅰ.①制… Ⅱ.①姚… Ⅲ.①中国经济—经济增长—研究 Ⅳ.①F124.1

中国版本图书馆CIP数据核字（2022）第123188号

制度与经济增长

作　　者 /	姚　洋
责任编辑 /	戴　铮
封面设计 /	汤惟惟
版式设计 /	汤惟惟
出版发行 /	**文匯**出版社
	上海市威海路755号
	（邮政编码：200041）
印刷装订 /	上海颛辉印刷厂有限公司
版　　次 /	2022年8月第1版
印　　次 /	2022年8月第1次印刷
开　　本 /	889毫米×1230毫米　1/32
字　　数 /	280千字
印　　张 /	13.25
书　　号 /	ISBN 978-7-5496-3831-4
定　　价 /	68.00元

目 录

新版前言 ……… 1

《制度与效率：与诺斯对话》第一版前言 ……… 4

第一章 引言
01. 诺斯的学术生平 ……… 14
02. 诺斯的主要学术贡献（一） ……… 23
03. 诺斯的主要学术贡献（二） ……… 33
04. 诺斯与老制度经济学派 ……… 38
05. 诺斯与奥地利学派 ……… 41
06. 本书的安排 ……… 44

第二章 理性假设、交易成本和外部性
01. 新古典经济学的行为假设 ……… 50
02. 交易成本 ……… 60

03. 外部性 ········ 68
04. 小结 ········ 75

第三章　制度

01. 什么是制度？ ········ 80
02. 非正式制度 ········ 91
03. 正式制度 ········ 99
04. 制度的实施 ········ 114
05. 小结 ········ 125

第四章　效率假说：西方世界的兴起

01. 制度与效率 ········ 131
02. 无效制度 ········ 136
03. 诱导性制度变迁假说 ········ 142
04. 西欧经济制度的演进 ········ 152
05. 小结 ········ 167

第五章　经济史的结构与变迁

01. 第一次经济革命 ········ 172
02. 古典国家理论 ········ 180
03. 古代国家的出现和消亡 ········ 190
04. 工业革命与第二次经济革命 ········ 196
05. 小结 ········ 202

第六章 可信承诺、路径依赖、人类认知和制度演进

01. 可信承诺 ……… 208

02. 路径依赖 ……… 218

03. 人类认知与制度变迁 ……… 229

04. 小结 ……… 238

第七章 社会秩序和经济绩效

01. 限制性秩序、开放性秩序和两者之间的转型 ……… 244

02. 制度两分法的缺陷 ……… 253

03. 政治秩序与经济表现 ……… 261

04. 小结 ……… 265

第八章 新、老制度学派的对比

01. 个人理性与集体理性 ……… 270

02. 进化与设计 ……… 275

03. 制度绩效 ……… 281

04. 解释的方法 ……… 285

05. 小结 ……… 289

第九章 制度是经济发展的充分条件吗

01. 所有权的性质 ……… 296

02. 所有权与经济增长 ……… 300

03. 奥尔森的利益集团理论 ……… 304

04. 规模报酬递增与经济增长 ········ 310

05. 国家与经济发展 ········ 318

06. 制度在长期历史中是无关的吗? ········ 326

07. 小结 ········ 331

第十章 制度变迁的过程

01. 制度变迁的黑箱化 ········ 336

02. 制度变迁的个体眼光 ········ 341

03. 集体选择与制度变迁 ········ 347

04. 集体选择的研究方法 ········ 354

05. 小结 ········ 360

第十一章 制度绩效与制度的多样性

01. 制度绩效的规范评判 ········ 366

02. 制度绩效多样性的实证意义 ········ 376

03. 制度的多样性 ········ 382

04. 小结 ········ 387

第十二章 结语:制度研究的新视角

01. 逻辑的严密性和逻辑的真实性 ········ 392

02. 站在未来思考今天 ········ 401

03. 集体选择视角下的制度研究问题 ········ 405

04. 制度变迁的可预测性 ········ 410

05. 小结 ········ 416

新版前言

在距离《制度与效率：与诺斯对话》出版二十年之际，承蒙贝页图书的刘盟赟先生之邀，我对这部著作进行修改，以《制度与经济增长：与新制度经济学对话》之名再次出版。在过去的二十年里，新制度经济学已然发展成为新政治经济学，诺斯也已仙逝，但他的名言"制度是经济增长的根本原因"却被继承下来。

总体而言，中国自1978年以来的改革和发展历程，是这句名言的一个很好的证明，但在细节方面，中国学者还有许多工作要做。最为重要的是，在这句名言后面，是隐含在诺斯以及新政治经济学派代表人物阿西莫格鲁等人的信念，即世界上存在放之四海而皆准的最优制度，诺斯和他的合作者称之为"开放性秩序"，阿西莫格鲁和他的合作者称之为"包容型制度"，但它们并不能很好地描述当代中国的制度，也不能很好地描述第二次世界大战之后发生赶超的国家或地区的早期制度。中国的崛起已经引起国际社会的广泛关注，当代中国的政治和经济体制成为国际社会科学界研究的主题之一。在这个当口修改《制度与效率：与诺斯对话》因此有了特别的意义。一方面，我们需要重温新制度经济学对制度研究的贡献，吸收新政治经济学对制度研究的拓展；另一方面，我们也需要以更加批判性的眼光来看待他们研究制度的方法和结论，并从中国的现实出发创造关于制度变迁和制度绩效的新理论。

尽管新版以《制度与经济增长：与新制度经济学对话》命名，但对诺斯学术贡献的评介仍然是新版的主体部分，原因是，诺斯仍然是最重要的新制度经济学代表人物，他的影响遍及社会科学的各个学科。新版对原版的改动和增减有以下几方面。一是增加了对诺斯后期工作的评介，特别是《暴力与社会秩序》这部诺斯和他人合作的著作；二是增加了对新政治经济学派的评介；三是删除了原版里的第三章，这一章讨论效率的含义，而今天效率已经是广为人知的概念；四是对原版里一些时效性的表述进行了修改，并适当增加了一些与当代相关的讨论。

当年写作《制度与效率：与诺斯对话》时，我不过是刚拿到副教授的年轻学者。一方面，我要感谢四川人民出版社谢雪编辑的厚爱，把这么重要的一个选题交给我；另一方面，我也对当时自己的勇气感到欣慰——在北大，著作在升等方面的作用是很小的，我放下学术论文的写作，拿出一年多的时间写作这本书是要冒一定的风险的。好在学界和出版界没有忘记这本书，这是我今天敢于对它进行修改，让它以新的面貌再次呈现给读者的原因之一。

2022 年 2 月 23 日

《制度与效率：与诺斯对话》第一版前言

诺斯是国内学术界较为熟悉的一位经济学家，以他、科斯以及威廉姆森为代表的新制度经济学对中国的制度研究有很大的影响。中国正在经历一场伟大的经济和社会转型，急需经济理论的创新，以总结经验，并为转型和发展指引方向。新制度学派已经有科斯和诺斯两位学者获得诺贝尔经济学奖，威廉姆森和德姆塞茨等人也是国内学术界所熟悉的学者。[1]他们的共同之处是将标准的新古典经济学方法运用到对制度及其对经济效率的影响的分析上来。他们的研究不仅为我们对制度的理解增加了全新的内容，而且刺激了主流经济学对制度的关注，并产生了一批很有影响的成果（特别是在所有权、合约以及企

---

[1] 威廉姆森也于2009年获得诺贝尔经济学奖。

业理论等领域）。在这个时候，我们从新制度经济学这个已经取得了一定成就的新兴学派吸取养分是完全必要的。然而，新制度经济学并不是我们可以借鉴和学习的唯一学派，而且，它在方法论和讨论问题的视角方面也存在着一些缺陷，需要我们在引进和吸收时予以修正和弥补。

首先，新制度学派试图将对所有制度的解释还原到个人的理性计算的层次上，也就是试图在制度真空中解释任意一种制度。然而，制度真空是不存在的，因为即使是在最原始的部落里也存在着丰富的制度安排。任何制度都是历史的延续，我们能做到的只能是在给定的某些制度下解释另一些制度。同时，脱离了社会和人文环境的个体理性也是不存在的，将对制度的解释还原为纯粹的个体理性不能为我们提供一个真正的解释。其次，新制度学派将制度看作个体博弈的均衡结果，试图为制度变迁寻找一种符合类似于哈耶克的自发秩序的解释。然而，我们所观察到的制度变迁基本上都是集体选择的结果，而不是个体博弈的均衡。集体选择并不意味着社会总是达到一致性，或总是有组织地实施集体行动，它只意味着社会成员以个体或集团的名义采取行动，而这些行动通过一定的加总机制表达为社会的行动。在现代社会里，成文制度几乎都是通过集体选择实现的。即使是不成文的制度，如道德、习俗和行规等等，尽管它们的形成可能是集体无意识选择的结果，但它们的实施仍然需要社会组织的教化和强制力量。因此，将制度看作自发博弈的结果要么将对制度的研究局限在狭窄的领域，要么无法对制度变迁的全貌给出充分的解释。第三，新制度学派关心制度之间的比较，而忽视了制度变迁的过程。尽管制度之间的比较是有意义的，但对制度变迁过程的忽视导致理论的解释和预测力的下降。最后，新制度学派只将效率作为评判制度绩效的唯一标准，而对制度的其他功能视而不见。这样做的后果是，我们不仅无法在规范层次上对一种制度做出正确的评价，而且无法在实证层面上对制度变迁的动力给出一个符合实际的描述。

诺斯虽然是新制度学派的主要代表人物之一，但他的学术思想经历了一个由新古典主义向它的批判者转变的过程，从而使他不同于其他新制度学家（特别是那些更接近主流经济学的人）。本书是与诺斯的学术对话。在很大程度上，这场对话是在新、老制度学派之间展开的。老制度学派是二十世纪初产生在美国、并以凡勃伦、阿里斯和秉芒斯为代表的制度研究学派。虽然我不完全赞成老制度学派的观点和方法，但我认同老制度学派的许多学术取向。这些学术取向表现在上述对新制度学派的批评中，并成为我与诺斯对话的立足点。当然，这不等于说新、老制度学派总是针锋相对的。事实上，它们在许多问题上是一致的，特别是当它们所面对的是主流经济学的时候。诺斯本人的学术观点在很大程度上体现的是新、老制度学派的结合，这在他的学术后期表现得尤为明显，他目前正在从事的人类认知结构对制度变迁的影响的研究实际上是新、老制度学派的综合。

本书虽然以评介诺斯的学术思想为主，但同时也反映了我本人在制度研究方面的一些思考；特别地，我试图在对诺斯和新制度学派的批评并吸收老制度学派的学术取向的基础上提出一个新的制度研究框架。我希望这个框架将不仅成为指导我自己今后研究的方向，而且能够为对制度研究有兴趣的读者提供有益的参考。

本书虽然是对一位经济学者学术思想的评介，但我在写作过程中力求避免使用经济学的专门术语；对于那些不能回避的经济学概念，我一般都给予了解释，一些关键性的概念，如理性人假设、交易成本、外部性和效率等等，我甚至辟专门章节予以讨论。因此，本书的读者不限于对经济学有所了解的人，任何对制度研究感兴趣的人都可以阅读。

本书的写作得到了许多个人和组织的帮助。我首先感谢美中学术交流委员会为我所提供的为期半年的资助，该资助使得我能够在2000年春季重返母校威斯康星大学麦迪逊分校从事学术研究，购置大量的图书资料，并在此期间完成了部分章节的写作。我还要感谢教育部霍英东青年教师基金会，它的资金支持使得我能够从麦迪逊飞赴圣·路易斯市的华盛顿大学与诺斯进行面对面的采访和交谈。我所任职的北京大学中国经济研究中心给予我半年的学术休假，使得我可以专心于写作，我在此深表感谢。林毅夫教授对本书的写作提出了建设性的建议，汪丁丁和秦晖二位教授阅读了部分章节，并提出了有价值的意见。我向他们一并表示感谢。

我要特别感谢三个人。一个是诺斯教授本人。他在我访问华盛顿大学的两天期间与我进行了前后两次共几个小时的交谈，不仅为我解除了许多对他的思想的疑问，而且使我对他的学术发展脉络以及他近期的学术思想有了直接的了解。他还邀请我与他及他的两位合作者共进午餐,并到他的研究班上做了一次学术讲座。他敏捷的思维、平易近人的作风以及幽默的谈吐给我留下了深刻的印象。另一个人是丹尼尔·布罗姆利教授。在我访问麦迪逊的半年间,他与我进行了多次长谈,并允许我旁听他的制度经济学课,弥补了我在做学生时的遗憾。作为威斯康星学派的当代代表之一,布罗姆利教授使我对这个学派有了更深入的了解,这对本书的写作大有裨益。我要感谢的第三个人是我的妻子聂华。她不仅承揽了大部分家务,使我有更多的时间来从事写作,而且在工作之余不辞辛劳地完成了全书的录入。作为第一个读者,她还为本书的写作提供了宝贵的意见。她从一个非专业读者的角度所提出的许多建议,不仅使本书更易于被经济学以外的读者所接受,而且也为她的文字添色不少。

最后,我要感谢本书的编辑、四川人民出版社的谢雪女士,她不仅容忍了我一再拖延的交稿日期,而且时常给予我关心和鼓励。

姚洋

2000 年 1 月 30 日

第一章

引言

"历史是有意义的。"

——诺斯:《制度、制度变迁和经济绩效》

"制度是经济增长的根本原因。"这是经济学家道格拉斯·诺斯在与其合作者撰写的著作《西方世界的兴起》中说出的一句名言。中国自1978年以来的经济增长通常被认为是这句名言的一个明证。的确,中国经济的成功离不开制度革新、特别是二十世纪八九十年代的艰苦改革;时至今日,"改革"仍然是中国政治和经济生活中的一个高频词汇。以诺斯和科斯为代表的新制度经济学派对中国经济改革产生了深刻的影响,特别是对于农村改革、国企改革和产权的建立起到了理论指导作用。在国际学术界,新制度经济学开创了以新古典经济学范式研究制度的先河,拓展了经济学研究的范围,其影响遍及社会科学的每一个领域。可以说，不理解新制度经济学的概念和方法，就无法从事任何领域的制度研究。

然而，新制度经济学的方法、取向和结论也不是无懈可击。制度是制约或促进经济增长的一个重要因素，但不是唯一的因素，人力资本、国际环境（包括地理环境）、政府政策也是重要因素。制度是人定的，因而可以肯定，人力资本、特别是制度制定者的人力资本如果不比制度本身更为重要的话，也和它一样重要。同时，一个国家的制度再好，但如果它的国际环境很差，或者处于不利的地理环境中（比如，一个被穷国包围的内陆国家），那么，这个国家也很难取得很好的经济表现。再者，制度是慢变量，在短期内，政府政策对于经济增长的作用远比制度更加重要。

就制度本身而言，也不大可能存在放之四海而皆准的最佳制度，而只存在适宜的制度。诺斯后期与合作者提出了限制性秩序（limited access order）和开放性秩序（open access order）的概念，认为开放性秩序是一个国家进入持续增长时期所必不可少的。新政治经济学的后起之秀阿西莫格鲁（Daron Acemoglu）和罗宾逊（James Robinson）把这个两分法发扬光大，用包容型（inclusive）制度和攫取型（extractive）制度来对制度进行分类。无论是诺斯的开放性秩序，还是阿西莫格鲁和罗宾逊的包容型制度，都是非历史的最佳制度，而这显然违背了诺斯自己的"历史是有意义的"论断，不利于发展中国家寻求适合自身历史、文化、社会和政治状况的制度。

最后，经济表现不是评判一个制度好坏的唯一标准。事实上，经济效率不是多数制度在制定之初所秉持的初衷。在这里，老制度学派的观点可能更为可取。老制度学派认为，制度是人为的集体行动，制度制定者们带着对未来美好社会的想象参与今天的制度建设，用老制度学派当今的代表人物之一丹尼尔·布罗姆利的话来说，就是"站在未来思考今天"，或者"今天是由明天决定的"。这样，制度就是政治斗争或政治过程的产物，参与其中的人拥有不同的意识形态（对未来美好社会的理想），研究者需要从发生学的角度去研究制度是如何经由一个政治过程产生或演化的。在这方面，新古典经济学方法是远远不够的，研究者必须使用博弈论的方法。新政治经济学派的代表人物阿西莫格鲁和罗宾逊在这方面做了大量有价值的工作。在制度研究领域，学者曾经提出政治科斯定理，即一个社会的政治群体可以通过谈判和补偿达成有效率的制度变迁。阿西莫格鲁和罗宾逊的研究表明，政治科斯定理经常失效，原因是强势政治利益集团是旧制度的最大得益者，它们强烈反对新制度的实施。然而，政治科斯定理仍然以经济效率为圭臬，没有考虑制度的其他功能。

  本书选取诺斯作为主要对象，展开与新制度经济学的对话。从原创性来看，罗纳德·科斯的学术成就超过诺斯，但就影响而论，诺斯无疑超越科斯。科斯的研究以深度见长，诺斯的研究则以广度见长，这也是他的影响更大的原因。本书选取诺斯作为与新制度经济学的对话对象，原因主要在于他的影响超出了经济学的范畴，几乎遍及社会科学的每个领域。本书的目标读者因而也不限于经济学领域，而是希望得到社会科学各领域的关注。在介绍诺斯的同时，我也将介绍新政治经济学派的方法和观点。新政治经济学派是在新制度经济学基础上发展起来的,主要贡献是从政治权力分配的角度对制度变迁的过程进行系统的研究。

为使读者对诺斯有一个宏观的认识,本章将扼要介绍诺斯的学术生平、他的主要学术贡献以及他与新、老制度学派以及奥地利学派的关系,之后将概括一下全书的结构。

01

诺斯的学术生平[1]

道格拉斯·C.诺斯（Douglass C. North，也译作"诺思"）是新制度经济学的主要代表人物之一，1993年诺贝尔经济学奖的获得者。他的几乎所有著作都已经被译成中文，是国内社会科学界知名度很高的一位经济学家。如果按严格的学科划分，诺斯的研究工作属于宏观经济史学，与新制度学派里专注于制度微观分析的其他经济学家[（如科斯Ronald Coase）和威廉姆森（Oliver Williamson）]不同。他的主要学术贡献有两方面。在方法论方面，他将标准的经济学分析方法引入对经济史的研究，和许多同时代的经济学家一道使经济史由一门纯描述性的学科变为一门集描述、分析和计量于一体的规范学科，并导致了一门新兴学科，计量史学（cliometrics）的出现。在问题研究方面，他揭示了制度对经

---

1 本节内容多取自诺斯为《新制度学前沿》一书所写的前言。参见 North, Douglass [1997], "Prologue." In John Drobak and John Nye editors, *The Frontiers of the New Institutional Economics*, Academic Press, Cambridge.

济增长的作用，并对制度的演进过程进行了卓有成效的研究。他是继马克思和韦伯之后又一个试图构造一个长时段的"制度—经济"互动历史模型的学者，也是纯经济学家中唯一做此尝试的人。当然，他的理论和马克思、韦伯的理论相比，更加倾向于纯经济理论，而不是社会—经济分析。由于他的宏观制度理论，诺斯成为少数几位影响力超出了经济学本身的经济学家之中的一个。

诺斯于1920年生于美国马萨诸塞州的坎布里奇市。他于1942年在加州大学伯克利分校获得学士学位，之后在美国海岸警卫队服役四年，1946年重返伯克利读经济学博士研究生。诺斯后来说，伯克利是唯一愿意收他的学校，因为他的本科成绩太差。他读研究生的初衷是理解经济发展的过程，按照今天的理解，他是想学习发展经济学。但当时根本就没有发展经济学这一分支学科，因此他选择了经济史，因为这是他认为最接近可以使他理解经济发展的学科。但是，诺斯承认，他在伯克利没有学到经济学理论知识，因为当时对他影响最大的几位教授都不喜欢主流经济学。他对经济理论的认识始自1950年他到西雅图的华盛顿大学（University of Washington）开始他的第一份工作之后。[1] 在工作的前三年中，他与同事道·格登（Don Gordon）——一位诺斯称为才华横溢的青年理论家——在每天中午12点至2点之间下象棋。"我也许在棋上赢了道"，他说："但他教会了我经济学，更重要的是，他教会我如何

---

[1] 尽管诺斯从1950年起就开始在华盛顿大学任教，他是在1952年才拿到博士学位的。但这样先开始工作再回去拿学位在美国学术界是很平常的事。

像一个经济学家那样思考，直到今天，这仍可能是我所学到的最重要的工具。"[1]

诺斯的博士论文是有关美国的人寿保险史的。在毕业之后的几年间他的主要精力用于修改和扩充他在这方面的研究。他转向经济发展研究的第一篇文章是在《政治经济学杂志》上发表的《区位理论与区域经济增长》。在1956到1957的一年当中，他在哈佛大学的国民经济研究局（National Bureau of Economic Research，NBER）做研究员。这是诺斯学术生涯中极为重要的一年。NBER是老制度学派的几个代表人物在1930年代成立的一个民间研究机构，当时的初衷是为经济学家参与美国经济政策的制定提供一个舞台。目前，NBER仍然发挥着同样的作用。虽然它的常设机构很小，但是，通过授予特邀研究员等形式，它在美国经济学界形成了巨大的网络，许多著名经济学家到NBER进行短期的访问和研究。诺斯在NBER期间，不仅得以认识那些光顾研究局的知名经济学家，而且每星期南下巴尔的摩一天，向西蒙·库兹涅茨请教和讨论问题。库兹涅茨的数量方法对他产生了深远的影响。正是在NBER的一年当中，诺斯完成了第一篇计量史学的学术论文。

在这期间，青年经济史学家当中正酝酿着革新的冲动，他们试图将经济史学从原有的一门描述性学科转变为一门分析和数量化的学科，其结果是于1957年春末举行的经济史学会内部的计量史学第一次联合会议。诺斯在会上宣读了他在NBER完成的论文。之后，计量史学会成立

---

[1] 参见本书第14页注1，North [1997]。

并进入黄金发展时期，各大学的经济系纷纷招收这方面的教授。诺斯和他的同事莫里斯（Morris D. Morris）在华盛顿大学建立了一个研究生培养项目，培养了一批经济史方面的博士生。诺斯本人的研究成果则集中于他的专著《1710—1860年美国的经济增长》一书。[1]诺斯本人认为，这是一本"直白地"描述市场如何运作的著作。

诺斯的学术生涯的最重大转折始自1966到1967年间，他在日内瓦度过的一年。在这一年里，他对欧洲产生了浓厚的兴趣，决定从研究美国经济史转向研究欧洲经济史。正是在这一年，他发现新古典经济理论无法解释欧洲的经济增长。"新古典理论关心的是市场的运作并假设市场运作所需的条件的存在。它不关心市场是如何演变的；而且，它是一个静态的理论，而我们需要一个动态的，并能解释经济在时间上的演化的理论。"[2]他接着陈述了他走向建立新制度经济学的原因：

> 正是在寻找一个能够提供新的分析工具的框架的过程中，我产生了对新制度经济学的兴趣和想法。在研究生阶段，我读过索斯顿·凡勃伦（Thorstein Veblon）和约翰·康芒斯（John R. Commons）的著作，并被他们对经济运作的锐见所吸引，但是他们没有提供一个理论框架，而我们需要一个理论框架去解释和写作经济史。由于没有提供这样的一个框架，老制度经济学从来没有能取代新古典理论。马克思直接关注制度，

---

[1] North, Douglass [1967], *The Economic Growth of the United States: 1790-1860*, W. W. Norton & Company, New York and London.
[2] 参见本书第14页注1，North [1997]：第6页。

提出了很好的问题,并有一个解释长期变化的理论,但这个理论的鲛点太多。以阶级作为分析单位以及不能将人口变化作为产生历史变化的关键因素是其主要的缺点。新古典理论的长处在于它坚决地将稀缺性和由此而引起的竞争作为经济学的核心,将个人作为分析的单位和经济学推理的力量。(我们)必须找到一条将这些不同方法的优点融于一个理论框架的方法。这正是他人和我在新制度学中想做的事情。"[1]

诺斯在这段话里精练地概括了新制度经济学的方法论,这就是:接纳老制度经济学和马克思主义所关心的问题,而以新古典经济学的分析方法分析之。他从事新制度经济学研究的第一个成果是与兰斯·戴维斯(Lance Davis)合著的《制度变迁与美国经济增长》,[Davis, Lance and Douglass North [1971], Institutional Change and American Economic Growth, Cambridge University Press, Cambridge.] 随后他又和罗伯特·托马斯(Robert Thomas)合作完成《西方世界的兴起》。[2] 在这两部书中,诺斯和他的合作者试图用标准的新古典经济学方法解释制度对经济增长的贡献以及导致制度演进的经济力量。两部书都获得了巨大的成功,特别是后一部书,更是引起国际学术界的广泛关注,既为他赢得了荣誉,也招致了许多批评。这些批评主要来自传统的经济史学家,他们指责诺斯使用二手历史资料,并用许多孤证来证明他的理论。美国史学界一向

---

[1] 参见本书第14页注1,North [1997]:第6页。
[2] North, Douglass and Robert Thomas [1973], *The Rise of the Western World*, Cambridge University Press, Cambridge.

注重严谨的分工和学科划分,每个人专注于一个窄小的领域,因此,对诺斯的宏观史学的批评是可以想见的。[1] 然而,这些批评并不能动摇诺斯的理论框架。但是,其中的一些批评,特别是一些来自其他经济史学家的批评,对诺斯的理论逻辑提出疑问,这促使诺斯进行了长时间的思考。一个困扰他的问题是,如果《西方世界的兴起》一书中所提出的效率假说——制度朝着有利于经济效率的方向演进——是正确的话,为什么多数国家没有像西欧那样产生有效的制度安排?毕竟,经济和社会的停滞才是大部分世界历史的主旋律。

要回答这个问题,新古典方法是不够的;诺斯需要新的分析工具。此时他转向了交易成本理论。交易成本是由科斯在发表于1937年的《企业的性质》一文中首先提出来的,但是,这个概念以及这篇文章本身长时间被人所忽视,直到科斯于1960年发表《社会成本问题》之后才引起广泛的关注,并最终促成科斯本人在1992年获得诺贝尔经济学奖。[2] 科斯所关心的是交易成本在企业和所有权形成方面的作用,诺斯则关心交易成本是如何使广义的宏观制度有意义并发生作用的。在这方面,诺斯承认他从他的同事张五常以及在张五常回香港之后接替他的约兰·巴泽尔(Yoram Barzel)那里学到了许多东西。他在整个1970年代思考的

---

[1] 关于这一点,黄仁宇的回忆录《黄河青山》(三联书店,2001年,北京)是一个很好的佐证。
[2] 科斯的两篇文章见 Coase, Ronald [1937], "The Nature of the Firm", *Economica*, Vol. 4: 386-405 和 Coase, Ronald [1960], "The Problem of Social Cost", *Journal of Law and Economics*, Vol. 3: 1-44.

结果体现在《经济史的结构与变迁》一书中。[1] 在这本书中，诺斯充分地利用了交易成本理论，并将意识形态引入其分析之中，试图以此解释人类经济制度的演变与停滞。这本书标明了诺斯学术取向的一次重大转变，由此他逐步走上了偏离甚至是批评新古典主义的道路。

这种趋向导致诺斯寻求与政治学家的合作。但是，此时的华盛顿大学经济系已经对此失去了兴趣。诺斯离开了他工作了三十三年的西雅图，于1983年加入了圣·路易斯的华盛顿大学（Washington University）经济系，在那里创立了政治经济学中心，专门研究制度—政治过程问题，直至今天。他在圣·路易斯完成了两项影响深远的工作。一项是他和巴里·温加斯特（Barry Weingast）发表于1989年的一篇关于可信承诺的论文，[2] 另一项是他于1990年发表的《制度、制度变迁和经济绩效》一书。[3] 诺斯自己认为他和温加斯特的论文是他的最好的论文。[4] 他的新书则是他的学术取向的又一次大转变。在这本书里，诺斯放弃了标准的理性人假设，而以有限理性和人类认知模式取而代之，并提出了制度变迁的路径依赖理论。这本书已经被多个学科公认为制度研究方面的经典

---

1 North, Douglass [1981], *Structure and Change in Economic History*, W. W. Norton & Company, New York.

2 North, Douglass and Barry Weingast [1989], "Constitutions and Commitment: The Evolution of Institutions Governing Public Choice in Seventeenth-Century England." *Journal of Economic History*, Vol. 49 (4): 803-832.

3 North, Douglass [1990], *Institutions, Institutional Change and Economic Performance*, Cambridge University Press, Cambridge.

4 诺斯和笔者的谈话。

著作。当诺斯离开西雅图时，那里就有人意识到他们失去了一位未来的诺贝尔奖得主。果不其然，诺斯终于在1993年，他七十一岁时和芝加哥大学商学院的罗伯特·福格尔（Robert Fogel）分享了该年度的诺贝尔经济学奖。回想起来，导致诺斯得奖的工作是他在五十岁之后完成的，这在诺贝尔奖历史上是罕见的（和平奖除外）。

二十世纪九十年代之后，诺斯潜心研究非正式制度的形成和演化。在这个过程中，他进一步阐述了人类认知模式对制度变迁的制约作用，并试图围绕这一主题重构他的制度理论，其结晶是《理解经济变迁过程》一书。在其学术生涯的末期，诺斯开始把目光转向更加宏大的历史主题，思考人类社会秩序的起源、发展及其与经济增长之间的关系，其结晶是与约翰·瓦利斯、巴里·温加斯特合作完成的《暴力与社会秩序》一书。在这本书里，三位老学者提出了"限制性秩序"和"开放性秩序"的概念，前者以限制进入来克服暴力，后者以经济和政治竞争来消解暴力，后者的经济表现优于前者。与其在二十世纪八九十年代的著作不同，诺斯在这本书里的学术导向基本上回归到他进入制度经济学初期的取向，即认为存在一个最优的制度。这是一个很有意思的现象。

诺斯是国际新制度经济学会的主要发起者之一。该学会成立于1997年，诺斯继科斯之后连续担任了两届学会主席。诺斯曾多次到访中国，与笔者有关的是1994年、2002年和2008年的三次。在1994年那次访问中，他在北京大学中国经济研究中心成立大会上发表主题演说，之后他担任中心的学术顾问。在2002年的访问中，他再次来到中心，在北京有记录以来最大的一次沙尘暴中为中心做了题为《经济变迁的过程》的"严复经济学讲座",讲稿发表在中心主办、笔者做主编的新杂志《经济学(季刊)》。2008年的访问是诺斯最后一次中国之行。他到中国经济研究中心参加科斯学院的研讨班,[1]为年轻学者讲述新制度经济学的研究方法。

诺斯于2015年11月23日在密歇根州的家中去世,享年九十五岁。记得2007年我第二次访问圣·路易斯华盛顿大学的时候,在诺斯办公室里再次见到他。[2]那时,华盛顿大学经济系大举扩张博弈论学科,新制度经济学受到冷落,他的年轻同事、计量史学家约翰·赖(John Nye)为此转投乔治·梅森大学。诺斯自己也在考虑,是否追随约翰·赖去乔治·梅森大学。我问他:"您这么大年龄还要换个地方吗?"老先生用洪亮的声音回答:"我才八十六岁!我还年轻!"与绝大多数知名经济学家一样,诺斯是一位到生命最后阶段仍然笔耕不辍的学者,值得敬佩!

---

[1] 科斯学院(The Coase Institute)是由圣·路易斯华盛顿大学的李·本汉姆(Lee Benham)和世界银行的玛丽·舍里(Mary Shirley)共同发起的、经科斯本人同意的一个旨在传播新制度经济学研究方法、帮助年轻新制度经济学者成长的小型学术机构。
[2] 第一次是2000年为写作《制度与效率:与诺斯对话》专程到圣·路易斯市访问诺斯。

02

诺斯的主要学术贡献（一）

诺贝尔奖委员会在授予诺斯经济学奖时表示，此奖意在奖励他在经济史和制度变迁研究方面所做的贡献。二十世纪六十年代他专注于美国经济史的研究，其成果并未引起广泛的反响。使他成名的是1973年他与托马斯合著的《西方世界的兴起》一书。在这本书里，他和托马斯将欧洲兴起的起点由当时所公认的工业革命向前推进了两个世纪，认为十六世纪至十八世纪初欧洲所建立的有效的经济制度才是导致欧洲崛起的真正原因，而工业革命不过是欧洲经济增长的过程而已。为了说明欧洲经济制度的演进过程，他们从十世纪末的中世纪顶峰入手，为此后八个世纪欧洲的经济史描绘了一条粗犷而不失准确的进化轨迹。他们的分析范式与马克思主义的分析范式有着惊人的相似之处：马克思的唯物史观的核心是生产力决定生产关系，这一分析范式在恩格斯《家庭、国家和私有制的起源》一书中被运用到炉火纯青的地步。恩格斯认为，以男权为核心的家庭以及私有制是定居农业和商业发展的结果。定居农业和商业使得个人脱离氏族成为可能，而个人财富的积累产生了对以家庭为核心的私人财产和继承的要求。[1]恩格斯的这些论断直至今天仍然被公认为关于私有制和家庭起源的权威理论之一。诺斯和托马斯在解释欧洲经济制度的变迁时自觉或不自觉地沿袭了恩格斯的分析范式，他们所使用的主要解释变量是人地比例和商业化程度。在人地比例较高的时期，工资相对于土地价格较低，农奴的谈判地位因此较低，封建庄园主就更可能采用对农奴不利的劳动合同。在人地比较低的时期（比如在黑死病之后欧洲人口锐减的时期），农奴的谈判地位随之提高，他们因此可以获得更自由的劳动合同，并甚至可以成为自由人。另一方面，商业的发展也诱使封建领主更愿意采用较为自由的劳动合同。比如，在商业不发达的时期，货币收入对于领主来说没有多大用处，他们因此更倾向于要求农奴提供直接的劳动服务和实物贡品。当商业发达起来的时候，一方面农奴在庄园之外的机会增加，货币收入增加，因此他们愿意通过支付现金来获取从事非农就业的自由（就像中国的一些农户愿意支付现金来替代粮食订购任务一样）；另一方面庄园主也倾向于向农奴收取货币地租，因为此时货币收入有较高的价值。这样的结果是土地的私有权及其买卖得以建立起来。私有权的建立被诺斯和托马斯看成是导致经济增长的最关键的因素。事实上，他们倾向于认为这是经济增长的充分

---

[1] 弗里德利赫·恩格斯[1891/1954]：《家庭、私有制和国家的起源》，张仲实译，人民出版社，北京。

条件。从这个角度看,长期被认为是罪恶的圈地运动在他们看来却是经济增长所必不可少的条件。英国的海外贸易以纺织品为主,海外对羊毛织品的需求导致土地价格的增加,此时,土地的私有便成为有利可图的变革。因此,圈地运动符合经济逻辑,同时也为英国经济的起飞奠定了基础。英国之所以能够领先世界一个半世纪,正是因为它较早地建立起了有效的私有产权。这不仅表现在土地的私有化方面,而且表现在王室权力的消弱以及与此相适应的民间产权的加强方面。相反,法国的相对落后以及德国和西班牙的绝对落后则是因为这些国家王室拥有过于强大的权力,并通过过度的税收侵害了民间私有产权的完整性。一旦完整的私有产权得以建立,经济增长不过是水到渠成的事了。

诺斯和托马斯的研究招致了许多的批评,但是,对于一本用二百来页的篇幅解释八个世纪经济史的书来说,招致批评是不足为奇的。诺斯和托马斯的贡献在于将经济学的标准分析工具引进对长时段的经济史的研究中来,并给出了一个逻辑上基本一致的宏观解释,这个贡献大概比他们的结论更重要一些。方法论上的成功促使诺斯进行更大胆的尝试,其结果是他于1981年出版的《经济史的结构与变迁》一书。在这本书里,他试图将他的分析范式应用到对人类有史以来的经济制度的解释。解释八百年的历史需要勇气,解释人类一万年来经济制度的演变就几乎是一件不可能的事了。诺斯的超人之处就在于能够在一个基本一致的逻辑体系内为这一万年来的经济制度描绘一幅较为清晰的轨迹。但是,和《西方世界的兴起》不同,诺斯在这本书中大量使用了非新古典主义的分析工具，如交易成本和意识形态。这是他的学术取向的一次大的转变。

诺斯从第一次经济革命开始。第一次经济革命即是定居农业的产生。诺斯认为，定居农业是和私有产权同时产生并受到后者的促进的。这一观点与恩格斯的观点基本一致，所不同的是诺斯更强调私有产权对农业发展的决定作用。他认为，只有当排他性的产权——起先可能是氏族共同所有制，后来是个人私有制——建立起来之后，人们才会有积极性进行作物的驯化，生产力因此才可能提高。这一观点和他在《西方世界的兴起》一书里所表述的核心思想是一致的。关于定居农业和私有权的产生原因，诺斯强调人口密度以及与之相关的资源相对丰度的作用。当狩猎资源仍然较丰富时，人们无需对这些资源建立和维护私有权，也没有对定居农业的需求；只有当人口密度增加导致狩猎资源大幅度降低时，定居农业才变得有利可图，对农业资源建立私有权才变得必要。诺斯对资源相对丰度的强调是恩格斯理论里所没有的。

在解释第一次经济革命之后，诺斯按时间顺序解释了古埃及、波斯帝国、希腊城邦国家以及古罗马帝国的兴衰历程，其主要解释模型是统治者的"成本—收益"分析，而影响统治者决策的因素，除人地比例之外，还加上了地理环境、统治者的意识形态以及交易成本这三个因素。统治者的"成本—收益"分析导致他采用有利于他个人的经济和国家制度，而这样的制度并不一定有利于这个社会的经济效率。其中，交易成本的考虑是诱使统治者采用无效制度的原因之一。比如，西班牙国王长期对牧羊团游牧规则的容忍产生于他对牧羊团税收的依赖以及对农业税收的不确定性预期。同样地，民众之所以能够长期容忍统治者的无效甚至残暴的统治，是因为他们无法克服"搭便车"现象所导致的组织问题。

诺斯这个以统治者为核心的国家理论只适用于古典的君主国家，因此可以称为古典国家理论。正如诺斯自己所表明的，它不适用于现代代议制民主国家。

诺斯对中世纪直至工业革命这段历史的分析基本上重复了他和托马斯在《西方世界的兴起》一书中的内容。关于工业革命，诺斯认为，它是一个缓慢而渐进的过程，并且，它所使用的技术与科学无关，基本上是经验积累的结果。科学开始指导技术已经是工业革命的尾声了，即十九世纪后半期。强调技术的经验性对于他的制度理论是有用的。许多人将科学和技术混淆在一起，并认为工业革命是欧洲科学进步的结果。但是，如果工业革命是经验积累的结果，我们就必须在科学之外寻找工业革命的原因。在诺斯那里，这个原因就是欧洲的有效的经济，特别是所有制制度。

在《西方世界的兴起》和《经济史的结构和变迁》两本书中，一个没有得到充分解释的问题是为什么英国皇家愿意接受以自然法为核心的民间私有产权制度而不是像法国和西班牙王室那样横征暴敛。在与巴里·温加斯特发表于1989年的一篇论文中，[1]诺斯试图回答这个问

---

1 参见本书第20页注2。

题。在1698年"光荣革命"之前,无论是英王还是克伦威尔的共和政府,都毫无节制地向议会举债,且还款率极低,这引起了由新兴地主和资产阶级组成的国会的不满。"光荣革命"之后,议会要求节制英王的借款能力,即英王的每笔借款都必须经过国会同意。由于新上任的玛丽女王和威廉国王是在国会的支持下才赶走了老国王詹姆士二世的,他们同意了议会的要求。从此,英国不但逐步走向代议制民主的君主立宪政体,而且产生了英格兰银行,为英国金融业的发展奠定了基础。所谓可信承诺,在这里就是指英王放弃随意举债这一承诺由于他对议会的权力让渡变得可信了。可信承诺在现代制度经济学中得到了广泛的应用。比如,温加斯特将它应用于对主权国家债务的分析,并与钱颖一合作,将它引入对财政联邦制对中央政府的约束问题的研究。[1]

诺斯在二十世纪八十年代的一大学术变化是逐渐放弃了新古典经济理论中单一的收入最大化模型,并开始强调非正式约束如社会习俗、意识形态乃至文化对经济制度的影响。发表于1990年的《制度、制度变迁与经济绩效》一书体现了这种转变。在这本书里,诺斯将制度定义为一个社会的游戏规则,或曰"规范人类交往的人为限制",并由此将制度和组织相区分:组织是具有一定目的性的团体,制度则

---

[1] Weingast, Barry [1997], "The Political Foundations of Limited Government: Parliament and Sovereign Debt in 17th- and 18th-Century England." In John N. Drobak and John V. C. Nye editors, *The Frontiers of the New Institutional Economics*, Academic Press, Cambridge. Qian, Yingyi and Barry Weingast [1997], "Federalism as a Commitment to Reserving Market Incentives." *Journal of Economic Perspectives*; Vol. 11(4): 83-92.

是规范这些团体以及个人间相互交往的规则。诺斯将制度区分为正式规则和非正式规则两大类，前者是通过国家或组织的强力定义和执行的，一般是载于书面的；后者则没有强力的定义和执行，而更依赖人们之间的默契。国家的法律、组织的章程等等是正式制度，社会习俗、文化传统等等则是非正式制度。诺斯认为，他在早期研究中所忽视的是非正式制度对正式制度效力的约束作用。私有产权的建立固然可以导致经济增长，但非正式约束可能妨碍私有产权发挥其应有的效力。这个观点在诺斯的诺贝尔演讲中表现得尤为明显。在评论苏东转型的一些失败经验时，他强调，私有产权的建立只是法律文本的转换，而苏东经历了几十年社会主义的文化积淀却可能是和私有产权不相容的，从而使私有产权的效率难以得到发挥。[1]

由非正式约束对正式制度的影响出发，诺斯提出了制度变迁中的路径依赖问题。路径依赖这个概念是首先由戴维提出来，而由阿瑟完善的，[2] 原本指技术中的偶然选择导致技术的发展进入一条特定，且有时并非最优的发展路径。一个典型的例子是录像机的制式选择问题。在二十世纪七十年代，录像机有两种制式可供选择，β 制式和 VHS 制式，一般认为，前者在技术上领先后者。但是，发展 VHS 制式的美国

---

[1] North, Douglass [1994], "Economic Performance through Time." *American Economic Review*, Vol. 84(3): 359-68.
[2] David, Paul [1985], "Clio and the Economics of QWERTY." *American Economic Review*, Vol. 75: 332-337. Arthur, Brian [1989], "Competing Technologies, Increasing Returns, and Lock-In by Historical Events." *Economic Journal*, 99(394): 116-31.

公司能够制造录时较长的磁带,从而迅速地占领了市场,录像机的技术因而被锁定在VHS制式上。诺斯将阿瑟的理论应用到对制度研究的领域,用以解释制度的稳定性问题。比如,西班牙长期陷入无效的产权制度安排是因为其王室一开始便陷入了对牧羊团税收的严重依赖,它在后来的选择不得不沿着保护牧羊团这条路走下去。同样,苏东转型的一些失败经验,也是因为其非正式制度的惯性。用诺斯在《制度、制度变迁与经济绩效》前言开篇第一句话来说,路径依赖意味着"历史是有意义的"("History matters")。

二十世纪九十年代之后,诺斯将学术重心完全转移到对非正式制度,特别是对文化的研究上来。他在方法论上的一个变化是对理性人假设的完全放弃,并试图围绕人类认知模式重建他的制度理论。在《理解经济变迁过程》中,[1]诺斯试图将制度变迁放在更广阔的背景中进行重新讨论,其核心思想是,制度变迁是人类知识积累和认知过程的一部分。这个过程具有三部分内容:现实经济形态、人关于这个现实形态的认知以及人基于这个认知而采取的降低不确定性和控制这个经济的结构。现实经济的变化导致人的认知的变化,后者又导致人去修改控制结构,从而再一次导致现实经济的变化。这是一个循环往复的过程。由此可见,诺斯的新的学术取向已经转移到以意识形态为核心

---

[1] 道格拉斯·诺斯:《理解经济变迁的过程》,钟正生、邢华等译,人民大学出版社,2013年。亦参见诺斯2002年3月在北京大学中国经济研究中心的演讲《经济变迁的过程》,载于《经济学(季刊)》第1卷第4期(2002年7月),第1-8页。

的方向，从而使他更加偏离经济学的研究方法，而更加接近于其他社会科学的方法。

这种方法在《暴力与社会秩序》一书中有更多的表现。这部著作是他与瓦里斯、温加斯特合作完成的，旨在建立"诠释有文字记载的人类历史的一个概念性框架"。如此宏大的目标需要超越经济学的研究方法，三位作者采取了跨越政治学、社会学和经济学的方法，试图以处理暴力的方式为主线构建他们的历史解释模型。他们的最显著论点是把国家分为拥有限制性秩序的自然国家和拥有开放性秩序的发达国家，前者的政治、社会和经济活动被国家所定义和限制，后者的政治、社会和经济活动可以独立存在，且不受国家的限制。显然，开放性秩序好于限制性秩序。三位作者讨论了从限制性秩序过渡到开放性秩序的门槛条件。

以上是对诺斯学术思想的一个简要回顾。我们可以看到，诺斯经历了由早期的一个新古典经济理论的信徒到后期几乎成为他自己的批判者的转变。如果我们考虑制度变迁的复杂性，这种转变是必然的。人类在设计自己的制度的时候，不可能只考虑经济因素，在许多时候，经济因素仅仅是次要因素。因此，以单纯的经济因素来解释制度变迁显然是乏力的。但是，诺斯在后期学术活动中由于对经济学方法论的摈弃而使得他的理论失去了统一性和严密性，以至于《制度、制度变迁与经济绩效》一书更像是为他以往的理论修补漏洞，而不是创造新的体系。他在新世纪的学术研究更是远离经济学的范畴，进入了

第一章 引言　31

其他社会科学的领域。尽管这一转变可能使他更接近于现实，却同时也使他失去了作为一个经济学家的理论优势。任何一个社会科学家都是只能从自己学科的侧面为我们对社会现实的理解做出一定的贡献；在当下高度细分的学科状态下，那种想成为社会科学全才的企图似乎注定要受到各方的挑战。然而，这也正是诺斯的探索的意义所在——当今的人文和社会科学急需打破学科壁垒，以促进理论的创新。

03

诺斯的主要学术贡献（二）

新制度经济学是由威廉姆森首先提出来，而由他以及科斯和诺斯等人积极推动而在近三十年来受到广泛关注的新学派。1997年，在科斯的积极推动下，国际新制度经济学会成立，并举行了第一次年会。但是，新制度经济学与其说是一个学派，毋宁说是一个运动。科斯本人认为，凡是对制度与经济关系的研究都是新制度经济学的内容。因此，所谓新制度经济学仅仅是相对于老制度经济学而言的。在下一节里讨论诺斯与老制度经济学的关系时，我将简要介绍老制度经济学派及其与新制度学派之间的差别。在这里，我只想强调，老制度学派与新制度学派的主要区别是前者摈弃新古典经济学的方法，而后者则积极地应用之。因此，根据科斯的界定，凡是运用新古典经济学方法研究制度的人都可以算作新制度学派。这使得新制度经济学成为一个含义广泛的范畴。其中的一个极端是以哈特（Oliver Hart）、马斯金（Eric Maskin）、米尔格罗姆（Paul Milgrom）以及后起之秀阿西莫格鲁和罗宾逊等为代表的以数理分析见长的主流经济学家，他们分析合同、组织、社会选择和"政治—经济"互动问题。事实上，这部分人并不认为自己属于新制度学派，也不参加该学派的年会，部分原因是多数新制度经济学家仍然以文字表述为主，不是美国主流经济学的一部分。在数理分析之外是像科斯和威廉姆森这样不使用数学语言但应用新古典经济学方法来对制度进行微观分析的人。他们并不反对运用数学语言，但认为数学语言在目前有其局限性。科斯认为，制度经济学还处在积累经验资料的阶段，目前的任务主要是发现问题，只有在将来，当对制度以及它对经济的影响有一个全面的了解之后，我们才有可能将制度通过严格的数学语言纳入正统的经济理论之中。威廉姆森则认为，数学模型的用途在于检验一个理论逻辑的严密性，因此它一般不会为理论增添新的内容。[1]

以上两部分人在合同理论、企业理论、产权理论、社会选择和政治经济学等方面做出了杰出的贡献。诺斯虽然是新制度经济学的积极倡导者，但他与这两部分人之间存在许多重要的差别。首先，诺斯所研究的问题是制度在时间上的表现问题，虽然他使用微观经济学的分析方法，但他的制度理论可以称为一种宏观理论。这当然和他的经济史学家的背景有关。从正统微观经济学的角度来分类，科斯和威廉姆

---

[1] Coase, Ronald [1995], *Essays on Economics and Economists*, The University of Chicago Press, Chicago. Williamson, Oliver [1985], *The Economic Institutions of Capitalism*, The Free Press, New York.

森的工作属于产业组织理论的范畴。事实上，他们两人也长期教授这方面的课程。因此，从对主流经济学的影响来看，他们的贡献无疑超过诺斯；相反，由于理论的宏观性质，诺斯则更容易被其他领域的社会科学家所接受。和科斯、威廉姆森的微观理论以及诺斯的宏观理论相对应，新制度经济学也基本上可以分为微观制度研究和宏观制度研究两个子学科。第二，诺斯在运用新古典经济方法方面比科斯大胆一些，尤其是在他的早期学术活动中。科斯一再强调，经济学家之所以为经济学家，不在于他们所使用的分析工具属于经济学，而在于他们所分析的问题是经济学问题，经济学家研究制度也仅仅是因为制度影响经济表现。[1] 言外之意是，经济学家不应该以纯粹研究制度为目标。这与诺斯所从事的工作相矛盾。不可否认，诺斯在写作美国经济史以及与托马斯合作《西方世界的兴起》一书时，其目的是研究制度对经济绩效的影响。但是，在从事这一研究的时候，一个不可避免的问题是一个有效的制度是如何产生的，因此，诺斯进入制度变迁领域的研究便成为自然而然的事。从前一节的叙述中我们看到，诺斯在其早期著作中积极地应用了新古典主义经济学的分析方法。尽管人们对他的结论仍然有仁者见仁、智者见智的评论，他的大胆创新无疑为经济学的研究开辟了一个全新的领域。第三，诺斯在其后期研究中逐渐放弃了单一的理性人假设，而更多地借助于社会学、心理学和政治学的分析方法，从而使他远离新制度学派中的微观分析。这当然与两者所分

---

[1] 参见本书第34页注1。

析的对象有关。微观理论研究一个时点上某种制度的形态和绩效，坚持单一的理性假设有其合理性。理性假设有利于建立一个严谨的理论；同时，由于时间的短暂性，影响制度变迁的其他因素如文化、习俗等可以看成是给定的，无需在理论中予以讨论。相反，宏观理论研究制度在时间上的演变，此时，几乎所有影响制度变迁的因素都在变化，因此，放弃单一的理性假设是不可避免的。但是，诺斯的一个问题是在放弃这一假设之后没有能够为分析众多的影响因素找到一个统一的分析工具，从而也削弱了他的理论的解释和预测能力。后期，诺斯进一步远离他以前的分析框架，把制度变迁理论归结为人类学习过程中的一部分，从而转向在人类学习和认知过程的研究。这与威廉姆森进入对有限理性及其对制度的影响的研究不谋而合。但是，这也使他们几乎完全进入社会心理学的研究领域，从而使他们的理论存在于经济学内部被进一步边缘化的危险。

事实上，新制度经济学以及与之高度相关的计量史学从二十世纪九十年代就开始从内部发生变化，年轻一辈的经济史学家开始将博弈论引入对历史制度的分析。斯坦福大学的阿福纳·格瑞夫（Avner Grief）就是其中较著名的一位。另外，演化博弈论的发展也为经济学对制度演进的解释提供了新的分析工具。进入新世纪，经过阿西莫格鲁等新一代主流经济学家的推动，新制度经济学，特别是宏观新制度经济学已经被拓展为新政治经济学——以主流经济学的方法研究政治（制度）与经济互动的学科。研究互动就离不开博弈论，而且，互动总是动态的，因此，动态博弈方法在新政治经济学领域得到广泛的应用。新制度经济学从一个"低门槛"的学科演变为一个"高门槛"的学科。反观国内的制度经济学研究，可以发现多数还停留在"成本—收益"分析的阶段。中国自1978年以来的制度变迁为制度经济学研究提供了绝佳的素材，但中国学者需要在方法论方面提高一个档次，才可能从中国的实践中提炼具有世界意义的理论。

04
—

诺斯与老制度经济学派

老制度经济学是二十世纪初在美国兴起的以凡勃伦、阿里斯（Clarence Ayres）和康芒斯为代表的学派，在很大程度上，它是作为对在英国和欧洲大陆部分地区盛行的新古典经济学的反动而出现的。在二十世纪二十年代之后，老制度经济学长期以康芒斯的威斯康星学派为核心，并影响到今天的老制度学派的代表人物，如密歇根州立大学的萨缪尔斯（Warren Samuels）、马萨诸塞大学的萨缪尔·鲍尔斯（Samuel Bowels）和威斯康星大学的丹尼尔·布鲁姆利（Daniel Bromley）。康芒斯长期执教威斯康星大学，并积极参与工会活动和有关劳工的立法，是经济学家中少有的集理论与实践于一身且建树卓越的人。可以想见，老制度学派在政治上是"左"倾的，不仅康芒斯如此，当代的老制度经济学家也不例外，鲍尔斯甚至仍然积极参与工会运动，充当工会的顾问。

诺斯和老制度学派之间既有不同之处，也有相同之处，而且越到其学术的后期，相同之处越多。这些相同之处主要有以下三点。第一，诺斯认同老制度学派对制度—经济关系的取向，即制度和经济是不可分的，制度决定经济表现，而经济反过来决定制度变迁。在这一点上，他们都对新古典经济学将制度排除在分析之外的做法不满，并试图建立一个制度—经济互动模型。在这方面，诺斯反对认为老制度学派没有理论的批评。他认为，康芒斯有自己的理论，只是其方法论有问题。[1] 第二，诺斯和老制度学派都认为新古典经济学的理性人假设不适合用来解释制度，这在诺斯学术后期表现得尤为明显。但是，在为理性人假设寻找替代物时，诺斯和老制度学派有所不同。后者趋向于相信习俗和习惯对人的行为的约束，而诺斯则趋向于以有限理性来取代理性人假设，并从人类认知模式的角度来分析有限理性的作用。第三，在讨论制度变迁时，诺斯和老制度学派都相信人为设计的重要性。在老制度学派当中，康芒斯是相信制度设计并积极参与现实的政治过程的代表人物。诺斯在这方面的思想集中体现在他对人类认知模式的强调上。在他那里，制度变迁的主体——个人和组织——通过已有的认知模式过滤和认识现实经济形态，在此基础上对原有认知模式进行修正，并据此创造新制度或修改现有制度。因此，诺斯和老制度学派一样，远离了奥地利学派的自发秩序理论（详见下节）。

但是，诺斯和老制度学派的差别也是明显的。首先，在方法论上，诺斯更倾向于新古典主义。在其早期著作中，诺斯非但不拒绝理

---

[1] 诺斯与笔者的谈话。

性人假设，而且将其理论完全奠基于这个假设之上。即使是在他晚期拒绝理性人假设之后，他仍然保持了新古典主义的成本—收益分析方法。这和老制度学派对新古典主义的完全拒绝有很大的不同。第二，老制度学派基本上不研究制度对经济绩效的作用，而诺斯却把这个问题摆在他的理论的中心位置。老制度学派深信制度和经济是不可分的整体，给定任何制度，经济运行都可以达到最优，因此，经济绩效只不过是制度的表象而已。诺斯的角度却是不同的，他所关注的是他所说的动态效率：一些制度比另一些制度能够更有利于提高社会的收入水平。事实上，老制度学派所采取的是制度分析的一般均衡方法，他们更愿意将制度和经济表现看作同时内生的变量，而两个内生变量之间是无法确定因果关系的；相反，诺斯的方法是局部均衡分析，因此可以把制度看作先于经济表现的变量，并研究它对经济绩效的影响。第三，诺斯相信制度的可解释性，试图将制度还原为经济参数的函数，并在此基础上引入认知模式来对这个函数加以必要的修正。相反，老制度学派基本上不相信制度的经济解释，[1] 而更愿意把制度变迁看作纯粹的政治过程。最后，在政治倾向上，诺斯的取向是中间偏右，而老制度学派的取向是中间偏左，这主要表现在诺斯对社会整体效率的强调和老制度学派对平等的强调上。

---

1 布鲁姆利与笔者的谈话。

05

诺斯与奥地利学派

奥地利学派相信制度演进的自发性质，这在它在当代的主要代表人物之一弗德里希·冯·哈耶克（Friedrich Von Hayek）那里表现得尤为突出。哈耶克是二十世纪伟大的思想家之一，尽管他获得诺贝尔经济学奖，但他对当代影响最大的却不是他在经济学上的贡献，而是他的社会理论。全面介绍哈耶克的思想不是这里的目的，我只扼要介绍他的自发秩序理论。[1]

对于自发秩序的构想，可以追溯到亚当·斯密在《国富论》里关于指导劳动分工的"看不见的手"的理论。这个理论已经为人所熟知，我们无需在这里做进一步的说明。哈耶克的贡献是将自发秩序明确地

---

1 关于哈耶克自发秩序理论的全面介绍，参见邓正来为哈耶克《自由秩序原理》所做的序言（邓正来[1997]，《哈耶克的社会理论》，哈耶克《自由秩序原理》序言，三联书店，北京）。邓正来将spontaneous order译为"自生自发秩序"，显得很拗口，他自己在译文中也常使用"自发秩序"以代之。

表达出来，并把它发扬光大，使之成为他的社会理论的核心概念。然而，哈耶克并没有对自发秩序给予一个明确的定义，我们因此只能对它做一个要点式的回顾。首先，自发秩序产生于行为主体实现自我利益的过程，而不是产生于某些人或组织的设计。个人知识具有局限性，秩序只能产生于个体知识之间的重叠和互补，因此，自发秩序也被称为"扩展秩序"。第二，自发秩序的非设计性意味着个人和组织对即将形成的制度的后果没有完全的预见能力，因此，自发秩序是非目的性的结果。第三，自发秩序不仅是经济体系的规律，而且也是政治和法律体系的规律。哈耶克认为："社会理论的整个任务，乃在于这样的一种努力，即重构存在于社会世界中的各种自发秩序。"[1]

哈耶克的自发秩序理论受到各方的批评，就连奥地利学派的另一个代表人物詹姆士·布坎南（James Buchanan）也不赞成将自发秩序扩展到政治和法律领域。[2] 从学术渊源来看，自发秩序理论来自哈耶克早年对社会主义的批判。如果我们要在政治标尺上给出一个排序，则马克思主义处于这一标尺的最左端，奥地利学派处于它的最右端，老制度学派处于中间偏左的位置，新制度学派则处于中间偏右的位置。由于政治上的相似性，老制度学派常常和马克思主义者一同被称为激进经济学家，而奥地利学派则被归于新制度学派，如马库姆·罗瑟福德

---

[1] 转引自本书第41页注1：邓正来[1997]。
[2] 同上。

在《经济学中的制度——老制度与新制度学派》一书中所做的划分。[1]这种划分是粗糙的，使新制度学派成为一只什么都可以装的大筐。相比之下，老制度学派和马克思主义者［如萨缪尔·鲍尔斯和耶鲁大学的约翰·罗默（John Roemer）］的方法论虽有不同，但结论却基本一致。

诺斯不认同哈耶克的自发秩序理论；相反，他称这个理论为"trash"。[2]诺斯之所以有如此激烈的评语，主要是因为他反对将制度看作无目的的个体行动的集合。尽管每个个体（个人或组织）都是出于私利而参与制度变迁，但他们的目的是明确的，并且，在某些情况下，他们能够左右制度变迁的方向，比如中世纪的封建领主和古代的君主对制度的选择是完全有意识的。同时，尽管个体知道制度变迁的结果不一定是他们所构想的，但他们在参与制度变迁时总会力争达到他们所希望的结果。在诺斯的认知—制度理论中，个体对制度的构想更是占据着中心位置；在这个理论中，制度是设计的，而不是许多自发行动的无目的的结合。许多论者将制度的渐进式演进看作自发秩序的证据，然而，制度的渐进演进可能反映的仅仅是制度设计者知识的积累过程。这正是诺斯的认知—制度理论的所要传达的信息。

---

1 Rutherford, Malcolm [1996], *Institutions in Economics: The Old and the New Institutionalism*, Cambridge University Press, Cambridge.
2 诺斯与笔者的谈话。

06

本书的安排

诺斯早期的学术研究是围绕着产权及其作用展开的。在他的产权研究中，交易成本和外部性占据着重要的位置，而理性人假设又是他用以构筑他的解释模型的黏合剂。本书第二章将对这三个概念进行深入的讨论，以利于非经济学读者对诺斯思想的理解。接下来的第三到第七章介绍诺斯的主要学术贡献，并发表一些必要的评论。第三章介绍诺斯对制度的定义和分类；第四章介绍诺斯和托马斯对西欧前现代经济制度演进的研究，并对他们的效率假说进行了必要的说明和总结；第五章介绍诺斯对人类经济制度演化和停滞的解释，并着重于评述他的古典国家理论；第六章介绍诺斯在可信承诺、路径依赖和人类认知对制度变迁的影响方面的研究；第七章介绍诺斯及其合作者围绕暴力和秩序发展起来的历史理论。接下来四章对以诺斯为代表的新制度经济学及其后继者新政治经济学的思想进行系统性的评论。第八章首先比较新制度经济学和老制度经济学，详细说明它们之间的异同。

第九章讨论所有权和经济绩效的关系，着重论述影响经济表现的非所有权因素。第十章深入探讨制度变迁的过程，对制度研究中的黑箱化倾向进行了批评，并介绍从集体选择的角度打开黑箱的两个研究取向，即社会选择方法和博弈论方法。第十一章论证制度绩效和制度的多样性及其对制度研究的意义。最后，第十二章总结前四章的讨论，对制度研究的方法论进行了必要的检讨和引申。

第二章

理性假设、交易成本和外部性

经济学家使用的（关于人的）行为假设并不意味着每个人的行为都和理性选择一致。

——诺斯:《制度、制度变迁和经济绩效》

在其漫长的学术生涯中，诺斯不断地改变着他的研究方法。在他的早期著作中，他的研究方法基本上是新古典经济学的，并结合了描述性的博弈论应用。他试图用标准的新古典经济学分析工具，如相对价格和"成本—收益"分析，来分析制度。这在1973年发表的《西方世界的兴起》里表现得尤为明显。在随后于1981年发表的《经济史的结构与变迁》里，他将国家和意识形态引入到他的分析之中，以便进一步解决在前一本书中无法用"成本—收益"分析所能解释的问题（如为什么有些国家没有采用有利于经济效率的制度等）。尽管他的国家理论仍然以"成本—收益"分析为基础，但引入意识形态已经使他偏离了新古典经济学的方法。从1990年发表的《制度、制度变迁与经济绩效》一书开始,诺斯放弃了新古典经济学的方法,特别是它对人的行为的假设,转而在心理学和实验经济学中寻找更为恰当的人类行为模型。新古典经济学方法经过前人的应用和完善,已经成为经济学科学化的基石;因此,诺斯在其早期著作中得以建立解释人类经济史的比较完整且逻辑缜密的模型。相比之下,他在后期对新古典方法的偏离虽然在"破"的方面有所成就,但在"立"的方面则较其前期著作逊色不小。在本章里,我将着重讨论诺斯在其前期著作中所应用的方法,而将他在后期的转变留待后面章节予以介绍。

交易成本和外部性是诺斯构建其理论用到的两个基本概念。按照科斯自己对科斯定理的解释,这个定理意味着,制度是为克服交易成本而存在的。诺斯采用了这个思路,用交易成本的差异来解释制度的差异。按照新制度经济学的解释,外部性是产权的最为重要的起始原因,产权内化正的和负的外部性,因而可以提高激励和效率。本章第一节讨论新古典经济学的行为假设;第二节讨论交易成本问题;第三节讨论外部性问题;第四节对全章做一个小结。

01

新古典经济学的行为假设

经济学是研究人的行为的学科之一。所有的人文和社会科学都研究人的行为,只是研究的角度不同。经济学研究的对象是人的行为中与经济计算有关的方面,它对人的理性假设正是基于这一点做出的。这一假设可以概括为:每个人都在一定的限制条件下最大化自己的福利。这一看似简单的假设其实蕴涵着丰富的内容,也招致了无数的批评。

首先,理性假设认为每个人的每个行动都具有有利于自己福利的目的性。一个人吃饭是因为饭可以充饥,或者可以为这个人带来感官上的满足;一个人拼命工作是因为工作可以给他带来收入,而收入可以用来换取带来实际享受的物品或服务;一个人在购买东西时会比较价格是因为他想节约收入;一个人偷窃是因为偷窃为他带来免费的收入,等等。我们还可以把这个单子无穷无尽地列下去,并且不限于对个人产生直接好处的行为。比如,一个人帮助别人这样一个利他的行为可以解释为这个人从利他行为中得到满足。但是,这样做的一个危险是将经济学引入什么都能解释,而什么都空洞无物的境地。为了避免陷入这样的逻辑泥潭,经济学的目的性被限定为个人的感官享受,即个人效用,或幸福。

效用是在十九世纪初期以边沁为代表的英国道德学家发展起来的概念。十九世纪初期是欧洲,特别是英国的急剧变革时期,由于工业化和城市化的冲击,原有的社会结构被打破,与之相伴的前资本主义道德体系被摒弃,而新的道德体系有待形成。边沁将道德建立在个人效用的加总之上,认为只有那些使社会中个人效用之和最大的准则才是道德的。这就是功利主义原则。效用是和消费直接联系的一个概念,能够产生个人效用的只有直接的个人消费。因此,利他行为、遵纪守法等不能产生个人效用,除非这些行为能扩大个人的消费,从而间接地提高个人效用。但是,效用是个人感官感觉,如何对它进行计量是一个棘手的问题。一个至今仍没有解决的问题是效用在不同个人之间的可比性问题。试想,一辆汽车对一个出家的僧侣的效用肯定和它对一个普通人的效用是不同的;一桌美味对一个美食家和一个素食者的效用也肯定是不同的。因此,一个人的幸福和享受不等于另一个人的幸福和享受,寻找一个表达所有人幸福的公分母似乎是困难的。这是困扰十九世纪道德学家的难题。

二十世纪个人主义的滥觞使得人们逐渐放弃了对比较个人效用的追求,转而只关注效用对某个特定个人的多寡。新古典主义经济学的微观部分基本采用了这种方法,并建立了一套由个体决策直至一般均衡的完整理论体系。但是,这种方法在福利经济学中却遇到困难,最著名的是"阿罗不可能定理"。这个定理说的是,在满足几个较弱的公理的前提下,不可能存在符合逻辑的非独裁的社会加总方法(非独裁意味着社会加总方法不只体现一个人的意志)。[1]对这个定理的解读各式各样,但阿玛蒂亚·森认为,这个悖论式的定理部分产生于个人之间效用的不可比性。如果我们放弃个人间效用不可比这一限制,则这个悖论就自然被消解了。[2]

新古典经济学的惊人之处就在于它在个人效用不可比的基础上建立了一个市场均衡体系,它的精美可以令任何数学家叹为观止。但是,精美不等于精确,前者只要求逻辑的优美,后者则要求预测的准确性。经济学家在预测方面并没有显著地超过其他社会科学家,人们不由得要开始怀疑经济学理论的效力。新古典经济学的逻辑在经过从瓦尔拉斯、马歇尔到阿罗和德布鲁几代人的千锤百炼之后变得无懈可击,它唯一的弱点只可能是它对人的基本假设,即理性。人的经济行为是完全以追逐个人私利为目的吗?人具有逐利的完全能力吗?关于后者,哈耶克和西蒙提出了有限理性的概念。哈耶克认为,人不可能具有完全理性所需要的信息;西蒙认为人的决策是一个试错的过程。但是,有限理性对理性假设的打击不是致命的,因为有限理性说到底是一个信息问题:一个人在较少信息下所做出的决策一般会劣于在较

---

1 Arrow, Kenneth [1952], *Social Choice and Individual Value*. Yale University Press.
2 Sen, Amartya [1970], "Interpersonal Aggregation and Partial Comparability." *Econometrica*, Vol. 38(3): 393-409.

多信息下所做出的决策。但是，给定信息的数量，理性假设仍然起作用，因为一个人仍然必须最大化自己的收益，只不过其决策的优劣受信息多寡的限制。

对理性更严重的挑战来自对人们以逐利为目的这一判断的怀疑。实验经济学里有一个"最后通牒博弈"（ultimatum game）。在这个博弈里，两个实验对象分一元钱，两个人先抽签，抽中的人先决定自己得到的份额，没抽到的人决定接受或拒绝第一个人留下的份额。如果他决定接受，这一元钱就按第一个人的方案进行分配；如果他拒绝，则两个人都得不到一分钱。显然，理性会驱使第一个人要求获得99分钱，只留一分钱给第二个人，而第二个人也应该接受这一分钱，因为它总是比什么都没有要好。但是，反复的实验表明，这种赤裸裸的理性行为从来没有发生过。在圣·路易斯华盛顿大学的实验表明，日本学生在作为第一个人提出分配方案时几乎总是只要求拿50分钱，留下另外的50分给第二个人；而中国学生和犹太裔学生的方案则一般是自己拿70分，剩下30分给第二个人。可见，人们对分配方案的公平问题是有考虑的，且随文化背景而变化。人是生活在一定的文化氛围中的，理性只是他们生活的一个方面而已。伟大的经济史学家卡尔·波兰尼（Karl Polanyi）认为，经济活动在资本主义产生之前不过是人类社会生活的附属物，人首先是一个社会动物，经济活动只是为他的社会目标服务的。资本主义市场经济通过把劳动变成商品而将人单面化，但人追求社会目标的冲动诱使人们自然地要求国家立法以保障人作为社会动物的完整性。和一般人的认识相反，他认为市场经济的建立不是自发的过程,而旨在保护人的社会性的立法才是自发的过程。[1]

阿玛蒂亚·森是主流经济学家中对理性假设批评较多的一位。在他看来,理性虽然可以指导人们的行动,但有时也会把人引入歧途。比如,当一个人无法判断两个选择的优劣时,理性无法告诉他应该采取哪个选择。在《伦理与经济学》一书中,[2] 他用"布吕丹的驴子"这个寓言来说明这个问题。主人给毛驴两堆一模一样的草,毛驴想吃多的一堆却又苦于无法分辨两堆草的多寡,最后它竟然在两堆草面前饿死了。人不会做像这头毛驴那样的傻瓜,除理性之外,他的行动还受其他原则的指导。森用协调博弈来说明这个问题。在一个协调博弈里,个体的理性选择可以产生两个均衡,一个产生对博弈双方都最差的结果,另一个产生对双方都最好的结果,两人无法判断博弈会出现哪个均衡,博弈结果因此极有可能产生最坏的结果。森认为,产生这样的结果的原因是博弈双方缺少沟通,如果通过沟通两个人都知道对方会采取实现最好结果的行动,他自己自然也会采取相同的行动。但是,这两个人如何才能相信对方的事前承诺呢?森认为,道德是保证承诺可信性的一个有力手段。道德是"我们心中那个居民"向我们发出的戒律,要求我们克制自己的私利而成全社会的公利。[3] 正因为它发自人们的内心,我们才会相信他人会做出道德的事情。有了以道德

---

1 Polanyi, Karl [1944], *The Great Transformation*, Beacon Press, Boston.
2 Sen, Amartya [1987], *On Ethics and Economics*, Basil Blackwell, Oxford.
3 亚当·斯密[1998]:《道德情操论》,蒋自强等译,胡企林校,商务印书馆,北京。

为基础的沟通，人们达成合作就会容易得多。因此，森把以道德作为约束的协调博弈称为"信任博弈"（assurance game），在这个博弈里，困境消失了，合作得以实现。

　　人是社会的动物。他是否像波兰尼所说的那样将经济活动置于他的社会目标之下，还有待考察，但他的目标不仅仅是效用最大化这一点是肯定无疑的，否则他就和只会快乐地搬运牛粪的屎壳郎毫无二致了。理性假设是否起作用要看用在什么场合。对于人们在市场中进行的经济活动而言，它不失为一个好的假设。我们无需每个人都理性地选择他们的生产和消费活动（有些追逐名牌的人可能只买某种品牌的名贵服装，有些人专门做别人不做的低报酬的工作，等等），但是，我们大概可以比较安全地假设，人们在统计学意义上是按照理性行事的。因此，像市场需求随价格下降而上升这样一般性的结论是成立的，而且也与现实的观察基本一致。从这个意义上说，经济学的定理和规律都应该在统计学意义上来理解。这并不意味着经济学的无能，在现实世界里，自然科学的定理也只能表现为统计规律；只有在实验室条件下自然科学家才能获得确定性的结论，而经济学是不可能像自然科学那样做可控实验的。[1]

---

[1] 实验经济学正在朝这个方向努力。但是，目前的实验只能验证一些标准的经济学假设，离现实还有一定的距离。同时，实验经济学受制于两个因素。第一，实验条件下实验对象的行为极有可能和他们在现实中的表现有差别，从而影响实验结果在现实中的可信度。第二，实验经济学无法完成自然科学实验那样的效果实验。比如，如果政府想了解开放外汇资本项目的效果的话，实验经济学是无能为力的，而传统的可计算一般均衡模型却大有用武之地。

但是，超出了经济活动的范围，理性假设就不一定成立了。加里·贝克尔宣称经济学是关于选择的科学，意在将有关人的选择的所有课题都纳入经济学研究的范围，他自己对家庭和犯罪的分析就是这种扩张倾向的体现。在他之后，经济学已经被大量地用来分析法学、宗教、社会习俗、政治以及制度等。这种扩张使经济学获得了"经济学帝国主义"的称号。由于经济学的理性假设，它在分析经济活动以外的问题时不得不把人简化成单面的理性人，将他从活生生的社会背景中剥离出来。在其他社会科学家看来，这样做不仅武断，而且在许多情况下仅处于次要地位。正如科斯一再提醒人们的，经济学与其他社会科学的区别不在于它所使用的方法，而在于它所关注的问题；经济学家研究制度，是因为制度影响经济表现。但是，经济学的扩张并没有因为科斯的忠告而停止，而是在一些社会科学中稳稳地站住了脚。这尤以法学和政治学最为明显。许多其他社会科学家并没有拒绝经济学分析，而是采取积极吸纳和拥抱的态度。比如，安东尼·道恩斯（Anthony Downs）关于民主制度的经济学分析和曼瑟·奥尔森（Mancur Olson）关于集体行动的理论，已经成为经验政治学的经典之作，[1] 而博弈论更是政治学家们经常使用的分析工具，美国的一些政治学系早已要求它们的博士生去修经济系的博弈论课程。但是，其他

---

1 Downs, Anthony [1958], *An Economic Theory of Democracy,* Stanford University Press, Stanford. Olson, Mancur [1965], *The Logic of Collective Action,* Harvard University Press, Cambridge.

社会科学家具有和经济学家不同的观察事物的角度。比如，在试图解释中国1959年到1961年的饥荒时，经济学家看到的是人民公社内部的机制问题，政治学家看到的是地方官员为迎合上级而浮夸误民的问题。经济学家用计量方法检验分配不均导致各省不同程度的饥荒这一命题，政治学家也使用计量方法，但检验的是地方政治热情与饥荒的关系。[1] 因此，方法可以是通用的，各个学科看问题的角度却是不同的。对于经济学家来说，一个可改进之处是给予人们的非经济目标以足够的关注。

诺斯在其早期的著作中基本上采用了理性假设，但在其于1990年发表的《制度、制度变迁和经济绩效》一书中，他对这个假设提出了强烈的批评。他认为，理性假设在两个方面存在严重问题。首先是在人的行为动机方面。诺斯说："人的行为比经济学家模型里的效用函数所蕴涵的模式要复杂得多。许多情况下，人的行为不仅仅是财富最大化，而是利他的和自我约束的，而这些极端地改变人所实际做出的选择的结果。"[2] 尽管贝克尔将家庭内部的利他行为解释为取得个人效用的一种途径，"但是问题比家庭利他主义更深一层。实验经济学和一些心理学的研究表明，搭便车、公平和正义等问题进入个人的效用

---

[1] Lin, Justin Y. [1990], "Collectivization and China's Agricultural Crisis in 1959-1961." *Journal of Political Economy*, Vol. 98(6): 1228-52. Yang, Dali and Fubing Su [1998], "The Politics of Famine and Reform in Rural China." *China Economic Review*, Vol. 9(2): 141-155.

[2] North, Douglas [1990], *Institutions, Institutional Change and Economic Performance*, 第20页。

函数，且不一定和上述狭义的最大化行为相吻合。"[1] 其次，理性假设在人如何诠释环境方面也存在问题。西蒙的有限理性假说认为人只具有对信息进行处理的有限能力。诺斯赞同西蒙的有限理性假说，同时他强调："（有限理性）意味着，基于对现实的主观认知的意识形态在人的选择中扮演一个重要的角色。"[2] 诺斯在这里强调意识形态在决定人的选择过程中的重要作用，这是一般经济学家所不愿意承认的。比如，贝克尔和斯蒂格勒就认为，许多人们通常认为是产生于人的偏好的变化的现象实际上是相对价格的变化所致。[3] "但是历史事实证明，偏好的确发生变化。如果不考虑人们对人拥有人的合法性的看法的变化，我不知道我们如何能解释十九世纪奴隶制的消亡。"[4]

诺斯对于理性假设的看法更加接近其他社会科学家。但是，正如我在前面所指出的，任何学科都只能从自己学科的角度对问题给出解释，而这种解释要具有独到性就必须产生于一定的范式。经济学范式当然存在缺点，指出这一点也非常重要（因为相当多的经济学家不承认这一点），但是，就建设性的学科发展而言，关键的问题是如何找到能够替代以理性假设为轴心的现有经济学范式的新范式。我们将看到，诺斯在1990年代之后所尝试的以人的认知为框架的新的制度研究

---

1 参见本书第57页注2。
2 同上引，第23页。
3 Becker, Gary and George Stigler [1977], "De Gustibus Est Disputandum." *American Economic Review*, 67: 76-90.
4 参见本书第57页注2：第24页。

框架总的来说没有产生新的成就。

总结本节的讨论，我们看到，对于纯经济活动，理性假设至少在统计学意义上是可靠的，经济学没有必要放弃这个假设。但是，当经济学开始侵入其他社会科学领域时，经济学家就要十分小心行事，不能盲目地相信理性假设。特别地，经济学家不能将人的目标简单地设定为收入最大化，而必须关注更广泛的社会目标。当经济学家接受了人的社会目标之后，经济学严谨、冷峻的分析方法就可以发挥作用，为对非经济现象的分析提供一个独特的视角。

02

交易成本

　　交易成本是在科斯发表于1937年的《企业的性质》一文中提出来的，[1] 一般指的是企业在经营过程中除直接生产成本以外的所有其他费用，或者说是企业在企业之外，即市场交易中必须面对的成本。比如，当企业与另一家企业签订一份进货合同时，它必须在谈判中花费一定的时间和金钱，这是签订合同的成本。当对方的货到之后，企业必须对这些货的质量进行必要的检验，这是监督合同执行的成本。当货的质量得到肯定之后，企业必须到银行将应付款寄给对方，这也要花费一定的时间和费用，可以看作合同的交割成本。以上假设合同的执行过程中没有出现纠纷。如果出现纠纷（比如，企业可能发现对方送来的货不合格，但对方又不承认），则企业必须上法庭和对方对簿公堂，这也要花一些费用。以上都是交易成本的一部分。

1　参见本书第19页注2。

交易成本不限于企业在市场上的交易，个人之间的交易也涉及成本问题。事实上，任何形式的交易都涉及交易成本问题。一个农户将一块土地租给另一个农户耕种的时候，必须花力气保证承租者不滥用这块土地（如大量施用化肥、不爱惜地里的水利设施等），他所付出的监督努力也是一种交易成本。一个人请装修公司来装修房子，为了保证质量，他必须要么自己时常去工地监督，要么雇请可靠的人去监督，两种情况下，他都要付出必要的成本。一群人如果想进行一项集体行动，就必须就这项行动的组织、实施、费用分担等问题取得共识，其间必须花费相当多的精力来相互协调，这也是交易成本的一种。

科斯提出交易成本这个概念的目的是解释企业的边界。市场的特点是自愿的合同，企业可以自由地签订合同，但必须付出交易成本。企业的特点是以一套命令机制代替合同，它节省掉了企业内部的合同，但同时也因为命令链条的加长而增加了行政成本。企业的边界因此取决于市场交易成本与企业内部行政成本之间的权衡。

科斯举了福特汽车公司兼并费雪尔车身公司的例子来说明这个问题。福特以前是从费雪尔车身公司那里订购车身；但是，随着其他汽车制造商产量的提高，费雪尔也开始向它们提供车身，并要求福特提高收购价格。福特感觉再和费雪尔进行市场交易的成本太高，因此将其收购，使之成为自己公司的一部分。威廉姆森在二十世纪六七十年代进一步发展和完善了科斯的理论，哈特则将威廉姆森的理论形式化了。[1] 张五常则将交易成本学说发挥到极致，认为企业本身也和市场一样，是由一系列长期合同（特别是劳资合同）组成的，因此，科斯关于企业边界的学说是错误的。[2] 但是，张五常自己是错误的，他过度地引申了科斯的交易学说，却没有注意到科斯企业理论的真正弱点。指出科斯真正弱点的是威廉姆森和哈特。哈特关于不完全合同的理论虽然在很大程度上是对威廉姆森专用资产理论的形式化，但也就企业的性质问题提出了独到的见解。他的理论核心是，只有当资产——人力资本、物质资本、金融资本等等——之间具有互补性时，它们才会组成一个企业。所谓互补性，在哈特那里指的是一种资产的存在增加了另一种资产的边际收益这种情况；简单地说，是一加一不等于二，而是大于二。因此，企业之所以存在，是因为组成它的资产之间具有互补性，因此企业比市场合约的效率高。一个工人可以和多个企业签订劳动合同却不属于任何一个企业，但这可能不是一种有效的安排。比如，当他签约的几个企业需要他发展不同的技能的时候，他就会发现，专业化于一个企业的技能的效率要高于他学数种技能的效率，而前者无论是对于他个人还是对于他所专业化的企业都是有利的，这也是亚当·斯密劳动分工理论

1　Williamson, Oliver [1985], *The Economic Institutions of Capitalism*, The Free Press, New York. Hart, Oliver [1995], *Firms, Contracts, and Financial Structure*, Oxford University Press and Clarendon Press, Oxford.
2　Cheung, Steven [1983], "The Contractual Nature of the Firm." *Journal of Law and Economics,* 26(1): 1-21.

的基本结论。此时,这个工人与他所专业化的企业的其他生产要素——其他雇员以及机器设备,等等——之间就形成了一种互补关系,他已经不能像在市场里买卖的其他生产要素那样在交易中不损失任何价值了;一旦他离开他所受雇的企业,他在市场上另谋雇主时的工资就会下降,而原来的企业也会受到损失。当然,当一个工人和企业的其他生产要素之间没有互补性时,他就不必加入这个企业。比如,装修公司里的工人一般不是公司的雇员,因为这样的安排于公司和工人都没有好处。这主要是因为公司业务不稳定,公司雇用长期工人有风险,而在工人方面,不受雇于一家公司也给他们以到处接活儿的灵活性。因此,张五常将企业内部的合同等同于市场中的合同的看法是错误的。

对交易成本的另一个误解是把它和生产成本混同起来。乍看起来,在一个一般均衡模型里,交易成本和生产成本是无法区别的:交易成本不过是在购买原料或销售产品时的额外成本而已,可以加在一般成本之上或从销售价格中减去。但是,交易成本是随企业的边界的大小而变化的,而企业的大小在一般均衡分析中是给定的。因此,要考察交易成本对经济的影响,我们就必须在一般均衡理论的基础上还原一步,考察交易成本是如何影响企业大小的。事实上,这是一个劳动分工问题,在一个没有任何劳动分工的社会里,企业是没有必要存在的,当劳动分工开始的时候,市场交易才有了意义,但交易成本也随之产生,从而使企业的产生有了基础。杨小凯等人在这方面做了大量的工作，并取得了一定的进展。[1]

将交易成本首先引入对制度的分析，还是科斯本人。在1960年发表于《经济与法杂志》上的《社会成本问题》一文中，[2]他提出了后来被称为科斯定理的命题：如果产权是明晰且可执行的，则在不存在交易成本的情况下产权的归属对于非市场交易中社会最优的获得无关。科斯通过一个例子来说明这个命题。假设一个铁路拥有者要修一条通过一片森林的铁路，这条铁路对他的净价值是V。但是，蒸汽火车冒出的黑烟对森林造成一定的危害。这个危害相当于C的货币价值。假定C大于V。那么，从社会角度来看，V是社会因修铁路的收益，而C是社会因修铁路的损失，社会损失大于社会收益，因此不应该修建这条铁路。以往的经济学家都相信皮古的解决办法，即对铁路拥有者征收数量为C的税，用以补偿森林拥有者的损失。此时，铁路拥有者的收益和损失就都和社会收益和损失一致了，而由于损失大于收益，他不会修建这条铁路。但是，科斯认为，国家的介入是没有必要的，只要可以定义一种明晰且可执行的产权，森林拥有者和铁路拥有者之间的私人谈判就可以得到和社会最优相同的结果，而且，这是和铁路拥有者掌握污染的权利还是由森林拥有者掌握不受污染的权利没有关系的。当森林拥有者拥有不受污染的权利时，他自然不会允许修建铁

---

[1] 参见 Yang, Xiaokai; Yew-Kwang Ng [1993], *Specialization and economic organization: A new classical microeconomic framework*, Elsevier Science, New York.

[2] 参见本书第19页注2。

路。当铁路拥有者拥有随意污染的权利时，森林拥有者就会去找他谈判，答应给他略高于V的补偿，同时，自己仍然减少了稍小于C－V的损失。如果不存在谈判成本，这是一个对双方都有利的交易，因此铁路不会被修建。科斯一再声明，他在《社会成本问题》一文中的重点不是这个在理想状况下成立的所谓的科斯定理（科斯定理本身也是斯蒂格勒后来起的名字），而是表明现实世界存在的交易成本。但是，至今人们在提到这篇文章的时候仍然只想到科斯定理。这也不难理解。牛顿的物理学三大定律都是在理想状态下成立的，我们并不会因此说牛顿不伟大。理想世界是现实世界的一面镜子，从这面镜子里，我们可以看出是什么因素导致了我们在现实世界里所观察到的现象。在理想状态下，产权归属是不重要的，但现实世界中产权归属却是非常重要的。这是为什么呢？科斯认为，这是因为交易成本的广泛存在。

我们接着用上面铁路的例子来说明这个问题。假设森林不是一个人所拥有的，而是由N个人所拥有，铁路对这N个人的损害之和仍然以C表示，同时，C仍然大于V，因此从社会的角度来看，修建铁路仍然不是有效的。当森林拥有者们拥有不受污染的权利时，社会最优仍然可以达到。但是，当铁路拥有者拥有污染的权利时，情况就要复杂得多。假设每个森林拥有者的损失都小于V；因此，和铁路拥有者的谈判不可能由一个人来完成。为简单起见，假设任意N－1个森林拥有者的损失之和都小于V，因此谈判只可能在所有N个人都参加时才会发生。但是，要将所有人组织起来并达成一致意见需要付出相当数量的组织成本。比如，N个人要凑到一起来商量，每个人都要付出一定的时间；商量过程中难免要发生争论；同时，总有人不想参加会议，而只是期待他人去和铁路拥有者进行谈判，自己好坐享其成。这些都是广义的交易成本。由于 $C-V$ 是森林拥有者通过谈判可以节省下来的最大成本之和，组织过程中的交易成本最大也不能超过 $C-V$，否则总会有人在组织过程中失去的收入（交易成本的一部分）大于他所节省下来的受污染的成本。换言之，当交易成本大于 $C-V$ 时，森林拥有者就无法组织起来去和铁路拥有者进行谈判，从而使后者得以放心地修建铁路，社会最优没有达到。此时，国家对产权的归属的界定就变得有意义了：在我们的例子里，将不受污染的权利给森林拥有者对达到社会最优是有效的。

最后这一结论在法律经济学中得到广泛的应用。法律经济学的核心问题是：什么样的权利划分对达到社会最优是有利的？在交易成本广泛存在的情况下，法律不应该将权利授予对社会造成净损失的一方。比如，以前我国的工业不发达，工业污染不是人们抱怨的大问题。换言之，工业污染对社会造成的损失小于工业为社会带来的福利，此时不对污染进行惩罚是无关紧要的，社会不对污染的产权进行法律界定，这相对于默许了企业拥有污染的权利，因此其结果正是科斯定理所预示的那样，企业放心地排污。现在，工业活动剧增，污染成为万夫所指的公害，它的成本大于它的收益。由于污染者是有限数量的企业，而受污染者是千千万万的普通人，他们要组织起来非常困难，因此，将权利授予后者对达到社会最优是有效的。

在科斯创造性的工作之后，经济学家开始关注交易成本问题，特别是它在制度形成以及变迁中的作用。诺斯是自觉应用这一分析工具的几个肇始者之一。在他的理论中，交易成本主要用来解释制度的停滞。比如，在解释西班牙的停滞时，诺斯认为其主要原因是西班牙王室对土地所有权缺乏保护，它依赖游牧的牧羊团提供税收。尽管它也可能知道保护土地所有权会增加农业产出，从而创造更多的税收机会，但是，由于对分散的农民进行征税的成本远高于和一个牧羊团打交道的成本，西班牙王室放弃了建立排他性土地所有权的企图。再比如，为什么维持无效制度的君主还能长期执政？原因在于臣民之间要组织起来反抗君主就必须克服搭便车问题，并为此付出高昂的成本，这个成本可能如此之高，以至于可以打消任何想要组织起来的企图。交易成本在诺斯的理论中如同物理学中的摩擦力，是导致社会稳定的力量。

03

外部性

外部性是诺斯理论中的一个重要概念,在他对西欧产权制度演化的解释中扮演重要角色。当一个行为主体的行动直接影响到另一个或另一些行为主体的福利时,我们就说前者的行动对后者具有外部怑。在这里,"直接"二字很关键,它意味着一个行为主体通过市场对其他主体所造成的影响不能称为外部性。比如,一个工厂增加产量,致使市场价格下降,这不是外部性。外部性的例子很多。工厂向河道排放污水对下游的工厂和居民产生负的外部性,汽车尾气对路人也产生负的外部性。相反,在没有专利保护的情况下,发明对社会具有正的外部性,一户人家院子里的花木对周围邻居产生正的外部性,一个人使用互联网也具有正的外部性,因为他的使用直接提高整个互联网的效益(尽管其作用可能微乎其微)。

外部性的实质是私人收益和社会收益的不相等。所谓私人收益,即一项私人活动所产生的对实施这一活动的私人的净收益;社会收益则是这项活动对实施个体和社会中的所有其他人的净收益之和。当一项活动的私人收益大于社会收益时，我们就会观察到这项活动的过度供给，此时存在负的外部性；反之则会产生供给不足，此时存在正的外部性。比如，一个工厂向河里排放污水可以降低该工厂的运营成本，增加了它的利润；但是，社会中的其他人却会因此受到损害。社会收益——工厂增加的利润减去其他人的损失——因此小于工厂的私人收益。由于没有考虑其他人的损失，工厂的污水排放量将超过社会最优的量。相反的例子是国防。如果由某个私人或团体单独为整个国家提供国防，则其他任何人都不可能被排除在保护之外。这样一来，提供国防的私人收益就远小于它的社会收益，因此就会出现国防供给不足的问题。

谈到外部性，不能不涉及科斯定理。上一节已经介绍了这个定理，这里就它所涉及的外部性问题做进一步的阐述。

我们可以区分两种外部性，一种是可穷尽的，一种是不可穷尽的。前者的消费（或成本负担）具有排他性，而后者的消费（或成本负担）不具有排他性。前者如同私人品，但其消费（或成本负担）不是其接受者自愿选择的，而是他人强加的。由于排他性，可穷尽的外部性可以按照其接受者消费（或成本负担）的量来进行分割，并要求他们依此付费或给予他们补偿。科斯定理的外部性即属于可穷尽的外部性。火车的烟雾对森林价值的影响至少在理论上是可以计算的，铁路拥有者对森林拥有者的补偿额因此也确定了（这是当铁路价值高于森林损失额，且森林拥有者拥有不受污染的权利时的情况）。此时，即使国家不强制铁路拥有者去补偿森林拥有者,他们之间的谈判也可以达到社会最优结果。一般地,在不存在显著交易成本的情况下,可穷尽的外部性总是可以通过市场或私人间的谈判而得到消除。

但是,不可穷尽的外部性是一种公共品——一种消费不具有排他性的物品,市场和谈判的解决办法一般是行不通的。公共品的不排他性使得它在最佳社会供给下的价格等于所有受益者愿意付出的价格之和。但是,当公共品由私人供给时,它的供应量只等于愿意付最高价格的个人所需求的量。由于每个人愿意付出的价格小于这些价格之和,公共品在私人供给下的量就小于社会最优供给量。发明就是具有这样的外部性的活动。在没有保护的情况下,任何人都可以利用发明来为自己服务,而每个人的使用不同时排除其他人的使用。在这种情况下,即使发明者拥有对发明的普通所有权(即他可以使用其发明为自己服务的权利),他也不可能收回所有的社会收益,发明的数量就会远远低于社会所需求的最优数量。市场或私人谈判是否可以改变这种情况呢?假设当年爱迪生发明灯泡时没有专利法,他只从事发明,而不制造灯泡。进一步假设他在理论上已经确定了发明灯泡的可能性,但还需要投入大量的资金去进行有关实验。为了试探市场,他找到一家可能的灯泡制造商,问他是否愿意买下灯泡的制造权。但是要生产灯泡,制造商必须投入资金来更新设备,雇用新的工人,同时他又对市场需求没有十分的把握。在这种情况下,他只愿意付给爱迪生小于从事灯泡发明所需的价格。爱迪生可能还会去找另外的制造商,其结果大同小异,每个制造商各自所愿付的价格都小于发明所需的成本。但是,这些制造商愿付的价格之和远远大于发明的成本。可是,一旦一个制造商买下发明并生产,其他制造商便可以买一个灯泡回来研究一番,并进行自己的生产。因此,只要有一个制造商买下了灯泡的生产权,没有第二个制造商会再去给爱迪生付费。这样一来,爱迪生从一开始就不会去进行灯泡的发明,社会因此受损。这个例子说明,市场或私人谈判不能使公共品的供应量达到社会最优的水平。此时,国家的介入必不可少。专利法使得发明者垄断了发明的所有未来收入,因此使所有社会收益内化为发明者的私人收益。在上面的例子里,专利法要求每个制造商都必须给爱迪生付费才能生产灯泡,爱迪生因此有足够的资金来抵销发明灯泡的成本。

但是,有些不可穷尽的负外部性的供应方及其供应量也是可以分割的。这些外部性因此也可以通过市场的方式得以消除。比如,空气污染就是一种不可穷尽的负外部性,因为一个人遭受污染不会减少另一个人吸入的有害空气。但是,空气污染的供应方及其排放量是可以分割的。因此,每个排放者可以付给社会中每个人等于污染对后者的边际成本的补偿,使得后者接受最后一单位的污染。对于排污者自己来说,最佳污染排放量为排放污染的边际收益等于社会边际成本(每个人的边际成本之和)的时候的量,因此也是社会最优排放量。

但是,市场解决方案是建立在交易成本较低的基础上的。当交易成本达到可观的数量时,污染排放者的负担上升,这种解决方案就不能达到社会最优。此时如果征税成本低于私人交易成本的总和,由政府代表全体人民对污染排放者征收等于社会成本的从量税可以达到和无交易成本的市场运作相同的结果。在私人交易中，每个污染者都必须和社会中的每一个人进行交易，其费用可能会大到让任何人望而却步的地步；相反，政府可以利用政府现有的行政架构对数量有限的污染者征税，其成本要比私人交易低得多。因此，政府征税比私人交易好。

在上面这个例子里，我们假设了完全信息，即社会中的每个人受到污染的成本是人人皆知的。如果每个人的边际成本只有他自己知道会发生什么变化呢？可以想见的是，当污染者给某个人付费时，这个人有动机高报自己的边际成本，以便得到更多的补偿。这样一来，进入污染者计算的成本就远远高于实际的社会成本，他的决策因此不可能达到社会最优。政府税收也存在同样的问题。如果社会中的每个人都高报其成本，政府税收就会定得偏高，从而产生过度的污染控制。是否存在让每个人说实话的方法呢？格拉夫斯和克拉克证明，这种方法是存在的。[1] 假设社会中有一个污染者和一个消费者，污染对于污染者的价值为 a，对消费者的损失为 b。社会最优要求，当 a 大于 b 时，允许污染，反之则不允许污染。在前一种情况下，政府可以对污染者征收数量为 b 的税收，用它来补贴消费者；在后一种情况下，政府可以简单地不允许污染。但是，如果政府不知道 a 和 b 的真实值，政府可以采用下面的机制。首先，要求污染者和消费者分别报告 a 和 b，记报告值为 $\hat{a}$ 和 $\hat{b}$。然后，如果 $\hat{a}$ 大于 $\hat{b}$，允许污染，但对污染者收取数

---

[1] 参见 *Mas-Colell, Andreu, Michael Whinston and Jerry Green* [1994], Microeconomic Theory, Oxford University Press, Oxford，第 11 章。不熟悉博弈论的读者可以跳过本段的讨论。

额为$\hat{b}$的税，对消费者则给予数额为$\hat{a}$的补贴。如果$\hat{a}$小于$\hat{b}$，则不允许污染，也不征税。在这个机制下，污染者的报告值$\hat{a}$等于真实值a，消费者的报告值$\hat{b}$也等于真实值b。为什么呢？我们来看一下污染者的行为。假设他报告的$\hat{a}$大于a。此时，如果真实的a大于$\hat{b}$，报告真实的a也会让政府同意污染，报告一个更大$\hat{a}$于事无补。如果真实的a小于$\hat{b}$，报告真实的a会让政府不同意污染。但是，如果报告一个大于a的$\hat{a}$，则要么不会改变结果（如果$\hat{a}<\hat{b}$的话），要么污染被允许（$\hat{a}>\hat{b}$），但污染者的净收益为$a-\hat{b}<0$，此时还不如不排污进行生产的情况，因此，污染者没有动机报告一个大于a的$\hat{a}$值。同样的推理可以证明他也没有动机报告一个小于a的$\hat{a}$值，剩下的选择因此就只有报告$a=\hat{a}$了。对于消费者的证明与此类似。

但是，格拉夫斯-克拉克机制的弱点在于，允许污染存在的情况下，政府会出现财政赤字，因为它对污染者税收为b，小于对消费者的补贴a。事实上，预算不平衡不是仅限于格拉夫斯-克拉克机制的性质，吉巴德（Gibbard）和沙特斯维特（Satterthwaite）证明，所有能够让人说实话的机制都不可能保证预算平衡。因此，即使私人可以利用格拉夫斯-克拉克机制让所有的人（包括他自己）说实话，预算不平衡也使得他不愿去这样做。对于政府来说，情况有所不同。它可以通过其他税收来弥补这里的赤字。从理论上来说，无需知道个人偏好的税收是存在的，如对企业征收的销售税和公司所得税。再者，政府还可以通过发行政府债券的方式来筹集资金。因此，当存在私人信息时，政府税收和补贴比产权的私人交易更可能消除外部性。

总结以上讨论，我们看到，就理论而言，所有可以穷尽的外部性和那些可以形成垄断收益的不可穷尽的外部性都可以通过建立产权和私人交易加以消除。另外，那些不能形成垄断收益但其供给方和供给量可以分割的不可穷尽的外部性也可以采用类似的方法消除。但是，当存在交易成本或私人信息时，产权和私人交易不一定是最好的解决方法。事实上，交易成本和私人信息是现实中的常态。在这种情况下，我们无法先验地判断到底是市场更好还是政府更好。重要的是，我们不能带着预设的偏见去考察问题。这似乎是老生常谈，因为几乎每个经济学家都声言自己是价值中立的。殊不知，我们所接受的教育和个人经历早已为我们种下了偏见的种子，要根除这些偏见需要我们进行有意识的努力。

04
小结

本章介绍和讨论了诺斯在其前期研究中所使用的三个重要概念。我们将看到，诺斯的前期研究是围绕着这几个重要概念展开的。他和托马斯关于产权与经济增长关系的理论是以外部性为核心的，交易成本则被他用来解释历史上的停滞和无效制度的延续性，而理性人假设是串联他的理论的各个部分，并将它们纳入一个统一的解释模型的主线和黏合剂。因此，理解这些概念以及与之相关的方法对我们理解诺斯的学说乃至整个新制度经济学都是非常必要的；同时，本章的讨论也使我们把这些概念和方法置于更广阔的背景之中，以便我们对诺斯的理论进行批判性的吸收。有了这些准备之后，我们可以进入对诺斯理论的探讨。下一章讨论诺斯对制度的定义。

第三章

制度

制度存在的目的是减少人类互动过程中的不确定性。

——诺斯:《制度、制度变迁和经济绩效》

  制度是诺斯分析的起点。在诺斯之前,制度在多数经济学家的思想里只是一个模糊的概念。除了美国的旧制度学派的几个代表人物如约翰·康芒斯等外,一般经济学家基本上把一切不在他们分析之内的事物都归于制度,并不予理睬。在他们的分析中,所有权、法律、习俗等都是给定的常量,因此可以通通排除在分析之外。这种态度对于建立严格的经济学数量体系是很有帮助的,因为这样可以使他们关注那些可以用纯粹的数量关系进行表征的经济学概念,如需求、供给、价格以及它们之间的关系等。但是,这样做也使经济学失去了许多解释能力,特别是当经济学家开始研究经济的长期动态变化以及诸如合同和信息等不在以往经济学研究之内的课题的时候。康芒斯是早期经济学家中试图改变这种现象的代表之一。他的研究重点是制度在法律层面的表现，具体分析法律是如何确定权利与义务并如何扩展或限制个人选择的。在对制度形成的研究中，他强调集体选择的重要性。他的不足是没有进一步分析制度形成的机制及其影响经济绩效的途径。这与他的分析方法有关。总的来说，他对古典经济学持批判态度，因此他的分析方法是社会政治学的。远离经济学分析方法是他的理论难以在经济学家中传播的一个重要原因。

在早期的著作中，诺斯分析的主要是诸如产权这样的正式制度，而意识形态则是不成文的非正式约束。在《制度、制度变迁和经济绩效》一书和诺贝尔演讲中，诺斯更进一步地明确了诸如意识形态这样的非正式约束对正式制度演进的限制作用，并明显地表现在他对苏联和东欧革命性的"震荡疗法"的怀疑态度上。诺斯强调，对非正式制度的关注是他在《制度、制度变迁和经济绩效》一书之后最明显的学术改变，[1]并使他逐步转向对人类集体学习、认知及文化遗传的研究上来。但是，就本章所关心的主题而言，他的相关思想都在《制度、制度变迁和经济绩效》一书中定型了。因此，本章的内容主要以这本书为参考，着重介绍诺斯对制度的定义，特别是他对制度与组织的区分，以及他对非正式和正式制度及其实施的分析，并对它们进行必要的评论和引申。

---

1 诺斯与笔者的谈话。

01
―

什么是制度？

在《制度、制度变迁与经济绩效》一书中，诺斯开宗明义地写道："制度是一个社会的游戏规则，或者更正式地，是定义人类交往的人为的约束。"[1]根据这个定义，法律、习俗、道德都是制度的一部分。诺斯以团体体育比赛里的规则来比喻制度。在一场足球比赛中，两个球队必须严格按照事先确定的正式规则来踢球。这些规则相当于一个社会的法律规则。同时，队员们还要遵守一些不成文的规则，如不能暗中有意使对方某个主要队员受伤等。这相当于社会里的习俗和道德。队员无论是违反哪种规则，正式的也好，不成文的也好，都要受到相应的惩罚。因此，制度是一个社会赖以存在和运行的基础，诺斯认为，其主要作用是消除或降低社会交往中的不确定性。不确定性的存在对人们的决策具有极大的负面影响。在个人交往的层面上，不

---

1 North, Douglas [1990], *Institutions, Institutional Change and Economic Performance*, 第3页。

确定性使个人失去行为的标准。比如，当你第一次到一个对其文化一无所知的西方国家时，你会因为不知道和人第一次见面时是应该握手还是拥抱而觉得无所适从。在国家层面上，不确定性在严重的情况下会导致国家机器的瘫痪，在一般情况下也会降低社会和经济运行的效率。比如，当技术创新的产权不确定时，人们进行创新的积极性就会下降。当然，这不意味着制度一定增进社会效率，就其作用在于降低不确定性而言，它也可能妨碍效率的提高。比如，价格控制消除了价格因为波动而产生的不确定性，但也同时取消了市场自动调节的可能性，当供求关系改变时，控制下的价格就会偏离市场的均衡价格，从而导致资源配置的扭曲。在更广泛的意义上，制度可能被统治者用来作为统治的工具，为达到统治者本人的私利服务；此时，制度更可能妨碍而不是增进效率。

诺斯的一个重要贡献是区分了制度和组织。制度是规则，而组织是规则之下受约束的行动者，但同时通过反向作用又是规则的制定者。在球队这个比喻中，比赛规则是制度，球队是组织。组织与制度的最大不同在于一个组织具有目标，而制度没有。一个球队的目标是通过应用一定的策略（包括违反规则）赢得比赛，而球赛的规则只是裁判这些策略是否违规，并规定相应的惩罚。在现实中，组织可以包括政府、企业、团体、学校等等，其共同特点是一群人为一个共同的目标而结合在一起。政府的目标是实施法律、管理经济和社会；企业的目标是赢利；政党的目标是使自己的政策得到实施；学校的目标是培养好的学生；等等。那么，市场是不是一个组织呢？市场是没有目的的；相反，它为交易制定规则。因此，市场不是组织，而是一种制度。这个区分现在看来似乎很简单，但在诺斯之前，就连非常著名的经济学家也将市场看成是组织的一种。[1]

国家是不是一个组织？在中文语境里，国家通常是政府的代名词（或者反过来，政府是国家的代名词），因此常常被看作一个能动的组织。但是，国家和政府是有区别的。国家是在氏族制度解体之后形成的解决更大范围内的利益冲突的正式制度，而政府仅是执行这个制度的代理而已。恩格斯在《家庭、私有制和国家的起源》中对此做了精辟的论述。他说：

> 国家乃是社会发展到某一阶段上的产物；国家乃是这种社会已经陷于自身不可解决的矛盾中并分裂为不可调和的对立而又无力挣脱这种对立之承认。为了使这些经济利益相互矛盾的各阶级不要在无益的斗争中相互消灭而使社会同归于尽，于是一种似乎立于社会之上的力量，似乎可以缓和冲突而把它纳于"秩序"之中的力量，便成为必要的了。这个从社会中发生，而又居于社会之上且日益离开社会的力量，便是国家。[2]

尽管恩格斯认为国家最终将发展成为一个阶级统治另一个阶级的工具，他关于国家是解决社会冲突的制度的理论和霍布斯以降的关于

---

1 比如，阿罗就是其中之一。参见 Arrow, Kenneth [1974] *The limits of Organization*, W. W. Norton & Company, Inc., New York. 诺斯本人在《西方世界的兴起》一书中也基本上是将制度和组织这两个概念混用的。
2 弗里德利希·恩格斯 [1891/1954]：《家庭、私有制和国家的起源》，第163页。

国家的社会契约理论不谋而合。但是，氏族社会也是一种社会契约，那么，它和国家的差别在哪里呢？恩格斯根据翔实的人类学材料说明，氏族社会的特点是全体人民共同参与氏族的决策，无论是摩尔根笔下的北美易洛魁人，还是早期的雅典和罗马，都是这样。但是，随着社会分工和私有制的产生，这样一种共同参与制度就无法适应了。社会分工导致人们之间的交换和迁移，因此以氏族为单位的管理方式便无法继续。同时，私有制使得氏族内部发生分化，一些人通过土地买卖和高利贷而聚敛了大量财富，大部分人则沦为赤贫阶级。这个过程在很大程度上因为一夫一妻制的产生而加速了。一夫一妻制本身就是以男权为中心的财产制度的产物，正如恩格斯所说："（一夫一妻制）是作为一性之被另一性所奴役，作为史前时代从所未有过的两性对抗的宣告而出现的。"[1] 一夫一妻制导致以男性为中心的家庭财产的积累和继承，使得氏族内部出现以家庭为单位的分化，从而成为导致氏族解体的一把利器。这些变化要求一种不同于氏族共同参与制度的新制度，这就是国家。除了改变以氏族为单位的统治为以地域为单位的统治而外，"国家的主要特征，便是脱离人民大众的公共权力。"[2] 恩格斯虽然没有对公共权力做出具体的定义，但从他的行文中可以看出，他指的是那些建立在一套官僚体系的基础上的制度化的权力。因此，就它们都是社会契约的一种而言，国家和氏族的差别在于前者拥有一套

---

[1] 参见本书第82页注2：第62页。
[2] 参见本书第82页注2：第113页。

第三章 制度

完整的国家机器；用现代语言来说，国家和氏族的差别在于它将社会契约的执行工作赋予了一个代理者——政府。由于有了这一层代理关系，国家的管理权在人类历史的大部分时间无一例外地被独裁的君主或寡头政治家所篡夺。在氏族的直接参与制度下，氏族领袖由选举产生，不存在世袭。君主世袭制度显然是和国家同时产生的，但是，这并不意味着国家必然导致君主世袭制度，否则的话我们就无法解释今天我们看到的民主政治了。恩格斯指出，世袭制度是以男性为中心的家庭及私有制的后果，因为家庭私有财产权的继承需要世袭，这无疑是一个十分正确和敏锐的判断。但是，家庭私有制只是产生世袭制的必要条件，而不是充分条件，因为即使一个君主非常想把位子传给他的儿子，人民也不一定会允许他这样做。君主世袭制能够存在，首先得益于人民对公共权力以及实施公共权力的代理人的需要，这种需要为君主提供了一个篡夺代理人这一角色的机会，因为对于人民而言——正如霍布斯在《利维坦》里所论证的——即使最糟糕的君主也会维持一定的社会行动准则，而最糟糕的准则也比没有任何准则好。一般情况下，君主通过为人民提供法律保护和抵御外敌入侵来换取人民的臣服。如此一来，君主必须掌握足够的军事和警察力量以维护社会秩序、抵御外敌以及防范内部可能出现的挑战者。我们将看到，这种君主与臣民之间的交换关系是诺斯构造他的古典国家理论的起点。

制度与组织是两个不同的概念，但两者的关系是互动的。在给定制度的条件下，组织会做出相应的调整，或者，新的组织将出现，以适应这个制度。例如，在计划经济这种制度下，衡量企业表现的是数量，企业的目标自然是产量最大化；相反，在市场经济条件下，计划被废除了，企业的目标自然转向利润最大化，否则的话它就无法生存。再比如，如果一个国家没有法律或法律实施很弱，就会出现黑社会组织，以替代政府的作用。同样的逻辑适用于黑市：当一种物品的交易受到限制时，就会出现交易这种物品的黑市。但是，组织不是制度的被动接受者；相反，它们是制度的制定者。每个组织为了自己的利益都会有兴趣参与制度的制定，特别是当它的参与对制度的制定起重要作用的时候。政党政治是最好的例子。在很多情况下，组织的目的就是为了改变制度。比如，在美国有一个组织，英文缩写为MAD（Mothers Against Drunk-driving），是由一位母亲发起的反对酒后开车的组织。这位母亲的儿子被一个酒后开车的人撞死了。她成立这个组织的目的是号召全社会行动起来，反对酒后开车，并以此促使政府通过制定相应的法律加强对酒后开车者的打击力度。

诺斯认为，将制度定义为对个人选择的限制使得经济学得以和其他社会科学接轨。一方面，制度被广泛认为是其他社会科学的研究对象，将它们模型化，并为应用在个人选择的限制上，可以很方便地把其纳入经济学的分析范畴。在经济学中，个人选择都是在一定的限制条件下做出的。比如，一个人最大化他的效用的限制条件是他在各种物品上的花费之和不能超过他的收入。因此，把制度定义为对个人选择的限制使得它可以像收入那样被容易地引入经济学的分析中来。另一方面，经济学的个人理性假设以及建立在其上的个人选择理论为制度分析提供了一个完整的逻辑体系。显然，诺斯在这里并不是要求其他社会科学家接受经济学的分析范式，而是为经济学提供一个分析制度的范式。要使制度成为经济学分析的一部分，就必须将制度功能化为实现经济表现的工具，或者说，只注意它与经济表现有关的那一部分内容。这并不是说经济功能就是制度的全部，诺斯将制度功能化只是因为经济学的分析工具只能处理功能化的现象。因此，将制度功能化的好处在于使之能够被经济学所分析；其缺点是忽视了制度的其他方面（如意识形态、文化心理等）。如果我们的目标是解释制度对经济运行的影响，仅仅注重制度的经济功能不会出现很大的偏差，因为只有制度的这方面对经济运行产生直接的影响。但是，如果我们的目标还包括解释制度的起源与演进的话，忽视制度非经济功能的方面就会引起很大的问题，因为制度的目标不是纯经济功能的。在新制度经济学的学者当中，制度的功能更是缩减到纯粹的经济效率。在科斯那里，制度的作用是降低交易成本。德姆塞茨进一步论证，所有权的作用是内化因外部性而产生的交易成本。[1] 诺斯本人的早期工作也将制度的功能狭义地定义为提高经济效率，但他随后在解释"无效"制度时遇到的困难促使他放弃了这个定义，转而关注制度的非功能方面。但是，由于脱离了经济学分析工具，他后期的大部分解释没有达到前期工作的严密性。

---

[1] Demsetz, Harold [1967], "Toward a Theory of Property Rights," *American Economic Review,* Vol. 57: 347-359.

诺斯对制度的定义与以康芒斯为代表的旧制度经济学家的定义类似，但康芒斯的定义更为宽泛。在他那里，"制度是控制、解放和扩大个人行动的集体行动。"[1] 与诺斯不同，康芒斯没有采取经济功能主义的态度，而只是对制度进行了描述。这个描述中有两点值得我们注意。首先，他强调制度是一种集体行动；其次，他认为制度不仅是对个人行动的控制，而且是对个人行动的解放和扩展。第一点虽然隐含在诺斯的定义中，但并没有成为诺斯所特别关注的内容，特别是在他的早期著作中，这一点完全被他的效率假说所掩盖了。后一点则根本不在诺斯的视野之内。关于康芒斯与诺斯在这方面的差别，我在以后几章讨论制度形成和演进时还会涉及。在这里，我想着重解释康芒斯的制度定义对我们的启示。

在康芒斯那里，制度是一个由集体行动所决定的社会网络，而集体行动又几乎完全指的是在国家层面上进行的集体决策，因此，他所研究的制度也都是受国家法律保护的正式制度。但是，我们也可以将集体行动扩展到国家以下的层面来看，从而可以将非正式制度也纳入康芒斯关于制度的定义中来。在对正式制度的研究中，康芒斯非常重视制度通过国家所具有的暴力作用。国家暴力是对私人暴力的替代，制度则在公民之间分配对国家暴力的控制权，即每个人所拥有的权利与义务。康芒斯定义了两种人与人之间的静态关系：权利（right）——

---

[1] Commons, John R.[1931], "Institutional Economics," *American Economic Review*, Vol. 21: 648-57.

义务（duty），优先权（privilege）—无权利（no right）。

一个人拥有一块土地，这一法律认定的意义，不在于这个人拥有对这块土地的自然拥有，而在于他人认可他的拥有。所有权意味着所有者拥有对拥有物收益的权利，而其他人负担尊重所有者权利的义务。但是，法律并不对所有事件规定权利—义务关系；此时，另一种关系，优先权—无权利，就起作用。比如，法律可能不规定饭馆（或它的某一个角落）里是否可以抽烟，那么，任何人都有在饭馆抽烟的优先权，而他人对此处于无权利的地位。康芒斯还定义了两个相应的动态关系：权力（power）—暴露（exposure），豁免（immunity）—无权力（no-power）。权力意味着某个人拥有损害他人权利的能力，暴露意味着被权力所侵害的一方没有能力避免侵害。豁免则意味着一个人具有免受他人权力侵犯的能力，与之相对应，他人没有侵害他的能力，即处于无权力的地位。

一个人拥有权利意味着当他人侵害他的权利时，他可以要求国家制止侵害行为；此时，个人的权利通过国家得到了"扩展"。同时，制度还可以赋予个人从前所未有过的权利。如《解放黑奴宣言》赋予了黑奴自由人的身份，他们的行动因此得到了"解放"，不再是奴隶主的工具，并可以自由地迁移。但是，一个人行动的解放或扩展必然意味着另一个人（或一些人）的行动受到限制。黑人得到自由，必须建立在奴隶主对此的尊重之上，而这种尊重是通过集体行动——法律的修改——而强加在奴隶主身上的。制度因此是对权利与义务、优先权与无权利的分配，而不是像诺斯所定义的那样，仅仅是对个人行动的限制。同时,制度的目的也不仅仅是降低不确定性,它的暴力潜能可以被人用来谋取个人或小团体的利益。

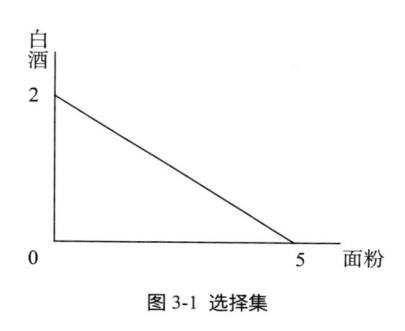

```
白
酒
2 |\
  | \
  |  \
  |   \
  |    \
  |     \
  |      \
  0───────5  面粉
```

图3-1 选择集

但是,在操作层面上,诺斯和康芒斯关于制度的定义可以通过选择集的概念统一在一起。我们可以用收入对消费的限制这个例子来解释选择集这个概念。如前所述,消费者的目标是使自己的效用最大化,其条件是他的所有花销之和不大于他所拥有的收入。所有满足这个条件的消费选择的集合就是选择集。可以想象,在这个选择集中,有无数可能的选择。图3-1展示了一个简单的例子。假设你拥有10元钱,可以用来买面粉或散装白酒。面粉的价格是每公斤2元,白酒的价格是每公斤5元。那么,任何在0—2—5这个三角形中的面粉—烧酒数量组合都可以使你的总花销在10元钱以内(在2—5这条线上,你的花销刚好是十元;在这条线以下,你的花销小于10元)。更复杂的例子涉及可能不是像收入这样一维的限制,而是多维的限制。一般而言,选择集规定的是一个人可以选择的空间的大小。在康芒斯那里,选择集既有限制也有自由；在诺斯那里，选择集则只意味着限制。[1]但就经济分析而言，两者就没有差别了，因为它们都是对个人选择集进行了定义。这并不是说两者的差别不重要。由于康芒斯注意到了制度对个人的不同影响，他因此更倾向于从集体行动的角度来解释制度的形成过程；而诺斯对此的忽视导致他对制度变迁的解释不如他对制度对经济影响的解释那样成功。对于这一点，我在以后的章节中会详细讨论。

---

1 在一篇文章中，我将选择集用于定义个人自由，选择集的大小代表了个人自由的多寡。参见姚洋[2002]:《自由、制度变迁与社会公正》所收《自由辩》一文。

02

非正式制度

非正式制度，或如诺斯喜欢用的称谓，非正式规则，是那些对人的行为的不成文限制，是与法律等正式制度相对的概念。法律受国家的保护，非正式规则不受国家的保护。既然有了成文的法律，为什么还要不成文的规则呢？这首先是因为法律不可能穷尽人的行为，因此无法对人的任何可能的行为进行有效的规定。即使是在最发达的西方国家，正式的、法律化的制度也只是限制人们选择的一小部分（虽然是非常重要的一小部分）规则。比如，一个公司内部人与人的交往规则——是否要穿正式服装、见了上司是否要问候、讨论问题时谁先发言等——不可能由法律来规定，因为各个公司的情况不同，做出统一的规定不仅于事无补，而且会造成僵化。相反，由公司内部自发形成的企业文化具有适应不同公司情况的灵活性，因而替代了法律的作用。其次，已经存在的非正式规则排斥正式规则的介入。诺斯说："（非正式制度）来自社会所传达的信息，是我们称之为文化的遗产的一部分。"非正式制度的建立早于正式制度，后者是对前者的逐渐替代。但是，由于非正式制度的文化特征，他们具有对正式制度的强大排斥能力。这在人们认为是"私人领域"的方面表现得更为明显。比如，在很长时间内，家庭被认为是一个私人领域，法律在多数情况下（也许除了发生重大伤害或人命案的情况）不加干涉。再比如，性关系在今天的多数国家里仍被认为是私人领域的活动，法律对此不做任何规定。最后，我们需要非正式规则还因为许多正式规则的执行成本高昂，非正式规则可以作为补充强化正式规则的执行。比如，偷盗是要受法律惩罚的。但是，对于小偷小盗，法律就显得力不从心了，因为小偷盗难以被发现，而法律的执行成本又不可能大幅度地降低（即使是对付小偷也需要警力，需要法院的审判，需要监狱来关押他们）。此时，如果不偷盗是道德的一部分（正如所有文化所认定的那样），并能够内化为个人的行动，则我们对法律的依赖就会降低，我们的社会也就会变得更有效率。

研究非正式制度的最好起点是没有正式制度的原始部落。非正式制度也是集体选择的结果，因此，它们的产生必定带有集体的目的。目的之一是保持秩序，因为无秩序威胁到整个部落的生存。人类学家的研究表明，即使是在原始部落里，人们之间的交往也不是简单的。市场交换（尽管可能不以货币为中介）普遍存在，人与人之间的关系存在许多层次。与现代社会不同的是，原始部落以一些简单的规则和禁忌来约束人们的行为，尽管在很多情况下这些规则可能有碍人们取得某些对他人无害的利益。

回顾中国的历史，孔子和孟子在两千多年前所建立的儒家思想在实施层面上也是一些简单的规则。如在制度层面，它们可以归纳为像"君君臣臣，父父子子"这样一道道的训诫，其核心就是秩序。一个普遍的观察是，早期社会中的秩序在很大程度上是以长幼为度的，贝茨（Robert Bates）称之为"时序制度"（Intertemporal institutions）。[1]他观察到，在非洲的部落里，年轻的成年男子必须参加部落的军队，与敌对部落作战，也就是说，为部落提供一种公共服务。等稍长之后，他们就可以退出军队，不仅有时间组织家庭，而且可以参与部落的决策。在一个迭代模型中，贝茨证明，这样一种以年龄为基础的时序制度对每个人来说都是可以接受的，因为只要它持续下去，年轻人总是有希望得到对他们的服务的报偿。同时，这样一个制度也保证了部落有足够的防御能力，因此，这是一个稳定的有效制度。"君君臣臣，父父子子"中的"父父子子"正是一种时序制度。做儿子就应该尽儿子的义务，对父亲尽忠尽孝，但儿子也会变成父亲，因此可以要求他的儿子做他以前做过的同样事情。"多年媳妇熬成婆"也是一个很好例子。那么，有了"父父子子"，为什么还要有"君君臣臣"这种非时序的等级制度？从一个侧面讲，"君君臣臣"反映的可能是对平面秩序的需要；"父父子子"治理家庭，"君君臣臣"则治理国家。但是，"君

---

[1] Bates, Robert H. and Kenneth A. Shepsle [1997], "Intertemporal Institutions." In John N. Drobak and John V. C. Nye editors, *The Frontiers of the New Institutional Economics*, Academic Press, Cambridge.

君臣臣"在中国历史上更多的表现不是士大夫们对秩序的忠诚,而是对帝王的愚忠。在前面的讨论中,我们已经论证,世袭君主制是君主对国家契约的代理人这一角色的篡夺;因此,"君君臣臣"在孔子之后得到认可,可能仅仅是因为它是维护帝王统治的辩护词。

在现代社会里,非正式规则依然广泛存在。诺斯把它们分成三类:(1)对正式规则的扩展、丰富和修改;(2)社会所认可的行为准则;(3)自我实施的行为标准。在美国国会里,各种委员会的权利并不都是正式规则所赋予的,而是产生于一些非正式规则。但是,这些非正式规则不是独立存在的,而是对正式规则的扩展和丰富。在正式规则无法描述或不适用于描述的场合,这类非正式规则显得非常有用。比如,一个教授是否应该参加系里的学术讨论会,不好用正式规则来规定,因为每个人都可能会有急事而无法参加讨论会的时候,硬性要求每个人都参加讨论会不会有好的执行结果。但是,正式规则可以要求每个教授都为系里做出贡献,如创立一个一流的研究领域和研究生项目,写出若干篇有价值的论文等。由于交流有助于实现这些要求,一个自然的非正式规则是每个教授都应该参加系里的学术讨论会。对于年轻教授来说,遵守这一非正式规则尤为重要,因为它可能成为他是否能拿到终身教职的因素之一。

关于社会所认可的行为规则,诺斯举了亚历山大·汉密尔顿的例子。汉密尔顿死于和他的政治竞争对手伯尔的决斗。在决斗的前夜,汉密尔顿列出了所有他不应该进行决斗的理由;当然,其中最关键的一条是他可能会死掉。但是,当时的社会准则却认为决斗是绅士之间解决纷争的办法。因此，尽管违背他自己的理性计算结果，汉密尔顿第二天还是参加了决斗。值得注意的是，这里的社会准则是非理性的。我们还可以举出许多这种例子来。前面我们谈到，孝道可以是一种有效的时序制度，但是，过分的孝道则只是为了得到社会的赞许。比如，"父母在，不远游"最多只是一种比喻的说法。如果远游（如中了状元而进京做官）能光宗耀祖，它不失为尽孝道的途径之一；相反，如果一个很有才华的书生为孝敬父母连进京赶考都不愿意，他事实上是没有尽到孝道，他得到的只不过是邻里的夸奖。中国社会的厚葬传统也属于这一类非理性的非正式规则。一个不孝的儿子在老父亲生前可以对他胡作非为，但等到父亲去世时，他仍然会花大笔的钱为父亲办一个隆重的葬礼，修一座豪华的大墓，其目的也不过是取得邻里的赞许。当然，并不是所有的受到社会认可的行为准则都是非理性的。在很多情况下，社会所设立的准则符合某种社会目标（如秩序），因而具有集体理性。但是遵守这些规则对个人来说则可能不符合布坎南所说的个人的"赤裸裸的偏好"，[1]因而只能在社会的强制之下实现。

最后，自我实施的行为标准是建立在自我效用最大化之上的。由于行为准则总是涉及人与人之间的关系，要使它们得到自我实施，某种形式的互惠是前提条件。如果我遵守了这个准则，别人都不遵守并使我受到伤害，继续遵守这个规则对我有什么益处？因此，所谓自我

---

[1] Buchanan, James [1994], *Ethics and Economic Progress*, University of Oklahoma Press, Oklahoma City.

实施的行为准则只能是集体理性的表现。所有试图解释它们的理论只是证明为什么集体理性是正确的，而不是证明了个人有遵守它们的理性动机。"自我实施的行为准则只可能面对非正式约束才有意义，这些非正式约束改变个人决策，使得个人为他或她的效用函数中的其他价值而放弃财富或收入。"[1]诺斯这段话表明，一些表面上看似自我实施的行为标准不过是更深层次的非正式约束的表现而已。比如，在现代社会里广泛存在的职业道德，表面上看来是处于同一个职业里的人经过长期博弈之后形成的自我实施的行为准则，实际上是某个历史时段里这一职业里的人们的共识。最可能的情形是，这些规则是诸如职业协会这样的组织提出并实施的。如果我们想通过诉诸收入最大化来解释历史上任何时点上的某个人遵守职业道德的原因，我们注定不会成功，因为即使一个人在其早期职业生涯里遵守这些规则，我们也很难保证他在退休之前也这样做，因为如果在职业的早期遵守职业道德还可以积累名声并从中得利的话，到了退休时这种名声就变得一文不值了。中国常见的"五十九岁现象"最能说明这个问题。如果我们观察到某个人自始至终遵守职业道德，他必定认为这样做可以满足其他非正式约束的要求。比如，一贯的行为本身就对一个人具有价值，因为这样可以在别人那里博得称赞，而后者是他的效用的一部分。

既然非正式制度不受国家的保护，它们是如何在社会中传播的呢？这正是诺斯目前所关心的主要问题。在正在写作的著作《理解经

---

1 参见本书第80页注1，North[1990]：第40页。

济变迁过程》中，诺斯把这个问题缩减到人类的学习过程，这与目前博弈论的研究热点正好合拍。我这里要着重谈的是非正式规则传播的途径；理解了传播的途径，对人类如何学习的抽象讨论就没有多大意义了，因为这些途径的承载者会自然地摸索出传播和学习的方式。概括来说，有三个传播非正式规则的途径：家庭、中间组织和国家。家庭是每个人受影响最多的地方，因此也是传播非正式规则的最基本单位。家庭的优点是父母可以通过言传身教将规则潜移默化地传递给子女，因此也是规则最有效的传播途径。但是，家庭也有其弱点，这是因为规则的应用是在家庭之外。由于我们无法保证每个家庭都传播好的规则，也就无法保证每个人都接受了好的规则。同时，我们也不能保证一个人不在他生命的某个阶段放弃他在家庭里接受的好的规则；最后，一个遵守规则的人可能发现父母教给他的规则让他在社会上受到伤害，从而放弃这些规则。这里的根本问题是，家庭不是规则的执行者，因此无法保证规则的实施。比家庭大一些的概念是氏族。但是，在现代社会里，它们基本上已经消亡了。中间组织——诸如学校、教会、行业协会等——是居于家庭与国家之间的社会团体，它们都传播非正式规则。学校大概是家庭之外最重要的传播途径，因为一个人的社会化过程大部分是在学校里完成的。教会通过传播教义而使教徒们接受某种行为准则。最后，行业协会（包括商会）制定和传播职业道德。中间组织比家庭具有优势的地方是它们既是规则的传播者，又是规则的执行者，它们可以通过将犯规者逐出组织的方式惩戒犯规行为。这一功能是可以置信的，因为每个人都有一定的活动范围，当他被逐出这个范围时，其成本是可观的。最后，国家也可以是非正式规则的传播者和执行者。历史上政教合一的国家自不待言，即使是现代国家也或多或少担负着同样的责任。问题在于，国家的一个倾向是将非正式规则正式化，如许多法律不过是道德和习俗的文本化，其可能后果之一是失去了社会的弹性和灵活性。国家作为非正式规则的执行者也不是一个好的选择，因为国家不可能具备执行这些规则的必要信息。

总结起来，中间组织可能是既有能力传播，又有能力执行非正式规则的单位。中间组织的发育有助于社会的稳定，并为社会提供足够的弹性空间。国家好比是一个生物人体，家庭是人体的细胞，非正式规则是人体的血液，而中间组织是传输血液的动脉和静脉系统。

03

正式制度

正式制度和非正式制度的差别不仅在于正式制度一般要落实到书面上，而且在于正式制度需要明确的实施者或实施机构。这当然不是说非正式制度没有实施者；非正式制度的实施不是靠显见的实施者，而是靠社会压力或非正式权威。在一个初民社会里，因为没有文字，也没有正式的国家机构，正式制度和非正式制度之间就基本没有差异，因此对两者的区分也变得没有意义。在现代社会里，正式制度总是和国家权力或组织联系在一起。在国家层面上，法律是正式制度的代表；在社会层面上，各种组织的章程也是正式制度的一种。法律的最高层次是宪法，决定着一个国家的政体；在其之下是一系列的民事法和刑事法，决定着社会的运作规则。根据法律所应用的对象，我们又可以把它们分成政治规则、刑事规则和经济规则。政治规则决定一个政体的等级和决策结构，以及对决策过程的控制；刑事规则定义犯罪并确定对犯罪的惩罚；经济规则定义所有权，即确定人们对其所有物的使用和收入的权利以及放弃或转让这些权利的规则。特别地，对权利转让的规则产生一系列对合同的保护和约束规则，使得人们可以通过诉诸国家保护自己在合同中的利益。最后，各种组织（行业协会、商会、学会、地方团体、宗教组织，等等）的章程对组织成员的权利和义务以及组织的组织结构和决策过程予以规范。显然，这些章程不能和国家法律相抵触，同时，它们的适用范围仅限于组织内部。组织的章程是每个成员在决定加入组织时都自愿接受的，因此其实施无需外在强制的帮助，组织对违反章程的成员的惩罚止于将其开除出组织。这显然与国家法律不同，法律建立在公民无退出权的基础之上，强制因此成为实现其实施所必不可少的工具。

正式制度与国家之间存在不可分割的联系。在古代中国，帝王的权力至高无上。但是，即使是这样的帝王也不能离开法律来实施他的统治。从治理的角度来看，法律为帝王之下的等级结构、行政过程以及臣民之间的社会、经济交往提供可操作的规则，因而使得帝王可以将国家的日常治理交由他的大臣们去做。用现代经济学家的语言来说，帝王是国家治理的委托人，大臣们是代理人，而法律则设定了代理过程和代理人行为的规则。从帝王的角度来看，法律为他节约了大量的统治成本，这可以由帝王自己接受法律的约束这一事实得到证实。自汉武帝接受董仲舒的建议之后，儒家学说就成为帝制中国的政治哲学。它既授予帝王天人合一的权威，也把帝王置于儒家道德约束之下："天之生民非为王也，而天立王以为民也。故其德足以安乐民者，天予之；其恶足以贼害民者，天夺之。"[1] 自此，帝制中国形成了一套理性的国家治理模式。帝王享有至高无上的权力，但他也不可以为所欲为，而是要和宰相们分享权力，并按照一定的法度行使自己的权力。[2] 帝王愿意接受这样的约束，可能出于两个原因。一个是儒家教化让他们产生自我克制，不僭越儒家给君主划定的道德和行为范畴；另一个是建立自己作为"明君"的声誉，以流芳百世。前者与诺斯所讲的意识形态的功用有关：意识形态通过固化一个人的行为模式，降低其决策成本。诺斯没有说到的，是坚守意识形态还可以给人带来效用 —— 对于帝王来说，遵守儒家道德规范一方面让帝王产生崇高的感觉，另一方面也让帝王得到群臣和百姓的称赞，从而获得另一层心理的满足。然而对于经济学家来说，建立声誉是比坚守儒家道德更为重要的推动力。儒法国家没有正式的制度作为保障，因而帝王的权力终究没有最后的约束，帝王是否遵守规则，在很大程度上取决于他自己的理性计算。历史上当然有许多荒淫无度、视民如草芥的暴君，但多数尚能顾及自己和家族的声誉，不胡作非为。

但是，帝王的法律只是他统治社会的工具，他之依赖于法律的治理顶多只能叫法制（rule by law），而不是法治（rule of law）。在法制之下，法律是一个人或一部分人治理社会的工具；在法治之下，法律是全体人民的合约。但是，这不等于说任何法律都是建立在全体人

---

1 《春秋繁露》，卷七，二十五。
2 参见钱穆：《中国历代政治得失》，三联书店，2020年。

民的一致同意之上的。诺斯说:"现存的权利结构(以及它们的实施特征)决定了参与者现有的财富最大化的机会,而后者可以通过经济或政治交换而实现。交换可以是在现存的制度中的讨价还价,但同样地,参与者时常会发现值得花费资源去改变更基本的决定权利分配的制度结构。"[1]因此,社会中经济和政治利益的多样性决定着法律的走向。如果多样性足够强,则简单多数原则将不起作用,法律就成为各种利益集团之间冲突和妥协的结果。从这个意义上讲,法律本身不带有目的性,更不可能仅仅是获得经济效率的工具。但是,这不等于说法律不体现任何目的性。在一定时期,它将体现社会中最强有力利益集团的意识形态和目的。从历史上看,有两点是清楚的。其一,法律不断替代非正式规则,现代化的过程也是法律渗透的过程。其二,在渗透过程中,法律愈加向着保护个人权利的方向发展。就前者而言,法律不断打破私人领域,将其置于公共裁决之下。在传统中国社会中,血缘—地缘团体是适用于宗法裁决的私人领域。现代化的结果之一是法律对宗法的替代。在宗法制度下,山杠爷可以将不孝顺公婆的媳妇绑来游街;在公法制度下,他的行为便是犯罪。同样,家庭长期以来处于法律的管辖之外。比如,传统的婚姻以婚礼为证,家庭内部的事务基本上由家庭自己或在血缘—地缘圈子内解决。现在,婚姻必须登记才能被正式认可;同时,家庭内部的事务也渐渐纳入法律的管辖。在美国,父母打孩子是违法的,严重的可以导致孩子被夺走,送

---

[1] North[1990]:第47页。

给公共托养院。对于这种置亲情于不顾的做法，中国人总有几分不理解，但细想一番就会明白，这样做的目的是保护孩子的个人权利。事实上，对个人权利的保护是法律替代非正式制度的主要动因。在非正式制度下，个人权利要么无法得到保护，要么要依赖国家认可的组织来保护。存在国家认可以外的暴力的危险在于出现暴力的混乱：既然一村之长可以惩罚不孝顺的媳妇，为什么一厂之长不能惩罚穿喇叭裤的员工？

法律不仅替代非正式制度，而且在一定程度上有利于非正式制度的实施。哈佛大学的俄裔经济学家安德鲁·施莱佛面对二十世纪九十年代俄罗斯黑社会盛行的窘境提出了"公共法的私人实施"的解决方案。[1] 他认为，在政府陷于瘫痪的情况下，俄罗斯实现法治的一个过渡办法是由国家制定简明易行的法律，而寄希望于黑社会来执行这些法律。为什么黑社会要执行国家制定的法律呢？因为国家法律的传播面广，黑社会执行这些法律因此可以增加它们的知名度；同时，长期执行一种规则可以建立黑社会的声誉，从而得到更多的"客户"。施莱佛的这一解决方案本身并不是一个好方案，因为黑社会不止一个，它们之间的竞争不仅是一种资源浪费，而且会引起暴力的无序使用。但是，他的方案提出了一个有意义的命题，即法律可以影响非正式制度的实施。在操作层面上，法律为个人的行为提供了一个共同的标

---

[1] Hay, Jonathan and Andrei Shleifer (1998). "Private Enforcement of Public Laws: A Theory of Legal Reform." *American Economic Review*, Vol. 88(2): 398-403.

尺，因此有利于人们之间进行非合同化的交易。中国的许多交易是没有合同的，因为签订合同的成本可能相对于合同所涉及的金额来说太大。在这种情况下，国家法律为这样没有正式合同的交易提供了一个参照，合同双方因此有了一个达成协议的共同标尺。在更广泛的层面上，法律增加了个人与个人以及个人与政府之间的信任。当每个人都知道他人对自己的侵害会受到法律的惩罚时，他就可以放心地与他人进行交易，这是信任增加的直接好处。间接地，法律所制造的信任气氛也会影响到人们在法律之外的信任。一般情况下，一个人不可能在每次行动时都仔细计算一番，对自己的行动是否属于法律的管辖进行一番考察。当一个人所经历的交往关系较多地受法律管辖时，他认为下一个交往关系也属法律管辖的概率就较高，从而他更愿意信任对方，因为他认为自己一旦受骗，法律会保护自己。如果社会中有足够多的人这样想，信任便可以由法律所管辖的范围传递到非法律所管辖的领域。这里的关键问题不仅是好的法律，而且是好的法律的有效实施。中国目前的状况恰恰是缺乏有效的实施。一个厂家给它的下家发了货，却往往收不回钱来。它可以去法院告下家并赢了官司，但要执行判决，则难上加难，许多很有前途的厂子就这样被拖垮了。没有了有效的实施，法治就只完成了一半。在健全法治的过程中，政府可以发挥积极的作用。法治在很大程度上是看不见、摸不着的，因此，要想在短期内健全法治，政府必须对公众做出可信的承诺。一个这样的承诺是对其自身进行改革。由于只有那些愿意健全法治的政府才会对自身进行激烈的改革，政府改革因此成为显示政府决心致力于法治建设的信号，从而在公众中建立对法治的信心。政府能否做出这样的可信承诺在于它是否对经济充满信心，相信未来的收益（如税收、经济发展等）足以弥补改革所带来的权力损失。[1]

但是，虽然健全的法治是现代社会进步的必然，法律对非正式制度的替代并不是无限的。替代是否应该发生要视具体情况而定。我以一个例子来说明这个问题。

在《婚姻法》的修订过程中，一个争论是应不应该对婚外情实施法律惩罚，比如对受害方给予物质补偿、动用警察制止婚外恋方与第三者会面等。赞成者认为实施惩罚有利于婚姻稳定，有利于道德教化；反对者认为这样做干涉私人自由，是开历史倒车。在我看来，两者的论点都没有涉及这个问题的实质。婚姻是夫妻之间由法律认定的一项长期合同，一方的婚外情破坏了这个合同，并对另一方造成伤害。因此，从维护另一方权利的角度，赔偿也是必需的。从社会角度来看，婚外情对其他家庭具有负的外部性，因为它有示范作用，导致更多的人发生婚外情，从而也产生更多的受害者。更进一步，婚外情的泛滥使得那些对婚姻忠贞不二的人因为怕受到伤害而怯于结婚。如果婚姻对社会来说具有正面的价值，这些忠实于婚姻的人不结婚就是社会的损失。因此，赞成对婚外情实施惩罚的人不用诉诸道德去为他们的观点辩护。另一方面，反对者的理由更是不充分，因为惩罚虽然

---

[1] 参见姚洋、支兆华 [2000]：《政府角色转换与企业改制的成败》，《经济研究》，2000年第1期，第2-10页。

干涉了发生婚外情一方的自由,却保护了受害方的自由 —— 不受他人伤害的自由。但是,这不等于说惩罚婚外情一定能够达到增加社会中稳定和高质量婚姻的目的。假设社会中存在两类人,一类是"花花公子",另一类是"正人君子"。[1] 花花公子朝三暮四,既不想和太太离婚,又要到外面去找情人;对他来说,婚外情是婚姻的补充;或用经济学的语言来说,两者是互补品。正人君子忠贞不二,非等婚姻破裂不去找情人,并对婚姻进行很多投资。对他而言,婚外情是破裂婚姻的替代品。这两种人一旦进入婚姻,都既可以找婚外情,也可以在婚姻破裂的情况下提出离婚。自愿的离婚相当于婚姻双方自愿终止合同,与婚外情破坏合同明显不同。因此,如果离婚成本很低,正人君子在婚姻破裂之后可以选择离婚,无需去寻找婚外情;有婚外情的那些人更可能是花花公子。如果社会需要的是诚实的婚姻,则对婚外情实施惩罚正是达到这个目的的有效手段,因为受惩罚的主要是那些花花公子。但是,如果离婚成本很高,情况就会发生变化。此时,正人君子该离婚时可能无法离成;因此,他们会去偷偷摸摸地进行婚外恋,以替代已经死去的婚姻。由于被抓住的可能性不确定,他们可能认为受到惩罚的概率较小。在花花公子方面,面对可能的惩罚,他们反倒会在婚外恋方面有所收敛,因为他们毕竟还看重自己的家庭(需要记住的是,他们不是因为婚姻破裂而去寻找婚外情的)。这样一来,被惩罚的对象更可能是那些正人君子,与惩罚的初衷正好背离。另一

---

[1] 花花公子和正人君子在这里都是比喻的用法,并不专指男性。

方面，惩罚是否能增加稳定的婚姻也值得研究。惩罚肯定会使所有的人更小心地选择婚姻对象。在没有惩罚的情况下，正人君子担心的是和一个花花公子结婚；在有惩罚的情况下，和花花公子结婚的可能性下降了，但正人君子现在必须更担心婚姻的质量，因为如果找错了对象，他知道离婚成本很高，而婚外情又要受到惩罚。一个解决办法是投入更多的时间寻找合适的对象，以便获得稳定的婚姻。但是，如果寻找的成本很高，或者根本不可能，则正人君子中的结婚比例将下降。另一方面，对于花花公子来说，寻找成本高低对他们影响不大，因为他们本不打算对婚姻进行多少投资，而婚外情又可以为他提供补充。这样一来，对婚外情的惩罚要么没有改变花花公子和正人君子结婚意愿之间的相对强度，要么还会使得正人君子比花花公子更不愿意结婚。换言之，惩罚要么没有增加稳定的婚姻，要么增加了不稳定的婚姻。

总而言之，当离婚成本很高，同时结婚的寻找成本也较高或寻找根本就不可能的时候，对婚外情实施法律惩罚可能与惩罚的目的恰恰相左。其根本原因在于法律无法认定谁是花花公子、谁是正人君子并对前者采取歧视性的奖惩措施。在这种情况下，我们要做的可能不是惩罚婚外情，而是增加人们选择婚姻对象的自由度，并使离婚更加容易。我们需要的不是"更多"的婚姻，而是"更多、更高质量"的婚姻。至于对婚外情的惩罚，可以让给非正式约束，如舆论、社会网络、亲朋等，其结果可能反而会好一些，因为只有在特定的社会网络中，谁是花花公子、谁是正人君子才是较容易识别的。就目前的道德标准而言，花花公子的婚外情受人们的指责，而正人君子在万般无奈下的婚外情即使不会受到人们的同情，也会得到人们的理解和宽容。[1]

在上面的这个例子里，我们看到法律对非正式约束的替代可能在操作层面上是不可行的。在更广泛的层面上，太多太细的法律可能使社会丧失自组织能力，而全然被法律条文所左右。其后果之一是人们对道德的看轻：既然一切都以法律为尺度，道德又有何用？如孔子所言："道之以政，齐之以刑，民免而无耻；道之以德，齐之以礼，有耻且格。"[2] 同时，即使法律可以对人类的一切交往活动确定标准（这本身就是不可能的），其执行也是困难的。一个简单的例子是路口的堵车现象。我们经常发现，在没有警察在场的时候，即使是有红绿灯的路口也会发生堵车。其原因是有些司机没有服从红绿灯的指挥，特别是因为一些左转车辆在直行车辆前抢行。显然，这些人的行为违反了交通法规，但要杜绝此类违规现象，其成本是高昂的。另外，法律不是能动的主体，它的执行是由法院、检察院、公安机关以及律师之间的互动所决定的，因此难免会带入人为的因素，让一些本应受到惩罚的人钻空子，同时也使一些本应得到保护的人没有得到保护。美国前橄榄球明星辛普森杀妻案为我们提供了一个最好的例子。

辛普森有两个主要辩护律师，一个是黑人律师柯库恩，另一个是

---

[1] 如果读者对以上分析有兴趣，可以参考姚洋[2002]："对法律惩罚婚外情的经济学分析"，《经济学（季刊）》，第1卷第4期（2002年7月）。该文运用一个简单的经济学模型来证明以上结论。
[2]《论语·为政篇》。

白人律师夏皮罗。他们是否相信辛普森真正无罪对他们来说是不重要的，他们的职业道德只要求他们尽其所能为辛普森赢得官司。这种职业道德完全产生于商业需求，与社会道德没有必然的联系，柯库恩和夏皮罗因此可以置事实于不顾，专注地为辛普森服务。实际上，夏皮罗在后来发表的书中透露，在审判的一个阶段，他和柯库恩拟定了在不得已的情况下让辛普森承认非自愿二级谋杀的方案。这暗示他们自己也不相信辛普森是完全清白的。他们俩的辩护的确到位，不仅让洛杉矶警方频频出丑，而且时常把检察官逼入死角。在最后关头，柯库恩甚至打出种族牌，在以黑人占绝对优势的陪审团面前声容并茂地请求他们不要成为种族主义的工具。他的这一招果然奏效，陪审团终于一致通过辛普森无罪。但这同时也惹恼了夏皮罗，促使他写了一本书来揭柯库恩的短。可是，对于这样一个前后矛盾的人，有多少人会相信他呢？而为辛普森立下汗马功劳的柯库恩，还有更多、更有挣头的官司在等着他呢！

如果仅有法律，我们的道德体系也许会堕落到只剩下商业道德的地步。这里丝毫没有否定商业道德的意思，相反，商业道德对商业运作起到了不可替代的润滑作用。但是，商业道德是建立在理性选择基础上的。特别地，它只关注交易双方的利益，而忽视了更大范围内，乃至整个社会的利益。辛普森案可能是一个极端的例子。在日常生活中，作为我们文化一部分的道德要求我们克制私利，置团体和社会的利益于自己的利益之上。作为《国富论》的作者，亚当·斯密还写了另一部著作《道德情操论》。前者认为人类的自利行为是增加社会福利的充分条件，后者认为道德是人类社会不可或缺的条件。道德是出自"一种对光荣而又崇高的东西的爱，一种对伟大和尊严的爱，一种对自己品质中优点的爱。"[1]"崇高""尊严"和"自己品质中的优点"是斯密对那些对社会有利的行为的描述，似乎与利己之心相背，许多人因此认为斯密在两本书中所表达的思想自相矛盾，并提出了所谓的斯密问题。但仔细考察斯密的道德观就会发现这个问题是不存在的。斯密将道德分成两部分，一部分是正义，另一部分是仁慈。正义是把自己放到他人的位置上来考察自己对别人所做的事情，并认定是自己可以接受的，即孔子所言"己所不欲，勿施于人"者也。仁慈是将自己放在他人的位置上来体会他人的痛苦。对于这两部分之间的关系，斯密说："与其说仁慈是社会存在的基础，还不如说正义是这种基础。没有仁慈之心，社会也可以存在于一种不很令人愉快的状态之中，但是不义行为的盛行却肯定会彻底毁掉它。"又说："行善犹如美化建筑物的装饰品，而不是支撑建筑物的地基，因此做出劝戒已经足够，没有必要强加于人。相反，正义犹如支撑整个大厦的主要支柱。如果这根柱子松动的话，那么人类社会这个雄伟而巨大的建筑必然会在顷刻之间土崩瓦解。"[2]因此，正义是自由竞争的底线道德基础，是人的自利行为得以获利的必要条件；两者之间虽然存在着张力，但这种张力正是人类社会发展这出戏剧的美丽的一面。至于仁慈，它是这出戏剧中

---

1 亚当·斯密[1998]:《道德情操论》，第166页。
2 同上引，第106页。

优美的对白，少了它，整部戏剧就变得枯燥乏味，毫无观赏价值了。自利好比是人类进步的发动机，而道德则是这部发动机的润滑剂。

在后期的研究中，诺斯十分重视非正式制度对正式制度变迁的制约作用。在其诺贝尔演讲中，当谈到苏联和东欧的巨变时，他说：

> 正式规则、非正式的习俗及其实施方式决定着经济绩效。尽管正式规则可以在一夜之间改变，非正式的习俗通常变化缓慢。由于只有习俗才为一组正式规则提供"合法性"，革命性的变化从来不具有像它的支持者所希望的那样的革命性，而其绩效也有利于想象。当一些经济实体采用另一个经济实体的正式规则时，其绩效将与那个经济实体有很大不同，因为它们有不同的非正式习俗和实施方式。这意味着把成功的西方经济的政治和经济规则引入第三世界和东欧经济实体不是（产生）好的经济绩效的充分条件。私有化不是包治百病的良药。[1]

诺斯之所以说是习俗为正式规则提供了合法性，是因为正式规则的源头便是习俗。因此，那些不是源于习俗的外来正式规则就面临合法性的问题。习俗与正式制度之间存在互动的关系。在无外界冲击的情况下，正式制度与习俗之间显现互相加强的锁定关系。这在中国持续几千年的封建王朝时期表现得尤为明显。在正式制度层面上，皇权和科举设定了不可动摇的等级和升迁制度；在习俗层面则产生了对知

---

[1] North, Douglass [1994], "Economic Performance through Time." *American Economic Review*, Vol. 84(3): 359-68.

识的尊重和对长者的服从；两者相互强化，因而形成了一个超稳定系统。深究这个超稳定系统形成的原因，我们无可避免地要想到中国所处的地理环境。在秦始皇统一中国之前，各国之间的争斗虽然导致动荡，但同时也产生伟大的思想。孔子所倡导的儒家秩序就是对动荡的一种反动。中国统一之后，其版图几乎涵盖整个东亚，其边缘地区的其他文化很少对它构成实质性的威胁。在长期稳定之中，制度和习俗固化下来，中国文化也由傲慢变成了僵化，进而在外来强权的冲击下一败涂地。在清末，洋务运动试图"师夷之长技以制夷"，戊戌变法更试图引进君主立宪，但在强大的传统势力的阻挠下，都归于失败了。"夷之长技"与君主立宪需要相应的社会习俗，特别是统治者思想观念的转变，而在当时，不只是满族统治下的清朝政府，即使是整个知识阶层都远没有做好这样的准备。

然而，强调非正式制度对正式制度的制约不一定非要把我们引向文化决定论。文化决定论在逻辑上无法解释文化本身是怎样形成的。因为照它的逻辑，我们必须把每一个文化还原成不同的元文化，而对这些元文化是怎样产生的只能束手无策。再者，如果相信文化决定论，我们就必然对每一个变革持悲观的态度，因为任何变革在文化的持续性面前都会显得微不足道。在文化的漫长变迁过程中，突发事件和外来挑战可以改变它的轨迹。清朝遗老们虽然顽固，但辛亥革命毕竟如同一把锋利的锲子，打破了帝制的连绵不绝之势，并由此为中国文化的急剧嬗变打开了一个缺口。同样，辛亥革命以降，中国文化经历了多次重大的冲击和变革。五四运动在认知层面与传统文化决裂，

1949年的革命遂将这一决裂落实到实施的层面上，而"文化大革命"则给了传统文化最后的致命一击。这些急剧变化本身已经成了我们文化的一部分，要想在目前的中国清理出纯粹的传统文化已经是不可能了。同样，外来的具有成功经验的制度的引入也可以成为社会变革的催化剂，使之产生与新制度相适应的新文化因素。但是，这个过程可能是漫长而痛苦的。诺斯的上述引文也应该从这个角度进行解读。在短时期里，移植资本主义制度不仅可能不会在东欧和苏联生效，甚至可能会导致相反的结果；但是，从长远来看，一次性的移植也未必比中国式的渐进改革的效果差。过去二十多年，东欧和苏联国家的表现出现了明显的分化。那些在地理和文化上更接近西欧的东欧国家，其经济和社会发展远胜于那些在地理和文化上离西欧较远的东欧和苏联国家。由此也证明了诺斯关于非正式制度的观点。

04

制度的实施

一个制度,不管它是正式的还是非正式的,在其形成之后都面临实施问题。在现实中,制度的实施几乎总是由第三方进行的。对于国家这个制度,第三方是政府和法院;对于一个宗法制度,第三方是宗族的长辈。制度为什么一定需要第三方来实施呢?为什么国民或族民本身不能成为国家或宗法制度的自我实施者呢?要回答这些问题,我们首先要理解为什么合作是困难的。

在经济学里,合作意味着每个参与者从自利出发采取一定的行动以达到对全体参与人加总来说最有利的结果。囚徒困境是说明合作问题的经典例子。甲、乙两个嫌疑人被警察分别提审。对于自己所犯的罪行,甲、乙有两个选择,要么抵赖,要么坦白。如果两个人都抵赖,因证据不充分,两人各以较轻的罪行定罪,各判一年监禁。如果两个人都坦白,则每人各判五年监禁。如果甲坦白、乙抵赖,则甲因立功而释放,乙则入狱八年。反过来,如果乙坦白,甲抵赖,则乙被释放，甲入狱八年。这些数字形象地显示在图4-2中。从图中可以看出，甲、乙的优势策略都是无论对方采取什么行动，一律坦白，其结果是每个人入狱五年。[1] 显然，两个人都抵赖是双方入狱之和最小的选择，而两个人都坦白是双方入狱之和最大的选择。合作意味着两个人都选择抵赖，但均衡的结果却是双方都选择坦白。因此，在这个一次性的囚徒困境中，合作是无法获得的。

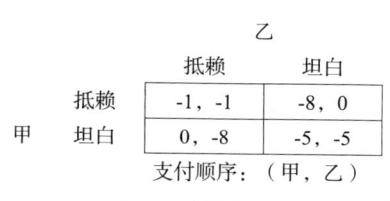

		乙 抵赖	乙 坦白
甲	抵赖	-1, -1	-8, 0
甲	坦白	0, -8	-5, -5

支付顺序：（甲，乙）

图3-2 囚徒困境

类似于囚徒困境的例子在现实生活中比比皆是。最有名的当属哈丁所说的"公地的悲剧"。[2] 假定一个游牧社区有一块共同拥有的草场。合作要求全体社区成员有节制地放牧，以使草场达到自我更新的平衡，

---

[1] 优势策略是指无论其他参与人采取什么策略都能使某个参与人的效用最大化的策略，优势策略均衡是所有参与人的优势策略所组成的均衡。我们可以用下面的方法计算每个人的优势策略。对于甲，给定乙抵赖，他的最优行动是坦白，因为抵赖使他入狱一年，坦白则被释放；给定乙坦白，他的最优行动也是坦白，因为抵赖使他入狱八年，坦白只入狱五年。因此，甲的策略是无论乙如何行动，一样坦白。用同样的方法可以计算出乙的策略。这里只给出了囚徒困境的一个版本，其均衡为优势策略均衡。我们还可以构造其他版本，并使其均衡为纳什均衡（可能不止一个）。

[2] Hardin, Russell [1982], *Collective Action*. Johns Hopkins University Press, Baltimore.

这样社区本身才能长期存在。但是，在没有任何监督制度的情况下，每户人家从自利的本能出发都会尽可能多地在草场上放牧，其结果是草场的迅速退化，社区因此陷入无牧可放的境地。其他类似的例子还有水产品的过度捕捞、空气污染、交通堵塞等。事实上，任何个人收益与社会收益不相等的情形都可以用囚徒困境来描述。这是人类社会的根本问题。追求私利是人类社会进步的发动机，但对它不加任何限制就会使我们陷入"霍布斯的丛林"。但是，经济学家似乎并不相信这个判断，而试图找到人类出于完全的个人私利而达到合作的途径。就囚徒困境而言，他们借助重复博弈的概念来讨论合作问题。所谓重复博弈，即相同的博弈重复多次或无数次。在前面的例子中，无名氏定理证明，[1] 如果该囚徒困境博弈重复无穷多次，则两个人都抵赖可以成为纳什均衡的结果。[2] 在这个纳什均衡中，每个人的策略均是：一开始抵赖，以后一直坚持抵赖，直到两个人中的任何一个人坦白为止，从此，两个人永远坦白。这一策略叫做"触发策略"，因为惩罚只有当他人偏离合作时才发生；它也叫做"冷酷策略"，因为参与人不仅惩罚他人的偏离行为，也惩罚自己的偏离行为，并不留任何改过的机会。值得注意的是，这里的惩罚——一旦发现对合作的偏离就永远坦白——

---

[1] 这个定理之所以被称为无名氏定理，是因为博弈学家早已知道这个定理，只是没有给出正式证明而已。正式证明是弗里德曼于1968年给出的。
[2] 纳什均衡是建立在最佳反应策略基础上的。对于所有其他人的任何策略，每个人有一个最佳的策略，当所有人的策略都是所有其他人的策略的最佳反应时，我们就得到了纳什均衡。

本身是自我实施的,因为给定另一个人采取冷酷策略,每个参与人的最佳回应只有坦白到底。从这个意义上说,合作是自我实施的。

无名氏定理似乎解决了制度的实施问题。许多人甚至走得更远,反对政府对经济的任何干预。这种倾向与科斯定理有关。在《社会成本问题》一文中,科斯用一个例子说明,在不存在交易成本且产权可以明确地执行的情况下,产权的归属与经济效率无关。尽管科斯本人一再强调科斯定理不是他的文章的重点,且他所关注的是存在正的交易成本的情形,这一定理的思想仍然被许多人滥用,以至于新制度经济学的信条之一就是:"在一个完全信息的世界里,制度是不必要的。"[1]诺斯这一断言和他对制度功能的理解有关——既然制度的功能仅仅在于降低不确定性,在一个完全信息的世界里,制度自然是无用武之地了。问题在于,制度的功能不仅仅是降低不确定性,而是如康芒斯所言,"是控制、解放和扩大个人行动的集体行动"。因此,即使信息是完全的,人们也会试图通过建立新的制度或改变原有的制度来为自己牟利。科斯定理的根本问题在于,在没有制度对产权进行界定时,我们如何能够谈论产权的归属和执行呢?威斯康星学派的当代主要代表之一,密歇根州立大学的沃伦·萨缪尔斯对二十一世纪初发生在弗吉尼亚苹果园主对雪松园主的法律纠纷的分析很能说明问题:[2]

---

[1] 参见注2,North [1990],第57页。
[2] 参见 Samuels, Warren [1971], "Interrelations Between Legal and Economic Processes", *Journal of Law and Economics*, Vol. 14: 435-450, 和 Samuels, Warren [1989], "The Legal-Economic Nexus", *The George Washington Law Review*, Vol. 57: 1556-1578.

在1914年，弗吉尼亚州法院通过一项法案，使州政府可以对雪松进行检查，若发现雪松带有雪松锈菌，则可以要求在任何苹果园半径两英里以内的雪松拥有者砍掉其雪松。雪松锈菌的生命周期包括两个时期。在第一个时期里，它们只生活在雪松上，但对雪松的生长无害。在第二个时期，它们迁移到附近的苹果树上，对苹果树生长构成危害。苹果园主因此将雪松拥有者告上法庭。由于雪松的经济价值不大，而苹果业是当时弗吉尼亚的一大农产业，苹果园主有自己的组织，可以对州法院施加集体压力，州法院因此判苹果园主胜诉，并做出上述判决。雪松拥有者上诉至美国联邦最高法院，后者维持了州法院的判决。此案从初审到结案历时近十年。反对政府干预的经济学家认为法院的判决是不必要的，因为苹果园主和雪松拥有者会达成一个补偿协议，并达到同样的社会结果（尽管收入分配可能是不一样的）。由于苹果园的经济价值远大于雪松林，苹果园主会主动补偿雪松拥有者，以使他砍掉雪松。这里的一个重要前提是雪松拥有者拥有对雪松及其所产生的负外部性的所有权。相反地，如果苹果园主拥有不受雪松锈菌影响的权利，则他可以要求州政府出面强迫雪松拥有者砍掉雪松。不管是哪一种情况，我们都需要国家对所有权进行明确的界定，即使在苹果园主和雪松拥有者的谈判中没有任何交易成本。正如美国联邦最高法院在维护佛吉尼亚州法院判决时所强调的：

> 只要双方都处于危险的不确定性当中，州政府不得不在保护一种财产还是另一种财产之间做出选择。州法院因不制定这个法律而没有做任

何事情也是一种选择，因为这使得对苹果园的严重损害得以在它的管辖范围内不受到任何监督。[1]

这段引文的意思是清楚的。州政府不做任何事情也是对所有权的界定，更确切地，是对雪松拥有者所有权的默认。但是，由于没有正式的法律文本，这个默认是可以被挑战的，因而使双方的权利处于"危险的不确定性"之中，而州法院只不过是在两种产权分配方式中选择了一种。至于为什么苹果园主获胜，则完全是因为苹果园的经济价值大于雪松林，而且苹果园主有强有力的组织，可以采取集体行动。

读者可能已经注意到联邦最高法院对"不确定性"一词的使用。在上面的引文中，产权似乎是对不确定性的回应。但是，这里的不确定性指的是苹果树拥有者和雪松拥有者对产权解释的不同，而不是他们中的任何一个人不能确定产权归谁所有，因为否则的话，那个不能确定产权的人在法庭上就无法为自己辩护了。国家的介入是为苹果树拥有者的产权赋予了国家暴力的保护。因此，所谓在没有交易成本的情况下产权是不必要的这一结论不过是一个神话而已。

回到对无名氏定理的讨论，我们必须就它的现实性提三个问题。第一，博弈的重复次数是否是无限的？第二，博弈的参与人的组成是否是稳定的？第三，博弈的参与人之间是否拥有关于个人理性和行动的共同知识。前两个问题实际上是联系在一起的，如果参与人的组成

---

[1] 参见本书第117页注2，Samuels [1989]：第1575页。

不是稳定的，博弈本身即使重复无穷多次也是没有意义的。在传统社会里，社会分工程度低，人们的交往圈子因此也只限于较小的地域和人文范围之内，并以一定的社会组织加以强化。在这种情况下，博弈参与人的组成基本上是稳定的，博弈也因此有条件在相同的人之中重复下去。同时，在一个较稳定的社会背景之下，社会成员之间容易了解，形成一定的共同知识。在传统社会中，人们对自然灾害的抵御能力较低，因此时常面临集体生存危机。在这种情况下，以集体生存为目标的共识就更易于达成。因此，传统社会更可能具有自我实施的能力。在现代社会里，随着社会分工的深化，人们的交往较少地受地域的限制，人们之间的交易也不再是锁定在特定的社会圈子之内。交往和交易圈子的扩大打破了博弈参与人组成的稳定性，从而使无名氏定理失败。"无庸费言，（共同知识、博弈的稳定性和无限重复）这些假定不仅很强，而且根本不可能在现实世界中观察到。"[1] 由此一来，第三方实施就不可避免了。在现代社会中，国家之下的司法架构就是实现实施的第三方。

不仅是现代社会，即使是在传统社会中，第三方实施也是不可避免的。尽管一个传统社会更可能对前面所提出的三个问题给出肯定的回答，但社会成员是否会采纳自我实施的惩罚仍然是一个问题。让我们再来看一下前面的无名氏定理。在这个定理中，自我实施要求社会成员采用不合作对任何偏离合作的行为进行惩罚。但是，这

---

1 参见本书第80页注1，North[1990]：第57页。

个惩罚的代价是高昂的。自我实施要求每个人对这一点有清醒的认识并能够进行理智的计算，从而每个人都选择合作。在这种情况下，不合作这个惩罚就仅仅是一种威慑，无需实际运用。但是，不是每个人每时每刻都能保持理智。如果一个年轻人由于一时的恐惧而逃避了一场保卫氏族的战斗，整个氏族是否从此就会放弃对氏族的保卫以实施对这个懦夫的惩罚呢？答案显然是否定的，原因在于这样做意味着氏族的灭亡。氏族有惩罚这个年轻人的更好办法，这就是权威。即使是在最简单、最原始的部落中也存在着权力机构，并由此确定了不同层次的权威。对于那个年轻人的错误，氏族可以实施单独的惩罚，轻者可以是鞭挞，重者可以是驱逐，甚至处死，无论哪一种都比氏族的灭亡好得多。

我本人与学生对《石器时代》这款游戏的观察也说明了权威的重要性。[1]这款游戏模拟原始人的生活场景。每个玩家进入游戏的时候都是孤身一人，他可以去狩猎、采摘，然后把收获的东西拿到市场上去卖。在狩猎的时候，他可以独自去，也可以团队协作，后者成功的概率更高。这样的生活场景会产生两个问题。一个是交易过程中的欺诈。根据游戏的设定，一个人把猎物拿到市场上去卖，需要把猎物放在地上，买家取走之后再付款。一些道德较低的买家就会拿走猎物之后不付款。另一个是搭便车现象。有些人参加狩猎团队却不付出努力（参与狩猎可能被猎物伤害），最后还能分得猎物。玩家个体无法解决

---

1 参见杨雷、姚洋："石器时代的规则"，《经济学（季刊）》，2002年，Vol. 1 (3): 654-670页。

这两个问题。此时,"部落"出现了。这是一些有抱负的玩家在游戏里发起的非正式组织,目的是制定和实施良性规则并保护本部落的玩家。线下和这些"部落首领"的交流发现,他们这样做既是出于一种"罗宾汉"义气,也是为自己挣得名声。他们是"制度企业家"——创立和实施制度的领袖人物。事实上,从我们今天可以想象的最早的人类社会开始,权威和组织就是社会秩序不可或缺的要素。当代对灵长目动物群落(如黑猩猩群落)的研究表明,灵长目动物群落具有一定的社会形态,其中头领起到了很大的作用。[1]人类与灵长目的近邻们分离出来已经二百五十万年,只会比这些近邻们更加社会化。《石器时代》这款游戏可以看作人类社会化过程的一个浓缩版,从中可以窥见权威和组织对于制度的建立和实施的重要性。

在一个现代国家,由于社会的流动性,自我实施的惩罚就更加不可能了。那么,为什么经济学家还对自我实施如此着迷呢?从一个方面来说,这与经济学的个人主义方法论有关。整个经济学是建立在经济主体的自我选择之上的,强加第三者的限制会使经济学失去意义,因为如果第三者强制是可能的话,任何社会结果都是可能的。计划经济实际上是建立在第三者强制是可能的这个假设之上的,它的失败也是强制的失败。因此,整个经济学界对那条"通往奴役之路"充满戒备心理,在对制度的研究里则表现为对第三方实施的回避上。但是,这种回避正在将经济学对制度的研究引入歧途。其主要表现是过分地

---

[1] 参见弗朗斯·德瓦尔:《黑猩猩的政治》,上海译文出版社,2014年。

关注建立在个人选择抽象的自我实施的合作问题。在现实世界中，我们所能观察到的社会范围内的合作很少是脱离了权威而存在的。权威既可以建立在制度的基础上，也可以建立在个人影响力以及宗教信仰的基础上。要真正理解合作，经济学必须将权威引入它的分析之中。

既然第三方实施如此重要，我们有必要进一步对第三方进行一番考察。"原则上说，第三方实施涉及一个中立的执行者，它具有无成本地测定一个合约的特性并无成本地实施这个合约的能力。"[1] 在现代社会里，"第三方实施意味着国家作为一种能够有效地监督产权和实施合约的力量的出现。"[2] 问题在于，国家作为第三方不可能是抽象的，它需要一个组织架构及运作这个架构的个人。因此，如何监督掌握实施权力的个人就成为现代国家的一个重要课题。在发达的西方国家，以权力制衡为标志的宪政是解决这个问题的办法。但是，即使是在这些国家，我们也不难发现当权者在各种层次上通过改变财富分配和价格信号等手段为自己谋利的现象。在缺乏宪政传统的第三世界，问题就严重得多。在那里，不仅法律体系不完善，而且由于宪政架构的缺陷，人们无法对宪政的执行者的行为做出准确的预测，从而降低了社会的效率。

诺斯认为，对第三方实施的需求和对它的监督是一对长期的矛盾。麦迪逊等人在《联邦党人文集》中为美国的权力制衡机制设定了

---

[1] 参见本书第122页注1：第58页。
[2] 参见本书第122页注1：第59页。

一个合理的蓝图。在经济学家的研究中，我们需要回答的问题是，在什么情况下权力制衡能够成为权力拥有者自己的选择？用诺斯经常使用的语言来说就是：权力拥有者限制自己权力的承诺在什么时候是可信的？这里不同于制度的自我实施之处在于，这里所考察的是权力拥有者对已有（或可能有）的权力的自我选择，而制度的自我实施涉及集体的选择。自我选择是经济学研究的长项，因此对可信承诺的研究已经有了有影响的成果。其中尤为著名的是诺斯本人与巴里·温加斯特对十七世纪英国宪政产生过程的研究。我在第六章将详细介绍这个研究以及相关的其他研究。这些研究所关注的核心问题是，在什么样的经济、政治和社会条件下，选择限制自己的权力才能成为权力拥有者自觉的选择？对这个问题的回答是非常重要的，因为它涉及如何设计一个有效的宪政结构的问题。一个不成功的宪政结构可能诱使权力拥有者经常滥用权力，从而给社会带来巨大的损失，而一个有效的宪政结构应该能够最大限度地降低权力拥有者滥用权力的动机。

05
小结

本章介绍和评价了诺斯在制度的定义和分类方面的工作。他的主要贡献是区分了制度和组织，揭示了正式制度和非正式制度之间的互动关系，并对制度的实施进行了创见性的讨论。通过对制度这一概念的清理，诺斯提高了制度研究的整体水平；同时，他将制度定义为游戏规则的创建也使制度得以进入主流经济学分析的视野。诺斯对制度实施过程的讨论，对目前制度研究中一味追求解释自我实施制度这一倾向提出了有益的警告，并且指明了制度研究的一个方向。

诺斯对非正式制度的重视是他在二十世纪九十年代之后的学术活动的显著特点。尽管他不会赞成文化决定论，但他在强调非正式制度对正式制度效能的约束的同时，似乎没有对反方向的作用给予足够的重视。本章给出了正式制度促成非正式制度的例子，试图纠正诺斯在这方面的忽视。事实上，就长期历史而言，正式和非正式制度的界限是模糊的,它们是含义更广泛的,我们称之为文化的一部分。

在对制度这个中心概念进行了梳理之后,我们可以进入对诺斯实证研究的讨论。这是接下来四章的内容。

第四章

效率假说：西方世界的兴起

> 如果经济增长所需要的仅仅是投资和发明，为什么一些社会没有做到这一点？

> ——诺斯和托马斯：《西方世界的兴起》

欧洲在近现代的高速经济增长是人类历史上的特例。在欧洲兴起之前，人类经历了与饥荒、战争为伴的漫长历史；在欧洲兴起的同时，在欧洲以外的世界各地，饥荒仍然是绝大多数人必须面对的现实。那么，是什么因素导致了欧洲的增长呢？在过去，以工业革命为代表的技术进步被认为是欧洲经济增长的原动力。当代经济增长理论进一步强调人力资本投资和规模经济对经济增长的贡献。但是，"如果经济增长所需要的仅仅是投资和发明，为什么一些社会没有做到这一点？"[1]换言之，如果经济增长所需要的仅仅是物质投入，那么人类对富裕生活的追求自然会引导所有社会去这样做。但多数国家发展停滞不前的事实表明经济增长并不是看起来如此简单的事。诺斯和托马斯说："我们刚才列举的因素（创新、规模经济、教育、资本积累，等等）不是增长的原因；它们是增长本身。"[2]他们开宗明义地指出："有效的经济组织是增长的关键；一个有效的经济组织的产生导致了西方的崛起。"[3]"组织"在这里相当于制度。和当时绝大多数经济学家一样，诺斯和托马斯在当时是将这两个概念是混用的。康芒斯早在二十世纪三十年代就对制度（一种集体行动）和组织（进行集体行动的群体）进行了区分，可见他的超前性。诺斯本人直到1990年在《制度、制度变迁和经济绩效》一书中才对制度和组织进行了严格的区分。但是，将制度与组织混用并没有妨碍诺斯和托马斯的研究，因为在他们这个研究中组织是不重要的，它的角色被单个的行动个体，如庄园主、农奴、国王等所取代。在《制度变迁与美国经济增长》《西方世界的兴起》和《经济史的结构与变迁》三部著作中，诺斯试图解释有效的经济制度是如何影响经济绩效以及它们是如何形成和演化的。在第一本书中，诺斯和他的合作者兰斯·戴维斯研究了美国的经济制度变迁及其对美国经济增长的作用；在第二本书中，诺斯和他的另一个合作者托马斯研究了欧洲从中世纪到十七世纪的产权演变；在最后一本书

---

[1] North, Douglass and Robert Thomas [1973], *The Rise of the Western World*, 第2页。
[2] 同上引。
[3] 同上，第1页。

中，诺斯进一步提出了分析整个人类历史产权演变的理论框架。在所有三本书中，诺斯的分析方法都是新古典的：有效的制度导致经济增长，而历史上相对价格的变化导致制度的变化。这就是有关制度的效率假说。尽管这个假说在第一本书中已经形成，但是，对学术界影响较大并为中国读者所熟悉的是后两本书。因此，我将略去对第一本书的介绍，而主要介绍其他两本书。在本章中，我将讨论诺斯和托马斯在《西方世界的兴起》一书中对效率假说的应用；在下一章中，我将转向讨论诺斯的《经济史的结构与变迁》。

本章首先讨论效率假说的第一部分，即有效的经济制度提高经济绩效；然后讨论效率假说的第二部分，即制度总是朝着增长经济绩效的方向发展。后一部分是和另一个更加具体的假说——诱导性制度变迁假说——联系在一起的，这个假说是由佛农·拉坦（Vernon Ruttan）和速水佑茨郎在1984年正式提出来的。[1] 在讨论了诱导性制度变迁假说之后，我将简要介绍诺斯和托马斯对西欧经济制度演进的研究，并做小结。

---

1 Ruttan, Vernon and Yujiro Hayami [1984], "Toward a Theory of Institutional Innovation." *Journal of Development Studies*, Vol. 20(4): 203-23. 诺斯本人不喜欢用诱导性制度变迁假说这个概念，而更愿意使用效率假说的说法。一个原因可能是因为诱导性制度变迁假说是他首先发现的，拉坦和速水只不过给了它一个正式的名称而已。当然，诱导性制度变迁假说和效率假说之间有一些微妙的区别，本章第三节将对此有所讨论。

01

制度与效率

诺斯重视动态效率，他将效率定义为人均收入的长期增长。如他和托马斯所言："谈到经济增长，我们指的是人均收入的长期提高。"[1] 有效的制度是提高效率的源动力。那么，何谓有效的制度呢？根据诺斯和托马斯的定义，"有效的经济组织创立制度安排和财产权，将个体经济努力引导到私人收益接近社会收益的活动上去。"[2] 从第二章关于外部性的讨论中我们知道，私人收益小于社会收益导致具有正的外部性的活动的供给不足，此时，私人活动无法达到社会最优。因此，有效的制度就是能够保证达到社会最优的制度。在诺斯和托马斯的研究中，产权，特别是土地私有权在其制度分析中占据了非常重要的地位。他们说：

1　North and Thomas [1973]：第1页。
2　同上。

> 私人收益或成本之间的差异导致第三者被动地获得一些收益或承担一些成本。当所有权没有很好地定义或没有得到实施的时候，这样的差异就会产生。如果一项活动的私人成本超过私人收益，个人一般是不会进行这项活动的，尽管它产生社会盈余。[1]

以上引文和德姆塞茨关于产权的理论是一致的。德姆塞茨认为，产权的功能就是内化外部性，使社会收益等于私人收益。[2]比如，开发一片森林有益有弊，益处是带来收入，弊处是开发造成水土流失，同时也破坏森林的再生能力。当森林是公地时，每个人砍伐森林所带来的收益完全属于他自己，而他只承担破坏森林造成的损失的一部分，剩余的都由其他人分担了。此时，个人所分担的成本就小于社会整体所负担的成本。如果森林及其相关地区的产权仅仅属于某一个人，任何对森林的破坏所造成的损失都是他自己的损失，此时社会成本等于私人成本。再比如，在没有专利法保护的情况下，每个发明都将使任何想使用它的人受益，而发明者本人的收益只是其中之一部分，发明的社会收益大于它的私人收益。专利法确立了发明人对发明的垄断权，任何其他人如果想用这个发明，他就必须向发明者付费。因此，专利权使私人收益等于社会收益。

---

[1] 参见本书131页注1：第2-3页。
[2] Demsetz, Harold [1967], "Toward a Theory of Property Rights," *American Economic Review*, Vol. 57: 347-359.

诺斯和托马斯以纬度仪的发明为例说明所有权在历史上所起的正面作用。在早期航海史中，确定经纬度是船只得以进行远洋航行的必要条件。葡萄牙的亨利王子通过数学家的努力发明了以太阳为标准确定纬度的方法，但经度的确定更加困难。西班牙的菲利普二世因此悬赏征集确定经度的方法。后来，荷兰又提高了悬赏额。最后，英国更将悬赏额提高到一万至二万英镑（视经度仪的精度而定）。此奖直至十八世纪才由约翰·哈里森获得。哈里森倾其毕生之力以发明经度仪。这一发明对于促进远洋航行和世界贸易具有不可估量的价值，远远大于发明者个人所能获得的利益。诺斯和托马斯因此不禁问道："倘若相关产权早已建立，保证发明者获得更多的来自船只和对世界贸易过程中节约下的收益，这项发明该提早多长时间呢？"[1]对发明者的悬赏带有随意性，更稳定的是建立保护发明创造者排他性所有制的产权制度。当代的专利法即是这样一种制度。

应该注意到的是，产权不仅分配收益，而且分配成本；如果一种产权安排只将私人收益提高到或接近社会收益，而不将私人成本提高到或接近社会成本，则这种产权安排不是一种好的安排。中国的国企改革是一个现成的例子。国企在法律上的所有权属于国家，但控制权被企业家掌握，有些学者据此提出控制权回报问题。[2]在二十世纪八十年代，一个改革思路是提高国企经理的工资，如实行

1　参见本书131页注1，North and Thomas [1973]：第3页。
2　周其仁[2000]:《国有企业的性质》,《经济研究》, 2000年第12期，第2-10页。

年薪制等，其结果是，国企经理的实际收入在一段时间里达到了相当高的水平，和一般职工工资的差距超过了日本。国企经理工资的提高使他们的私人收益接近他们的社会收益（即他们的市场价值），有利于发挥他们的积极性。但是，在提高他们的收入的同时，改革却没有使他们负担起相应的责任。在一个市场经济中，经理人员也要受劳动力市场的监督，一个失败的经理在劳动力市场上是要贬值的。但是，中国的国企经理们现在仍然是国家干部，一个干得再不好的经理，即使被免职也会保留待遇，甚至会调到别的单位照样做官。这种责权利不对等的所有权安排是不可能解决中国的国企问题的，二十世纪九十年代的国企产权改革才较为彻底地解决了多数国企的问题。

关于产权的另一个误解是将它看作单一的权利，要么有，要么无。然而，产权是一束权利的集合，而且，一项合理的产权安排不必将所有的权利集中于一个人。现代公司制度是大家都熟悉的例子，公司的法律所有权属于股东，控制权在董事会，而日常决策权在经理。中国的农村土地制度是另一个例子。《宪法》规定，农用地属于村集体所有。在实际中，土地使用权通过承包被赋予农户，农户是土地的剩余索取者；同时，农户可以决定土地的用途，还可以转包土地，获取租金。但是，农户的权利也受到限制，他们不能将土地卖掉；在确权之前，随着村里人口的增长，他们的土地也要进行不定期的调整。虽然这种复杂的产权安排的利弊有待进一步论证，但那种单纯为了追求"完美"的土地所有权而提出的改革思路肯定是不可取的。[1]

因此,产权和经济绩效之间的关系是复杂的。我们在第二章的分析表明,产权及其相应的私人交易不能消除所有的外部性。此时,其他形式的制度安排,如政府税收,能够更好地胜任此项工作。同时,并不是所有的产权安排都能提高效率。对市场进入的限制为已经在市场中的企业确定了一种产权,使得它们能够挣取超额利润。但是,这样的产权安排对经济效率是有害的,因为受保护的企业可以将价格定得较高,同时生产较少的产量,并且因为竞争压力小,它们进行创新的动力也低,其结果是消费者乃至整个经济受到损失。在这个例子里,产权不是为了消除外部性而产生的,而是为了保护那些既得利益者的利益,因此是无效的制度安排。但是,如果我们接受效率假说的观点,则无效的制度安排就不可能长时间地存在,因为它们终究要被有效的制度安排所替代。然而,无效制度的长时间存在并不是罕例。诺斯本人就经常举西班牙长期停滞不前的例子,并促成了他在后期的范式转换。那么,为什么无效制度能够长期存在呢?下一节将介绍诺斯和托马斯在《西方世界的兴起》中所给出的解答,并对此做一些个人的评论。

---

1 有关中国农地制度的讨论,参见姚洋[2002]:《自由、制度变迁和社会公正》中的两篇文章,《中国农地制度:一个分析框架》和《中国农地制度与农村社会保障》。

02
——
无效制度

无效制度是那些阻碍经济增长的制度。诺斯和托马斯举了两个例子来说明无效制度及其存在的原因。第一个例子是海盗。海盗抢劫船只，增加了海上贸易的成本，并因此缩小了海上贸易的规模。但是，在历史上，各个国家并没有全力以赴剿灭海盗或派出海军为海上船只护航，而是采用贿赂的办法来收买海盗。原因在于贿赂在当时是一种"有效"的方法，较之出动海军更能节约成本。第二个例子有关西班牙近代的土地所有权。西班牙王室历来给予牧羊团在西班牙游牧的权利，因为王室依赖牧羊主的税收。在这种情况下，土地所有者的所有权就不能得到很好的尊重，因为游牧的羊群随时可能光临，吃掉庄稼。尽管人口的压力使得建立完整的土地所有权的社会收益已经足够高，但它对王室的私人收益却没有提高，因为王室的税收可能因此降低。从另一方面来说，土地所有者要想联合起来促使王室放弃对牧羊主的保护又面临搭便车的问题，土地所有者的人数众多，因此组织成本很高，搭便车就会成为严重的问题。

从以上两个例子中，诺斯和托马斯推论出两个在历史上妨碍产权向着使私人收益与社会收益相等的方向发展的原因。第一，不存在克服搭便车或实施产权所必需的技术。在海盗的例子中，由于早期海盗的船只和武器装备能达到和任何国家的海军相同的水平，要剿灭它们是不容易的。但是，随着机器动力船只的发明以及国家对军火控制的加强，海盗的装备开始落后于国家海军的装备，消灭他们因此成为一个有效的选择。实施技术的缺乏甚至在今天也限制了对某些产权，特别是知识产权的保护。软件是一个明显的例子。对于那些只用于特殊产品的软件，保护其产权相对来说容易一些，因为通常情况下这些软件可以直接写在芯片里，使得拷贝无法进行。另一些非常大的软件系统的保护也较容易。比如，SAP是由一家德国公司生产的企业管理系统，它的组成部分非常多，它们之间的关系也非常复杂。一个公司如果决定使用SAP，它必须对其管理模式进行巨大的调整，以适应SAP的管理思想。SAP公司拥有一支训练有素的咨询队伍，专门为购买其产品的公司提供培训和事后咨询。因此，即使一个公司可以得到免费的SAP软件，没有SAP公司的培训和咨询，这个软件也毫无用处。最难保护的是那些通用软件，如个人电脑的操作系统和各种应用软件，很容易被人拷贝。加密是防止拷贝的一个办法，但盗版者很快就会发现解密的办法。预装销售可以减少盗版，但对于那些不是一般客户所必需的软件，这种办法就不适用了。打击盗版因此不能仅从技术设备入手，而是应该加强监管，以法律手段解决问题。

诺斯和托马斯发现的第二个原因是建立或实施产权的成本很可能超过任何群体或个人从中得到的收益。在上面西班牙的例子中，取消牧羊团的特权并建立土地的私有产权不仅使王室面对未来收入的不确定性，而且使它面对已知的重新组织与税收征集的成本。两相比较，土地私有权不一定会给王室带来净收益。

在一个无交易成本和组织成本的社会里，只有产权的收益进入人们的计算，因此一个活动的个人收益总是可以达到和社会收益相等的地步。在真实世界里，交易成本和组织成本无处不在，因此，有效的产权能否出现有赖于制度供给者的"成本—收益"计算。在这里，政府扮演着关键的角色。诺斯和托马斯将政府看作以提供保护和正义来换取收入的组织。只有当提供保护（如建立并执行产权）所换取的收入大于它的成本时，政府才会那样做。从另一个角度来看，公民通过给政府付费来换取保护。公民为什么要这么做呢？因为政府在降低实施成本方面远远超过自愿组织所能做到的程度，换言之，政府在保护产权方面具有规模效益。但是，政府并不总是愿意建立有效的产权，如同我们在西班牙的例子里所看到的那样。

总结起来，诺斯和托马斯试图建立一个制度创新的简单的新古典经济学模型。在这个模型里，一个有效的制度是否能够建立取决于制度供给者的"成本—收益"分析，只有当其收益超过成本时，他才会有动机建立那个制度。这个模型简洁明快，并具有一定的预测和解释能力。但是，它也有一些严重的缺点。

首先，这个模型要求人们知道什么是有效的制度。且不去谈人们对"有效"这个概念的分歧,仅就诺斯和托马斯对"有效"的定义而言,人们也不可能总是知道什么样的产权安排可以使个人收益等于社会收益。即使是像土地私有权这样在今天看来再明显不过的制度安排,人们也是经过几千年的摸索才建立起来的。正如诺斯和托马斯所显示的,西欧的土地私有制直至十七世纪才稳定下来。我们在氏族社会的远祖们知道私有产权吗?在集体生存倘成问题的情况下,私有土地产权可能根本没有在他们的脑海里出现。过去有句笑话,说是中国农民起义的失败或蜕变是因为没有马克思主义的指导;可是,那时马克思还没有出生呢,起义者从何而知马克思主义!同样,说私有产权是原始人的选择之一也可能犯同样的错误。人类历史上的制度选择是人类学习和知识积累的结果。我们今天回过头来对这些选择进行解释时可能犯的一个错误是把我们今天的知识强加在古人的身上,从而使我们的解释不成其为解释,而顶多是事后的合理化而已。

其次,即使人们知道什么是有效的制度,他们也可能无法知道如何去计算社会收益和私人收益。将全部收益划归私人所有是最简单的办法,也无需我们计算社会收益。但是,正如第二章所指出的,由于交易成本和不确定性的存在,以产权和私人交易来消除外部性不可能达到社会最优;其他形式的政府干预,如税收,能做得更好。此时,对社会收益和私人收益的计算就成为一个重要的问题,因为我们要据此确定税收的大小。但是,不仅古人可能缺乏这方面的知识,我们在科学发达的今天仍然处在探索中。第三,制度供给者除了"成本—收益"分析之外,还有其他决定他采用哪种制度的标准,其中最重要的便是知识，或者更具体地说，是意识形态。忽视这一点，我们永远也无法解释法国大革命、俄国十月革命或1949年的中国革命。即使就和缓的制度变革而论，思想和意识形态的突变或渗透在人类历史，特别是近现代的历史上也起着举足轻重的作用。试想，如果没有马克思的思想以及后来列宁和斯大林的创造性发挥，我们能够想象苏联和中国的社会主义吗？同时，如果没有马克思的思想及后来的工人运动，我们能够看到现在的福利国家吗？我还可以举出更多的例子，但归结起来中心思想是：思想是制度变革的主要动力之一。这是诺斯在其后期所秉持的主要学术观点。最后，如果以上几点批评都不考虑的话，"成本—收益"分析模型也仅限于解释制度的供给者为一个人或一个组织的情形。在君主统治下，制度供给者主要是君主一个人；在西欧封建制里，制度的主要供给者是庄园主。在这些情形中，"成本—收益"分析可以运用到君主或庄园主身上。但是，在现代民主社会中，制度在理论上来说是通过代议制民主确定的；在现实中，它也至少是由利益集团之间的博弈所确定的。在这种情况下，不存在一个明确的制度供给者，所有的参与者都同时是制度的需求者和供给者。尽管"成本—收益"分析对每个参与者还是适用的，但它对于这些参与者的加总却是无效的，因为它们的利益之间存在冲突，无法进行简单的加总。说到底，制度变迁是一个集体选择过程，因此，对制度变迁的研究也应该转到对集体选择的研究上来。

诺斯本人在《西方世界的兴起》一书发表之后逐渐意识到以上问题。在1981年发表的《经济史的结构与变迁》一书中，他引入了意识形态的作用；在1990年发表的《制度、制度变迁与经济绩效》一书中，他把注意力集中到人类的知识积累上来；而在《理解经济变迁过程》这部总结性的著作中，他更加明确地把人的有意识选择作为决定制度变迁的关键因素。这些发展将在以后章节中加以讨论。在本章余下的两节中，我将仍然讨论《西方世界的兴起》一书。在下一节里，我将讨论效率假说的第二部分，特别是诱导性制度变迁假说；在第四节里，我将概括介绍诺斯和托马斯应用这个假说对西欧经济制度，特别是土地制度演变的解释。

03

诱导性制度变迁假说

诱导性制度变迁假说不是诺斯和托马斯首先提出来的，但他们在《西方世界的兴起》一书中所使用的理论框架实际上就是这一假说。它的正式提出是佛农·拉坦和涑水佑茨郎在1984年发表的一篇题为《关于诱导性制度创新的一个理论》的文章。[1] 它的中心思想是——制度，特别是所有权的变迁受相对要素价格的诱导，相对要素价格提高，所有权将更趋向往私人占有的方向发展。比如，当土地相对于劳动力的价格提高时，土地的所有权将更趋于私人占有。由于相对要素价格最终取决于要素的相对丰度，相对丰度越低的要素的相对价格越高，诱导性制度变迁假说也可以表述为：相对丰度较低的要素的所有权将更趋于私人占有。隐藏在诱导性制度变迁假说背后的逻辑是新古典主义的。一种要素的相对价格上升意味着对这种要素的需求在一定时期内超过其供给，即人们对它

1　参见本书第130页注1，Ruttan and Hayami [1984]。

的使用存在争夺。如果对这种要素的需求的私人产权尚未建立，或尚未完善的话，它的社会收益就超过每个人的私人收益，从而导致对它的过度使用和浪费。这样就产生了对其进行私有产权分割，从而使社会收益完整地分配给私人的需求。我们可以用下面的例子来说明这一思想。

设想早期的蒙古草原上有十个旗，每个旗有十户牧民，所有一百户牧民共同在周围一百平方公里的土地上放牧羊群。起初几乎不存在对羊毛和羊肉的市场需求，牧民们放牧羊群只为了自给自足。这样，每家放牧十头羊就可以维持生活了。一百平方公里的牧场养活一千只羊绰绰有余，牧民之间无需进行任何争夺。突然有一天，中原的商人到草原大量收购羊毛，羊毛不仅有了市场，而且价格大涨，牧民的反应是增加羊的数量。很快，每户的羊就超过一百头。有些财力雄厚的人家甚至会养更多的羊。周围一百平方公里的牧场对于一万头羊来说就过于拥挤了。牧民们因此开始争夺对牧场的使用权。解决争夺问题的一个办法是按照旗来划分牧场。假设每个旗分得相同的一份，即十平方公里的牧场。为了每个旗的长远生存，旗里的十户牧民可能会达成协议，每户最多只放牧八十只羊，以便使牧场长期存在下去。这样，牧场相对价格（相对于劳动力和日用生活品而言）的上升导致牧场由一块开放地（open land）向社区所有的公共地（commons）转变。[1]

---

1 注意这里的公共地和开放地是有很大区别的。开放地意味着无人管理且不具有排他性的土地，公共地则属于一定的社区，因此它既具有排他性，又具有一定的管理结构。大量经验研究表明，公共地的管理可以是非常有效的。参见 Ostrom, Eleanor [1990], *Governing the Commons?* Cambridge University Press, New York.

如果中原一带对羊毛的需求稳定下来，但对小麦的需求大增，从而使得定居农业优于放牧，每个旗里的十户牧民又会开始对旗里的十平方公里牧场的争夺。每户人家都想开垦更多的土地，用于种植小麦。此时，土地的社区所有不再能平衡社会收益与个人收益，土地的私人所有就成为一个逻辑的选择。

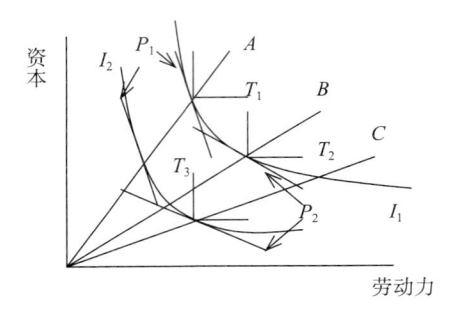

图 4-1　诱导性技术变迁

涑水佑茨郎认为，诱导性制度变迁假说与厂家选择技术时的行为是一致的。[1] 厂家对技术的选择以价格为信号，选择可以节约总成本的技术。我们可以借助图4-1来说明这个问题。在图中，企业以劳动力和资本两种生产要素生产一种产品。就短期而言，企业的生产技术比较僵硬，具体表现为劳动力和资本之间没有替代关系，图中的 T_1 和 T_2 两条直角等产量线即表示两种这样的短期技术。两种技术都可以生产

---

[1] Hayami, Yujiro [1997], *Development Economics: From the Poverty to the Wealth of Nations*, Oxford University Press and Clarendon Press, Oxford. 不熟悉经济学的读者可以跳过以下关于诱导性技术变迁的段落。

一单位的产出。在这两种技术下,企业在短期要想增加产量就只能沿着 A 或 B 射线按比例地增加它的资本和劳动投入。就生产单位产量而言,技术 T_1 比技术 T_2 更密集地使用资本。就长期而言,企业可以选择任何技术,使得任何资本和劳动力的组合都能产生出同样多的产出,图中的长期等产量线 I_1(它是短期等产量线的包络线)表示的就是这样的"资本—劳动力"组合。

假设一开始的工资/资本利率比率是 P_1,且此时采用短期技术 T_1 最节约成本。在这个价格比率下,劳动力相对于资本比较贵(其表现是一条较陡峭的价格线),因此企业采用更密集地使用资本的技术。现在,假设工资相对于利率下降了,价格线变成比较平缓的 P_1。此时,企业有两种选择。一种是在现有的长期技术下采用技术 T_1,它比 T_1 少使用资金。但是,企业也可以采用另一种选择,即发明一种新的长期技术 I_2,在图中,这个新技术以单位产量线 I_1 表示,它比老技术 I_1 更节约成本(因为同样是生产单位产品,它需要使用的劳动力和资本都较少),同时更密集地使用劳动力。[1] 如果采用这个新技术,则在价格 P_2 下,企业使用 T_3 这个短期技术;和使用 T_2 相比,企业节约了大量成本。那么,企业什么时候采用第一个选择,什么时候采用第二个选择呢?这取决于所节约的成本数量和开发新技术所需要的成本。如果

---

[1] 这意味着,和旧技术相比,新技术下的劳动力的边际产出和资本的边际产出的比率提高了,在图上,这表现为一条更陡峭的等产量线。简单地说,一个更密集使用劳动力的技术意味着劳动力相对于资本更有效了。

前者大于后者，则使用新技术是值得的；否则则继续使用老技术。如果技术开发成本是给定的，则选择只取决于可以节约的成本数量。由于I_2更密集地使用劳动力，因此可以想见，只有当劳动力价格相对于资本利率变得较低时，成本的节约才足够大。图5-1表明了这一点。在图中，成本的节约以相同价格线在两种技术下的垂直差距。[1]因此，对比价格P_1和P_2下所节约的成本，我们可以发现，P_2下所节约的成本大于P_1下所节约的成本。所以，只有当资本的相对价格上升较多时，企业才采用节约资本而更多使用劳动力的技术。企业的技术选择受相对价格的诱导，它采用节省相对价格上升的要素的技术。这就是速水和拉坦所谓的诱导性技术变迁理论。[2]

诱导性制度变迁假说是这一理论的一个自然延伸，我们可以把制度想象成社会生产技术，当一种生产要素的相对价格上升时，社会应该采用能够"节约"这种要素的制度。在图4-1里，I_1和I_2就代表两种不同的制度。把我们上面的蒙古草原的例子放到这张图里，资本可以换成草场，价格线变成草场和人力的价格之比，则I_1代表当草场相对价格较低时采用的开放地制度，而I_2代表当草场相对价格较高时采用的公共地或私人所有制度。在这里，公共地或私人所有是相对于开放地而言"节约"土地的制度。"节约"之所以在引号中，是因为制度

---

[1] 严格地说，这个差距是以资本，而不是货币来计价的。以这个差距乘以资本的利率就得到以货币计价的差距。

[2] 参见 Hayami, Yujiro and Vernon Ruttan [1985], *Agricultural Development,* Johns Hopkins University Press, Baltimore.

对要素的节约方式不同于技术。就技术而言,"节约"意味着减少使用量;就制度而言,"节约"意味着更有效地使用。土地的相对价格提高了,土地所有权的个人化提高土地使用的效率,因为当一个人拥有对土地收益更排他性地占有时,他就会增加对土地的投入,更注重土地的长期收益,从而有利于经济的长期持续发展。但是,为什么在相对价格线P_1下社会不采用更节约土地的制度呢?因为此时土地的价格还不够高,社会资源的节约无法抵销制度变迁所需要的成本。制度变迁的成本可能是非常高的。在最低限度上,它涉及利益相关者之间的谈判和利益协调;在极端的情况下,武力可能是必需的,如圈地运动中所发生的。

在诺斯和托马斯写作《西方世界的兴起》之后,速水佑茨郎是将诱导性制度变迁假说严肃地应用到经验研究中去的较著名的学者。他和他的合作者试图用这一假说解释二十世纪七十年代绿色革命给亚洲农村的制度安排所带来的影响。[1] 他们的研究对象是印尼的爪哇岛。在那里,过去的习俗要求地主在收获时邀请全村人参加,并将收获的九分之一拿出来平均分给参加收割的村民。这种收割方式既是一种怜悯穷人的伦理规范,也是一种交换方式,因为九分之一的收获可以看作对参加收割的人的报酬。随着绿色革命的传播,地主开始引进高产水稻,土地价格因此提高。随之而来的问题是,九分之一的产量作为

---

[1] 参见 Hayami, Yujiro and Masao Kichuchi (1982), *Asian Village Economy at the Crossroads: An Economic Approach to Institutional Change*, University of Tokyo Press, Tokyo; Johns Hopkins University Press, Baltimore.

对收割的报酬显得过高了。这促使地主改变收割方式。改变之一是要求收割的人在水稻生长过程中帮助除草;改变之二是将收割的工作包给中间人,让他去招集村民来收割。这样一来,原来建立在集体生存道德之上的收割制度让位给了商业化的交易,从而使得地主可以绕过情面的限制而降低收割者的相对工资。土地相对价格的上升诱导了这种转变。

诱导性制度变迁的另一个例子是北美和南美的对比。这两大洲都是欧洲移民开发的,但其制度和经济演进路径却大相径庭。南美的早期经济以庄园农业为主,其政治制度到今天也未能摆脱独裁的阴影。北美的经济在很早的阶段就引入工业化进程,其政治制度也早已走上民主的轨道。对这个对比的一种解释是两大洲的宗主国之间的差异导致了它们在演进路径上的差异。[1] 南美的移民多数来自西班牙和葡萄牙,两个在当时的政治和经济上均相当落后于西欧的国家;而北美的最初移民主要来自英法两国,而又以英国为主。英国在十七世纪就走上了议会道路,移民们因此也将这种制度带到了北美的殖民地。同时,在移民的高潮期,西欧的工业化过程正如火如荼,移民们也将母国的工业带入北美新大陆。诺斯和温加斯特的解释与诺斯的知识积累和路径依赖理论是一致的。另一种解释是将注意力放在南、北美洲不同的自然环境和资源丰度上。南美大陆的大

---

1 参见 Sokoloff, Kenneth and Stanley Engerman [2000], "History Lessons: Institutions, Factor Endowments, and Paths of Development in the New World." *Journal of Economic Perspectives*, Vol. 14 (3): 217-232.

部分地区处于热带和亚热带，适合大规模的商品农业如咖啡、橡胶、蔗糖等作物的生产。对这些作物的需求遍及全世界，规模经济因此使得大种植园优于小农经营。南美的经济因此长期锁定在大种植园上，其政治也难以摆脱大种植园的影响，形成以寡头统治为特点的格局。北美处于温带到亚寒带，没有种植具有大规模需求的作物的条件，因此其经济较早地转向发展工业，而它的政治结构也适应工业的多元性和流动性，使民主制度扎下根来。这种解释和诱导性制度变迁假说是一致的。

但是，诱导性制度变迁假说存在严重的缺点。在规范层次上，这一假说具有指导意义，告诉我们在设计制度的时候注意对资源相对稀缺性的关注，使得人们在新制度下更有效地使用稀缺资源。但是，应该如何做不等于人们在历史上就一定会这样做。制度不仅对效率产生影响，而且同样重要地，对社会成员之间的分配关系进行了界定。一种新的制度必然要对社会的分配格局进行调整；因此，它是否出现取决于从新制度中得利的人的政治力量是否大于那些会在新制度中失利的人的政治力量。在涑水对爪哇的研究中，土地所有权赋予地主改变收割方式的法律权力，因此，当土地价值上升时，地主只需要以非个人化的商业化交易作为掩护就可以达到改变收割方式的目的。事实上，撇开集体生存伦理不谈，无论是旧的收割方式还是新的收割方式都不过是一种劳动合约而已，只不过在新制度下工人的工资相对于土地价格下降了。因此，涑水所认为的收割制度的变化实际上只是地主响应市场信号对劳动力工资的调整而已。如果我们一定要说那是一种制度变迁的话，那也是因为地主享有对改变制度的垄断权力。制度变迁一定是集体行动的结果，某个人或集团垄断集体行动的方向不过是一个特例而已。在通常情况下，制度变迁的方向取决于得利方和失利方之间的力量对比。因此，如果我们想把制度研究从规范层次转移到实证层次上来，就必须关注制度变迁的过程。我将在第十章重点讨论这个问题。

诱导性制度变迁假说是我在本章中所定义的效率假说的第二部分里的一个特例。通常情况下，人们所说的效率假说仅指这第二部分，即制度朝着增加社会福利的方向发展。诱导性制度变迁之所以是它的一个特例，是因为对较稀缺资源的有效使用意味着社会整体福利的提高。效率假说可以和相对价格无关。比如，一百个渔民同在一个公共湖泊里以打鱼为生。起先每个人的船只和捕鱼工具都比较落后，因此可以相安无事。后来，一些人通过长期的积累，逐渐能够买得起大船和更先进的捕鱼工具，从而使得对湖泊里渔业资源的争夺激烈起来。在没有任何限制的情况下，类似公共地悲剧的结局便不可避免。效率假说预测此时会产生某种制度安排，以遏止渔业资源的枯竭。一种办法是这一百户渔民成立一个监督机构，给每个渔民分配捕鱼配额并监督其执行。这个配额甚至可以买卖，从而形成一种产权交易市场。在这里，如果我们假设这个渔民社区较小，因而其生产活动不影响整个经济的相对价格的话（实际情况可能正是如此），诱导性制度变迁假说就没有用武之地了。从这个意义讲，效率假说是比诱导性制度变迁假说更强的假说。诺斯本人更愿意接受后者而放弃前者。正因为效率假说是一个更强的假说，对诱导性制度变迁假说的批评也适用于它。实际上，这一假说能否成立的关键是合作是否可能的问题。我在第三章中讨论制度的实施问题时已经对此做了深入的探讨，这里不再赘述。

04

西欧经济制度的演进

完成了对制度和效率的关系的讨论，我们来看一下诺斯和托马斯是怎样将效率假说应用到对西欧产权制度的解释上来的。他们选择公元十世纪作为研究的起点，此时西欧的封建领主格局刚好形成；并以十七世纪为他们研究的终点，此时西欧已经具备了经济增长所必需的制度条件。以一个简单但完整的理论解释这八百年间的经济制度变迁是他们为自己所设定的任务。在一部仅有一百五十页左右的小书中要完成这样一个任务，抽象与简约就不可避免，这也是他们这个研究招致许多批评的地方。但是，作为第一次的尝试，诺斯和托马斯为经济史研究开辟了一个新方向。

西欧中世纪经济制度的中心是封建领主制度。诺斯和托马斯引用《简明剑桥中世纪史》来描述这个制度。它的最基本单位是庄园（manor）。一个庄园被一个领主所拥有，庄园里的其他人是他的农奴或佃户。通常情况下，每个村民（农奴或佃户）拥有三十英亩的土地。在他们的土地之间分布着领主的土地。土地耕作采用轮作制,每年有一半或三分之一的土地歇耕。村民可以在歇耕地上放养一定数目的家禽、家畜。农奴家庭每星期必须派一个劳力到领主的土地上工作三天。在农忙季节,自由人(佃户)也必须到领主的土地上工作。除此之外,农奴还必须付给领主其他形式的税赋。通常情况下,一个村子只有领主才能拥有磨房(在法国,是面包房和酒厂),其他人必须到那里去磨面。在政治上,每个村子有庄园法庭(Manorial court),宣布并执行庄园里的习俗和法律,在混乱的世界里为村民维持必要的秩序。因此,中世纪的庄园制度是对西欧解体之后无政府状态的一种回应,和骑士阶层以及分散孤立的城堡构成当时社会的基本结构,这个结构缓慢地为西欧带来了和平。逐渐地,人口增加了,欧洲各部分之间的贸易活跃起来。随之而来的是城市的出现。这些城市可能是在某个领主的保护之下,也可能是拥有自己的政府和防御能力(城墙和军队)的独立实体。在这些城市里,粗劣的制造业为贸易提供产品。商业化的出现降低了封建领主制度的合理性。现在,领主不再要求农奴为自己提供军事服务,而是要求他们付一定的货币费用,并用这些钱在必要时去雇佣军队。同样地,农奴也乐于用货币代替服务,因为这样他们可以进行更专门和更有效的经济活动。在庄园内部,劳动力合同被货币租佃合同所替代。由于贸易和商业的复活,欧洲在十一和十二世纪重新看到了城市的兴起,并由此导致一系列相应的制度变化。

诺斯和托马斯特别研究了劳动力合同向货币租佃合同的转变。为什么在商业兴起之前劳动力合同是领主和农奴之间的主要合同,而当商业兴起之后它却被货币租佃合同所取代呢?原因在于,在商业未兴之时,在庄园之外不存在一个交换市场，因此，货币收入对于领主来说没有多大用处。但是，在通常情况下，货币收入总是比劳动服务好，因为劳动服务有其专门性，比如，农奴不可能满足一个领主对中国丝绸的喜爱，而货币作为任何物品的交易中介，可以让领主买到中国丝绸。但是，如果到中国的丝绸之路因为战乱而被切断，再多的金钱也无济于事。当战乱平息，商业再度兴起的时候，货币的价值再次体现出来。我们因此观察到货币租佃合同对劳动服务合同的替代。

随着人口的增长，每个庄园里现有的土地开始出现收益递减现象。人们以两种方式来回应这个挑战：一是开垦荒地和移民，一是改变耕作方式。在这个阶段，西欧以法国为源头开始了新一轮移民。一些新庄园主因为急需农奴而降低对农奴的剥削；农奴为了得到更好的待遇纷纷涌向边疆地区，而旧领主也愿意出卖他们以获得货币收入。移民的结果是使西欧的人口趋于分散，同时也形成了人口密度不同的地区。在人口密度较高的地区，商业高度发达，有些甚至完全放弃了农业。在庄园内部，响应土地收益递减的办法是将过去的两田制改为三田制。在两田制下，人们将地分成相等的两部分，虽然每年都将两块地耕一遍，但只在一块地上播种，而让另一块地撂荒以恢复地力。这种耕作方式较为原始，且没有充分地利用土地资源。当人口增加，因此土地相对价格上升的时候，它就被三田制所替代。在三田制下，土地被分成相等的三块，每年种植两块，另一块撂荒。在种植的两块地上，其作物也不相同。一块地用来在秋季播种小麦，另两块地用来在春季种植燕麦、大麦或其他作物。第二年，种植小麦的地撂荒，种植春季作物的地用来种植小麦，第三块地用来种植春季作物。以后每年依次类推。三田制显然比两田制的效率高。首先,它每年比两田制多利用了50%的土地(三田制下每年有三分之二的土地被利用,而两田制下只有二分之一);其次,春、秋两季的耕作方式使得劳动力更平均地分布在一年的各个季节上,提高了劳动力的使用率。在劳动力工资相对于土地价格下降的情况下,对劳动力的充分利用增加劳动者的收入。

但是,尽管三田制具有以上的明显优点,它在西欧的传播却是非常缓慢的。这一耕作制度产生于八世纪末的塞纳河与莱茵河之间的地区,但直至几个世纪之后才完成了在西欧的传播。比如,直至十二世纪英国才开始实行三田轮作制。以往的经济史学家往往把三田制的缓慢传播归咎于气候的限制、土地所有权的重新划分,等等。诺斯和托马斯则强调人地比的缓慢变化。只有当一个地方的人地比显著提高,从而使土地的相对价格上升到一定程度的时候,人们才会有动机采用三田制。由于移民垦荒减轻了人口的压力,三田制只有当移民稳定下来,从而使西欧的人地比普遍提高之后,才有可能大面积推广。诺斯和托马斯因此下结论说:"由此看来,三田制不能被认为是对效率的重大改进,而只是对变化了的情况的反应。"[1]孤立来看,这个结论有失偏颇,因为人们响应价格信号对技术进行调整本身就增加效率。三田制一方面节约较稀缺的资源——土地,另一方面又多使用较便宜的资源——劳动力,与没有任何反应相比,这显然提高了效率。但是,诺斯和托马斯的结论所强调的是,

---

[1] North and Thomas [1973]:第43页。

三田制是相对价格变化诱导人们所做的反应，而两田制是相对价格变化之前人们的理性选择，两者相对于各自所面对的价格都是有效的，因此无效率上的高低之分。这就好比一个人在价格为五元时买两公斤苹果，而当价格变成十元钱时只买一公斤苹果，他的两次购买行为都可以是理性的，没有优劣之分。

但是，移民和技术选择没有能够阻挡西欧落入马尔萨斯陷阱之中。十二世纪的西欧，人口增长速度超过了食物的增长速度。人口的增长最终还得依靠马尔萨斯的"魔鬼"来制止。这就是1315到1317年的饥荒以及1347年和1351年的更严重的黑死病。整个十四世纪，西欧的人口由1300年的七千三百万减至1400年的四千五百万。[1] 人口下降趋势直至十五世纪中叶才得以遏制，但要恢复到1300年的人口水平，我们还要等一个世纪。人口下降的结果是工资水平的相对提高和地租的相对下降，但并不止于此。人口的锐减反倒提高了生存农奴的谈判地位。为了留住农奴，领主必须向农奴让渡权利，农奴开始拥有对自己土地的所有权，封建领主制度被自然地瓦解了。只有在领主们可以合谋的情况下（如东欧的情形），相对工资的提高才不会导致农奴谈判地位的改变，因为他们一旦离开原来的庄园就会遭到其他领主的拒绝，从而沦为一无所有的难民。因此，封建领主制度的瓦解可以看作领主之间缺少合作的结果。这种瓦解一旦发生，返回就变得不可能了，即使是当人口在十五世纪后期开始回升的时候。诺斯和托马斯对这种不可逆性没有多少解释，从而使许多历

---

[1] 参见本书155页注1：第71页。

史学家怀疑他们的理论的解释能力。事后观之，诺斯和托马斯自己的理论就可以消除这种怀疑：封建领主制度是在中世纪欧洲解体的无政府状态下产生的一种保护与被保护的合约关系，当欧洲进入较为稳定的时期时，它一旦解体便失去了重新建立的客观条件。

与封建领主制度瓦解同时出现的是民族国家的兴起。这个过程一直持续至十六世纪。虽然经过多次反复，欧洲的贸易有了很大的发展，从而使得广大的地区得以在经济上联系在一起。尽管民族国家的建立与战争分不开，但其存在的基础是国家所提供的保护与臣民所纳税赋之间的交换。这是诺斯和托马斯的一个基本观点。但是，关于民族国家的一个较为完整的理论还要等到诺斯写作《经济史的结构与变迁》时才会出现。

1500年被历史学家认为是欧洲前现代的起点。在这以后的两个世纪中，欧洲发生了一系列划时代的事件，如价格革命、商业革命、宗教革命、文艺复兴、大航海、对新大陆的殖民、世界贸易以及民族国家的兴起，等等。但是，历史学家对这一时期缺少一个宏观的理论解释，多数人只将自己局限在对某一时期的专门研究里。马克思主义历史学家是一个例外，但他们在解释十六和十七世纪时遇到了麻烦。根据马克思的历史进化理论，封建主义之后应该是资本主义。但是，封建主义已经在1500年消亡了，而资本主义还没有产生，工业革命更是要等到两个半世纪之后。从十五世纪中叶开始，西欧进入了另一轮的马尔萨斯循环，十三世纪人口膨胀时的许多事件在十六世纪重演。但是，十七世纪所发生的事件远远不再是十四世纪的重演。这一次，一些国家，如英国和荷兰摆脱了马尔萨斯陷阱，保持了持续的增长；另一些国家，如法国，也随之而上。但是，诸如西班牙、意大利和德国这样的国家却没有逃脱马尔萨斯陷阱。"在历史上第一次，一些地区和国家摆脱了马尔萨斯陷阱的铁牙，而另一些失败了。是什么因素导致了这关键的差别呢？"[1]诺斯和托马斯试图对此给出一个答案。

他们的答案以产权的建立为核心。英国和荷兰之所以成功，是因为它们建立起了保护私有产权的法律，而其他国家的失败则是因为缺乏这样的法律。荷兰作为一个小国，没有多少自然资源，因此依赖于贸易和商业的发展，而荷兰地处欧洲中部的地理位置为其贸易发展提供了有利条件。贸易，特别是远程贸易需要相应的灵活的制度安排。在此期间，一个显著的创新是资本市场的形成。与贸易和商业发展的同时，制造业在荷兰城市兴起，并逐渐移至乡村。农村的工业化弱化了城市行会的垄断地位，使得工业的进入更加自由，从而促进了创新。因此，灵活的经济制度是荷兰成为欧洲首先摆脱马尔萨斯陷阱的国家的主要原因。英国之所以后来居上，成为领先世界几个世纪的经济中心，是因为它对荷兰制度的模仿以及它较大的版图。但是，英国的变化远比荷兰复杂和痛苦。

直至十六世纪，英国还没有任何能够开始持续增长的迹象。百年战争、玫瑰战争以及内乱使得英国处于长期无秩序之中。虽然秩序随着战争的结束而得以建立，王室的绝对权力却从来没有确立。十七世纪早期的英国政治和法官爱德华·库克爵士（Sir Edward Coke）紧密地联系在一起。是他领导了议会和国王的斗争，使普通法逐渐成为统治英国的主要

---

[1] 参见本书155页注1：第103页。

法律，并巩固了议会与普通法的联盟。不仅如此，库克爵士还坚持普通法应该限制王室所发布的特许经营权的观点。所有这些均使得所有权的建立脱离王室的随意控制而被置于公共法律的管理之下。尽管这个过程直至十七世纪末光荣革命之后方以议会的胜利而告终，库克爵士的斗争无疑起到了关键性的作用。但是，一个没有回答的问题是，王室为什么要屈服于议会的压力而放弃自己的权利并长期遵守诺言呢？诺斯和托马斯指出，王室的财政危机是导致它的屈服的主要原因。多年的战争使得英国王室的财政捉襟见肘，而它又无法像法国王室那样维持一个稳定的政治联盟来收取必要的税收。面对代表新兴商人利益的议会，屈服是维持其统治的唯一选择。这里已经涉及了诺斯和温加斯特后来关于可信承诺的著名论文里所表达的思想的实质内容，只是缺乏那篇文章里的理论框架和详尽的讨论。

在这段时期里，最为中国读者所熟悉的莫过于圈地运动。在我们的历史和政治经济学教科书里，圈地运动被描述为资本主义原始积累的一部分，被称为"羊吃人"的运动。的确，圈地运动导致势力单薄的农牧民失去土地，沦为工业化的牺牲品，并引发了多次暴动，其过程无疑是残酷的。但是，在认识圈地运动的残酷性的同时，我们有必要考察导致它发生的经济逻辑及其对经济的影响。

在十六世纪，随着新一轮人口增长高峰的到来，欧洲的贸易蓬勃发展，而服装贸易是其中的一大项。对服装的需求导致对羊毛的需求，从而引起对公共牧场的竞争。尽管王室开始持反对态度，但随后便改变了。同时，普通法允许圈地。由于议会是新兴商人阶层的代表，普通法允许圈地就不足为奇了。到十六世纪末，英国的大部分牧场已经被圈占；同时，许多农耕地也被圈来做牧场。到了十七世纪，羊毛价格的上涨趋势停止了，因此对牧场的圈占也冷却下来。但是，新兴作物的引进导致农业用地相对价格的提高，从而使得以往的轮作方式不再适应要求。比如，每年三分之一的歇耕地可以减少。同时，以往的土地所有方式使得农户的土地以条状交错分布，新作物的引进因此需要农户之间的协作，从而产生了对定义产权的需求。这种需求由于王室态度的逐渐改变而得到加强，其结果是英国的农业在十七世纪就建立了排他性的土地所有权，从而为下一世纪的农业革命奠定了基础。

诺斯和托马斯的上述描述给我们讲述的是一个诱导性制度变迁的经典故事。圈地运动是由于土地相对价格提高所引致的，而由此建立的私有土地产权促进经济增长。但是，这个故事里缺少的内容是谁是圈地运动的主导者以及为什么他们有能力进行圈地。尽管土地的私有可能是响应土地价格上升的制度变迁之一，但并不是每个人都是这个过程的赢家。因此，在不使用暴力的情况下，私有产权未必能够通过私人之间的谈判建立起来。在前现代时期，暴力是那些有能力使用它的人的选择。这些人便是新兴的商人。他们有议会的支持，而王室的反对又因为它本身的财政窘境而显得苍白无力。商人在这场制度变革中因此扮演了关键行动者的角色。

在非农产业，对于英国工业发展最重要的莫过于《垄断法》的产生。在此之前，王室垄断着发布特许经营权及其收益的权力。但是，这种垄断总的来说没有达到效果。原因在于：(1) 它只对现存工业有效，而管不了新兴工业；（2）工业迁移到农村地区，以躲避城市行会的控制；（3）工业的迅速发展使得人们无视王室的限制；（4）农村地区的管理依赖不拿王室工资的法官，而他们没有监督王室指令的积极性。《垄断法》不仅限制了王室的权力，由此而产生的专利权也为鼓励发明创造打下了基础。早期的例子是给予荷兰的约翰·肯普（John Kemp）在英国的纺织权；在后期，这样的权利被推广到更广泛的领域，并因此吸引了大批的发明者和投资者从欧洲大陆来到英国。

从原则上讲，专利并不是对社会来说最优的产权安排，因为它产生排他权和垄断，妨碍技术的迅速扩散。比专利更好的制度是一次性奖励制度，这样可以消除垄断，促进技术的快速扩散。但是，这种制度在操作上存在很大的缺陷。问题之一是如何确定奖励的额度，由于奖励者未必就是使用者，要确定一个发明的价格是困难的。问题之二是由谁来付费。显然，私人是不会愿意付费的，但是，如果由国家来付费，资金从哪里来？而且，由一个组织来集中操作会使第一个问题中的信息问题更加严重。因此，专利可能是一个最简单，同时又最接近社会最优的产权安排。英国的实践告诉我们，专利实际上产生于王室的特许经营权，是议会通过《垄断法》将这个权利民间化。这个历史事实对于我们认识专利的作用是有启示的。

在整个十七世纪，除了专利之外，英国还以《租赁法》代替了庄园土地制度；出现了大批的合同公司，取代以往的受管制的公司；还出现了保险业的雏形和银行。最重要的是，英格兰银行作为中央银行于1694年出现。到1700年，英国已经为即将到来的工业革命奠定了制度基础；

在这个制度基础上，经济增长便成为水到渠成的事了。

相反，法国的迟滞和西班牙的失败是因为它们迟迟没有建立起像荷兰和英国那样有效的经济制度。在法国，查尔斯七世成功地垄断了对法国的控制权，并可以随心所欲地设立税赋；同时，各地被人为地分割为独立的税赋区，各区之间流通的货物要交纳关税。在农业方面，法国没有发生像英国的圈地运动，但土地私人所有权也逐步建立起来。然而，市场的分割阻碍了农业技术的传播，限制了农产品的市场，从而导致了法国的长期贫困。在工业方面，王室与行会的结盟固化了工业里的垄断，遏制了新企业的进入和创新的产生。所有这些都与荷兰和英国的做法正好相反，这也是导致法国长期停滞的主要原因。西班牙在这方面与法国极其相似。它的统一也经历了像法国那样漫长的过程，但统一一旦实现，王室的权力就变得至高无上，垄断了对税收的支配权。西班牙王室的税收主要来自三个方面，即国内的牧羊主行会、低地国家和新大陆殖民地，而又以海外收入为主。西班牙统治者依赖海外收入来支持它在欧洲的扩张。随着海外收入的下降，西班牙王室越来越依赖国内的传统税收来源，从而打击了国内的经济活动。特别值得一提的是，对牧羊主行会税收的依赖导致对他们游牧方式的保护，阻碍了土地排他性所有权的建立。

总结以上内容，我们看到，诺斯和托马斯对西欧经济制度演变的解释是围绕两条主线展开的：一条是由于人口增减所导致的土地和劳动力之间相对价格的变化；一条是王室在建立和保护私人所有权方面的"成本—收益"分析。在公元十世纪到十七世纪这八百年间，欧洲经历了两次马尔萨斯循环。第一次的人口增长期为十世纪至十二世纪。在这期间，封建领主制度达到顶峰，遭受战争破坏的商业和贸易有所恢复，欧洲的垦荒和移民产生一次高潮。但是，随之而来的是一个多世纪的人口下降，战争、瘟疫和饥荒夺去了千百万人的生命。但是，人口的下降提高了劳动力的相对价格，使得农奴在领主面前具有了更多的谈判权力，领主之间的竞争最终导致了领主制的灭亡。当第二次马尔萨斯循环在十五世纪中叶降临欧洲时，人口的增长没有使欧洲回到封建领主制度，而是代之以民族国家的建立。尽管土地相对价格的上升在英国导致了圈地运动以及同时出现的土地私有产权，欧洲自此之后的发展很大程度上与王室对税收权力的垄断及其对"成本—收益"计算有关。诺斯和托马斯因此从第一条主线转移到第二条主线，强调国家的不同作用是导致欧洲不同国家在第二次马尔萨斯循环的后期出现分叉的原因。荷兰的大公们由于其自身商业利益的原因采取了开放的政策，从而极大地鼓励了荷兰工商业的发展。英国王室虽然极想垄断税收和随意借款权，但受到来自议会的强烈抵抗。出于对自身生存的考虑，英王室向议会作出了大量的让步，其结果不仅产生了现代民主制度，而且建立了一系列保护工商阶层利益的产权关系，为英国领先世界两个多世纪奠定了基础。相反，法国和西班牙王室取得了税收的垄断权，并通过与行会的结盟将这种权力转化为实际利益，结果是导致了无效的产权制度，使这两个国家处于长期落后状态。

诺斯在和托马斯合作《西方世界的兴起》时并没有意识到这两条主线在他的理论中的作用。在这本书中，他更多关心的是有效的制度安排是如何影响经济增长的，解释制度是如何产生的只处于派生地位，尽管他和托马斯花了很大篇幅从事这项工作。但是，正是他们的解释部分受到了学术界的激烈批评。一个具有代表性的批评来自当代世界体系理论的代表人物安德烈·弗兰克。在《白银资本》一书中，[1] 弗兰克把诺斯的对西方世界的兴起的解释归入"欧洲路灯下"的欧洲中心主义的一部分。[2] 他认为，诺斯的最大问题在于将欧洲孤立起来考察，有意避免和亚洲的对比。在诺斯所考察的时期，亚洲人口的增长速度远远高于欧洲，为什么没有出现诺斯所谓的有效的产权？弗兰克通过世界白银向亚洲，特别是向中国的流动证明中国直至十九世纪初仍然是世界的中心，诺斯所说的适用于欧洲的有效制度中国都有，而中国没有发生工业革命。弗兰克由此提出了一个和诺斯的效率假说完全相反的命题：制度不是决定经济增长的因素，而是经济增长的衍生物，制度变迁是适应经济增长的过程。那么，如何解释欧洲的兴起和中国的衰落呢？弗兰克认为，我们可以由一个宏观理论和一个微观理论来实现这个解释。在宏观上，欧洲得益于美洲殖民地的开发，那里为它提供了大量的白银，使得欧洲有足够的资本与亚洲从事国际贸易。欧洲因此是乘着亚洲财富增长的列车兴起的。"严格地说，欧洲人先是买了亚洲列车上的一个座位，然后买了一节车厢。"[3] 穷得可怜的欧洲人之所以买得起"亚洲经济列车上哪怕是三等车

---

1 安德烈·弗兰克[1999]:《白银资本》，刘北成译，中央编译出版社，北京。
2 弗兰克就读博士的芝加哥大学经济系流传一则笑话。一个经济学家在路灯下寻找丢失的东西，但无论如何也找不到。他的结论是："照明的路灯不对。"这则笑话讽刺的是那些用错误的模型（路灯）来解释现实却不成功的经济学家。"欧洲路灯下"之说是否源自这则笑话不得而知，但意思相当接近。
3 弗兰克[1999]: 第373页。

厢的车票",是因为美洲殖民地为他们提供了大量的白银。在微观上,弗兰克赞同尹懋可(Mark Elvin)的"高水平均衡陷阱"理论。尹懋可认为,中国之所以没有保持中世纪的辉煌而在近代衰落,是因为它陷入了高度发达的农业和高人口增长的高水平陷阱里头。中国巨大的人口基数提高了土地的相对价格,从而使得农业方面的技术进步有利可图,大量的资金因此被用于农业技术的发展,而工业方面的技术却被忽视了。[1] 无论诺斯还是弗兰克,他们都认为工业革命与科学的发展无关,它所利用的只是已有技术的改进。因此,中国和欧洲具备同样的技术准备,中国没有发展出现代工业,仅仅是因为投资工业的回报相对于农业投资比较低的缘故。欧洲人口在同时期虽然也有增长,但其速度只有亚洲的二分之一到三分之二;同时,欧洲的人口密度只有亚洲国家的二分之一到三分之一。[2] 因此,欧洲的人地关系远比亚洲宽松,土地的相对价值因此也远不如亚洲高。弗兰克认为,相对价格的不同所提供的不同激励机制才是可

---

[1] 赵纲在《中国历史上的人与地》一书中用一个经济学模型部分地表述了尹懋可的思想。这个模型的缺陷是它是一个静态模型,没有将人口增长内生化。(参见Chao, Gang. *Man and Land in Chinese History*, Stanford University Press, Stanford, CA, 1986.)我自己最近完成了一个基于马尔萨斯人口模型之上的动态一般均衡模型,完整地表达了尹懋可的高水平陷阱理论,同时也发现了尹懋可没有涉及的条件,其中最重要的两个是工业部门的规模经济和人口之处于马尔萨斯陷阱的边缘。如果这两个条件之一不成立,则高水平陷阱就不存在。事实上,是否出现高水平陷阱取决于这两个条件的组合:如果它们同时出现,或同时不出现(即工业部门没有规模经济,人口摆脱了马尔萨斯陷阱),则高水平陷阱会出现;如果其中一个出现,另一个不出现,则高水平陷阱不会出现。参见姚洋:《高水平陷阱——李约瑟之谜再考察》,《经济研究》,2003年第1期,第71—79页。
[2] 弗兰克[1999]:第410、411页。

以同时解释亚洲的衰落和欧洲兴起的原因。

　　弗兰克和诺斯的争论实际上是"鸡生蛋，还是蛋生鸡"的问题：诺斯认为制度在先，弗兰克认为经济增长在先。如果我们考察的是长时期的历史变迁，这个问题是没有答案的，因为我们无法找到一个"干净"的起点，在那里要么制度一尘不染，不受之前的经济增长（或衰退）的影响，要么经济增长或促成经济增长的经济因素产生于制度真空之中。制度和经济表现在长时段历史上都是内生的，因此我们不可能以一个因素来解释另一个因素。

05

小结

尽管有诺斯等人的努力，经济学家在解释长期经济表现和制度变迁的关系方面还处于无能为力的境界。在这方面，其他领域的学者的研究可能更具说服力，值得经济学家借鉴。如生物学家贾雷德·戴蒙德（Jared Diamond）撰写的《枪炮、细菌和钢铁：人类社会的命运》从地理环境的角度探讨了欧亚大陆、非洲大陆和美洲大陆文明兴起时的差异，人类学家伊恩·莫里斯（Ian Morris）撰写的《西方将主宰多久》从地理环境、气候变化和人的内在动力三个方面着手，解释了中西方在过去几千年里的此起彼伏、超越和再超越。[1] 这两位学者的共同之处是使用更为基本的、外生于人类社会建构的因素来解释长期经济增长和文化变迁。

---

1 贾雷德·戴蒙德：《枪炮、细菌和钢铁：人类社会的命运》，时报文化出版社，2019年；伊恩·莫里斯：《西方将主宰多久》，中信出版社，2014年。

在长期历史中，由于经济表现和制度都是内生的，试图对它们之间的关系给予解释的努力是徒劳的。经济学家所能做到的只是解释短时期内的因果关系，其分析工具因此也只能是部分均衡理论，诺斯和托马斯所做的正是这样。但是，诺斯并没有因为部分均衡理论的局限而止步。在《西方世界的兴起》一书之后，他开始构思一个解释人类经济制度演变的宏大理论，其结果是产生了《经济史的结构与变迁》一书。在这本书中，他完整地表述了他的新古典制度理论。对这本书的讨论是下一章的工作。

第五章

经济史的结构与变迁

经济增长是（促成社会变革）的不稳定因素，经济停滞也是同样的。

——诺斯：《经济史的结构与变迁》

《西方世界的兴起》的成功促使诺斯对经济史研究进行进一步的改造。一个更大胆的想法逐渐形成，这就是用新古典经济学理论改写人类的经济和制度史。这个想法的结晶就是《经济史的结构与变迁》一书。制度仍然是诺斯的主要研究对象。在接受他人批评的基础上，他提出了制度研究的三个组成部分："第一，一个关于产权的理论，产权决定个人和团体在系统内的利益结构；第二，一个关于国家的理论，因为国家界定并执行产权；第三，一个关于意识形态的理论，解释关于对于现实的不同看法如何影响个人对变化的'客观'情形的反映。"[1]第一部分是诺斯和托马斯在《西方世界的兴起》一书中主要关注的内容；第二部分也是该书涉及的内容，但没有在第一层次上加以表述；第三部分则是全新的内容，也是标志着诺斯与新古典主义经济理论分道扬镳的开始。诺斯试图围绕着这三部分内容建立一个解释人类经济制度史的全新理论。由于诺斯对于中世纪及前现代欧洲的阐述与《西方世界的兴起》一书的内容有重叠，我将跳过这一部分内容；同时，诺斯关于意识形态的阐述将放在下一章讨论。在本章里，我将讨论以下四部分内容：第一次经济革命及所有权的建立；诺斯的古典国家理论；这一理论在解释历史上国家的产生和灭亡方面的应用；工业革命再考察及其与第二次经济革命的关系。

---

1 North, Douglass [1981], *Structure and Change in Economic History*, W. W. Norton & Company, New York，第7页。

01

第一次经济革命

第一次经济革命发生在一万年前农业产生的时候。人类与其他灵长类动物的分离发生在250万年前，智人与其他动物分离发生在30万年前。在第一次经济革命之前，人类以狩猎为生，人口的年增长速度大约在百万分之七和百万分之十五之间。在此次经济革命之后，人口增长大大加速了。从产生农业到公元1年之间，人口的年增长速度估计为0.036%，人口总量达到三亿。从公元1年到公元1750年，人口年增长速度达到0.056%，人口总量达到八亿。自此之后，人口增长突飞猛进。1750年至1800年，年均增长0.44%；整个十九世纪达到0.53%；二十世纪上半叶为0.79%；二十世纪下半叶之后更增至1.7%，使得现今人口突破七十亿！[1]人口在最近这一万年间的迅猛增长，与两次经济革命——一万年前的农业革命和二百七十年前的工业革命——息息相关。事实

---

1 除现今的人口数之外，以上数字均引自本书第171页注1，North [1981]。

上，仅就人口而言，农业革命的作用可能大于工业革命，比如，中国历史上没有发生过工业革命，但其人口至清末已经达到四亿。

第一次经济革命是怎样发生的？根据现有的考古资料，对这个问题的回答只能是猜测性的。就目前所知的材料而言，我们可以大概地描述当时的情况如下。首先，农业独立地产生于世界的许多地方；其次，农业的传播非常缓慢，在欧洲，每年的传播速度大概是一公里左右；第三，大量大型动物在农业革命之前便消亡了；第四，人类在农业革命之前便开始扩大其食物谱系，大型动物在其食物结构中的比例大大下降；第五，人类的人口增加，并开始大量地移民。人类学家试图在这个背景下建立描述农业革命的理论。诺斯列举了三个理论，并加以讨论。

第一个是戈登·查尔德（Gordon Childe）的理论。查尔德认为，当第一次冰川退去之后，地球气候急剧变化，原来植被丰富的近东和北非地区变得较为干旱，人类不得不集中在动植物较多的绿洲里。在这些集中的绿洲中，人类可以较近距离地观察动植物的生长，从而可能开始驯化一些食草性动物和较易生长的植物，定居农业由此产生。这一理论的关键是气候的变化导致狩猎资源的下降，从而诱导人类寻求替代资源。但是，古气候学发现，农业的产生并不与气候变化的时间一致。同时，这一理论也无法解释农业在世界各地的分布和传播过程。

第二个理论是罗伯特·伯瑞伍德（Robert J. Braidwood）的"核心区域"（nuclear zone）理论。这个理论认为，在肥沃的山脚地区，动植物资源比其他地区丰富，在这些地区的人类因此开始从事驯化动植物的工作,从而产生了农业。从这些核心区域,农业文明逐步向其他地区扩散。伯瑞伍德的这一理论没有查尔斯的那种因果关系却可以解释农业的偶发性和分散性,但无法解释农业发生的时间。

无论是查尔斯,还是伯瑞伍德,都没有把人口增长因素作为他们的理论的一部分加以考虑。刘易斯·宾福德(Lewis R. Binford)的第三个理论考虑了人口因素。他认为,人口的增长导致迁徙,从而增加迁入地的人口压力,迫使新旧居民都去寻找替代食物,如小型动物乃至驯化它们。虽然这一理论具有正确的因素,它没有给出人口压力促成农业产生的内在机制。

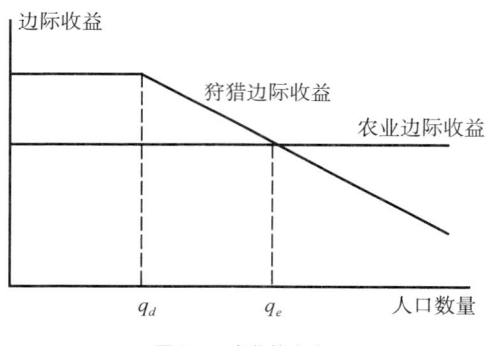

图 5-1 农业的产生

诺斯试图在综合以上三个理论的基础上建立自己的新古典经济学模型,以解释农业的产生。他的模型围绕图5-1展开。图中的横轴代表一个族群(band)的人口数量,纵轴代表人口的劳动边际产出。族群可以从两个来源获取食物,一个是狩猎,一个是农业。假设一开始族群将全部人口用于狩猎。在人口数量较少时，狩猎资源相对较富裕。在图5-1中，这表现为狩猎的边际产出经过一段稳定的时期（人口达到之前的区域）。但是，狩猎资源的总量是固定的，因此，随着人口的增加，从事狩猎的边际效益下降。在图5-1中，这表现为狩猎的边际产出在之后呈下倾的斜线。由于农业刚刚开始，农业劳动力的边际产出是固定的，它在图5-1中表现为一条水平线，并和狩猎的边际产出线相交于处。族群在狩猎和农业之间的劳动力分配取决于这两个行业边际产出的相对位置以及人口的多少。当人口数量小于时，狩猎的边际产出高于农业的边际产出，让最后一个人继续从事狩猎是有利的；此时整个族群会从事狩猎。当人口数量大于时，农业的边际产出高于狩猎的边际产出，因此让之后的任何一个人从事农业都是有利的。此时，族群里有的人从事狩猎，其他人则从事农业。

  以上是静态的描述。现在让我们来看一些动态的变化。让我们设想人口是固定的，并刚好等于。此时，整个族群刚好全部从事狩猎。什么变化会促使族群开始从事农业呢？三种变化可以做到这一点。第一是狩猎边际产出线的整体下降。由于农业边际产出线不变，两者的交点就会小于，从而使一部分人口被"挤出"狩猎业而进入农业。狩猎边际产出线的下移意味着狩猎资源的下降，其原因既可能是气候变化使得动物总量下降，也可能是其他族群的竞争使得本族群的份额下降。这一变化很好地概括了查尔德的理论。第二个变化是农业边际产出的提高。由于狩猎的边际产出线没有变化，两条线的交点也会小于，从而使一部分人口被"挤出"狩猎业。这一变化包含在伯瑞伍德的核心区域理论中,即农业条件较好的区域首先发生农业。最后,第三个变化是人口的增长,此时尽管狩猎和农业的边际产出均没有变化,较多的人口也使从事农业开始变得有利,其结果是,少量的人仍然从事狩猎,多余的人则开始从事农业。宾福德的理论与此相一致。因此,诺斯的经济学模型包容了现有的三个关于农业起源的人类学理论,并且对农业起源的经济学动因进行了深入的分析。

但是,诺斯的模型也不是没有问题的,他假定农业已经是原始人的选择之一,而完全忽视了人类对于农业知识的积累过程。由于农业的产生完全来自外界经济条件和人类自身数量的变化,诺斯的模型所能得到的必然结果是,如果这些参数没有任何改变,人类将永远停留在狩猎时代。如果这个推论看起来毫无依据的话(因为这些参数的确在改变),那就让我们从另一个角度来看一下。既然农业早已在人类的选择之中,为什么人类(智人)要等到与其他灵长类动物分离30万年之后才开始从事农业?在这30万年当中,不知发生过多少次可以导致人类选择农业的机会(如冰期的高峰期),但农业并没有发生。究其原因,是因为人类还没有能力去掌握农业生产。尽管人类的基因没有发生变化,但通过活着的人所表达出来的基因却肯定发生了变化,能够适应人类群体生活的基因被表达出来,而那些不能适应人类群体生活的基因被关闭。这些变化让人类逐渐摆脱动物世界,要求人类从一开始就发展农业有点像让大猩猩去种玉米一样不切实际。这并不是说人类不会采集玉米(正如无法否定大猩猩会采集玉米一样),但采集玉米和种植玉米是完全不同的两回事,学会种植才是农业的开端。但是，学习的过程在人类的蒙昧时代是漫长的。中国的神话传说中说，神农氏尝百草，以发现适合人类食用的植物，因此尊神农氏为农业的鼻祖。以现代眼光观之，神农氏大概不可能只是一个人，而是我们的先人们对发现农业的无数人的努力的浓缩，是远古崇拜的一部分。

诺斯本人也注意到农业是否在当时人类的选择范围之内的问题；但是，根据少数人类学的发现，他争辩到："本节所发展的解释既可以理解为向一个已知的可选方案（指农业）转换的故事，也可以理解为族群首先在富有野生动物的地区建立起所有权，然后有意识地去获取耕作和驯化所必需的知识的过程。"[1] 这便引出诺斯的核心思想：第一次经济革命之所以产生，是因为排他性所有权的建立。用他自己的话来说："当存在对资源的公共所有权时，人们没有多少获取新技术和从事学习的动机。相反，排他性的所有权奖励资源的所有者，为改进效率和生产力提供直接的动机，或者，在更本质的层次上，鼓励对知识和新技术的获取。正是这个经济动因方面的变化才导致了人类在近一万年以来相对于此前长时期的原始狩猎/采集时代的飞速进步。"[2] 以排他性所有权的建立来解释人类近万年来的成功是一项大胆的创举。让我们来看一看诺斯是如何对此进行论述的。

诺斯的中心论点是，排他性所有权的建立是由于人口的压力所促成的。当人口相对较少的时候，对自然资源建立排他性所有权是没有

---

1 参见本书第171页注1：第8页。
2 同上。

必要的，因为动植物基本上可以在没有竞争的条件下获得。随着人口的增加，狩猎资源下降，人们不得不更多地依赖于植物资源。由于建立对植物资源排他性所有权的成本较低，族群出于对本族人的保护便会开始这样做。但是，这种排他性的所有权不是个人私有产权，而是族群的公共产权。一方面，这种产权将外族人排除在对资源的享用之外；另一方面，它对族群内部对资源的享用进行严格的管理。诺斯在这里的逻辑与他在《西方世界的兴起》一书里所发展的诱导性制度变迁理论是一致的：只有当一种资源的相对稀缺性达到一定程度时，排他性所有权才会建立起来。一个有意义的问题是：族群为什么不限制人口的增长，从而降低竞争程度，以避免建立排他性所有权？诺斯的回答是，限制人口增长即使可能，也会导致对族群生存的不利。因为人口较少的族群可能被人口较多的族群所消灭。既然人口和由此所导致的资源相对稀缺性如此重要，一些考古学家甚至猜测，农业不是在资源丰富的核心区域首先产生的，因为这些区域的资源是如此之丰富，以至于人们没有必要去对动植物进行驯化。更可能的情况是，农业是在这些核心区域的边缘地带首先出现的，因为这些地带的动植物相对稀缺。诺斯不同意这种猜测。他认为，人口的增长促使人口的迁移，并去发现资源更丰富的地区。一个族群一旦发现野生作物，就会将这一地区圈占起来，从而逐步对这些作物进行驯化。在这里，诺斯强调圈占，即建立族群的公共产权是驯化的前提条件，因为在没有排除外族人的产权保护的情况下，驯化所得到的收获就可能被外族人所侵占，从而也使驯化失去意义。

诺斯关于排他性所有权建立的过程在多大程度上反映了历史的真实情景？由于资料的缺乏，对这个问题实际上是无法回答的。从这个意义上讲，诺斯的理论不是对历史的"解释"，而是对它的事后"合理化"。解释需要在观察到的原因与结果之间架起一座理解的桥梁；理性化则是为观察到结果寻找原因，尽管这些原因并不一定是发生过了的事件。人的占有欲是从他的动物时代继承来的。在稍微高等一点儿的动物那里，我们就可以观察到"产权"。比如，狗通过便溺标识自己的势力范围，如果其他任何动物（包括人）侵犯它的"领地"，它会毫不犹豫地和对方决一死战。在人类的近亲黑猩猩的群落里，社会关系已经发展非常成熟，"产权"则由这些社会关系（尤其是等级）所固化下来。[1]因此，人类建立产权的时期大概会比第一次经济革命早得多，只不过由于农业的发展和定居的产生，此后的产权才变得稳定且重要起来。诺斯关于排他性产权有利于经济增长的一般性判断是无可辩驳的，但是，在没有实际资料支持的情况下认为产权是导致某个特别的事件，如农业的发生，却是另一回事了。这是我为什么说他的理论是对已经发生事实的理性化解释的原因。

---

[1] 有兴趣的读者可参阅弗朗斯·德瓦尔[2014]:《黑猩猩的政治》，赵芊里译，上海译文出版社。

02

古典国家理论

要想理解历史的长期变动，就必须理解国家。但经济史学家却往往忽视国家的作用。诺斯希望通过建立一个关于国家的新古典经济学理论来弥补这一缺陷。他的研究重点是国家如何产生和消亡以及国家如何通过建立有效的产权促进经济增长或如何通过阻碍有效产权的建立而妨碍经济增长。在他那里，"国家是在暴力方面具有比较优势的组织，其地理界限由它对民众的税收权力可达到的范围来确定。"[1]产权的核心是排他性，而一个在暴力方面具有相对优势的组织适合于担当确定并实施产权的角色。诺斯与政治学家、社会学家或人类学家的不同之处在于他将国家和产权紧密联系在一起，用他自己的话来说："离开了产权，没有人能够发展出一个关于国家的有用的理论。"[2]这当然

---

1 参见本书第171页注1：第21页。
2 同上。

与他所关注的（经济增长）问题有关。如果我们所考察的仅仅是国家本身的变动，那么不考虑国家与产权的关系也是可以的。比如，当我们研究为什么中国官僚帝制能够长期维持一个稳定的结构时，一个方向是考察在春秋战国时代形成的"三代之治"的理想是如何世代相传的；但是，如果我们要回答为什么中国没有产生现代意义的经济增长这个问题，我们在研究国家的作用时就必须把国家与产权的关系考虑进去。然而，考虑国家与产权的关系不仅仅能够帮助我们解释经济增长或停滞，而且将我们引入一个根本性的问题：为什么要有国家？

对于这个问题有两种回答。一种是以洛克为代表的社会契约论者的回答。根据他们的观点，国家是全体公民的一个契约，其目的是实施法律并制定和保护私人产权。经济学家一般喜欢这个观点，因为它是交换理论的自然延伸：个人为了不陷入霍布斯的丛林之中而让渡自己的权利，通过为国家提供税收而换取国家对产权的保护。国家因此在两个方面来说是必要的。第一是维护正义，包括惩罚国家内部的邪恶分子（如偷窃、杀人者）和保护公民免受外敌的侵略。第二是克服国家内部公民之间因合作所产生的搭便车问题。要达到以上两方面的目的，国家不可能只停留在契约的层次，而必须落实到某个执行者身上，并赋予他使用暴力的权力。在历史上，这个执行者曾经是寡头民主政府（如雅典的城邦国家），但更多的是帝王；在现代国家，它一般是民选政府。在诺斯的定义里，国家和执行者是不分的。对于历史研究来说，多数情况下对两者不加区分似乎关系不大，因为在帝王的统治之下，国家不过是帝王家族的代名词而已。[1] 但是，当我们的研究对象是现代代议制国家时，这种区分就变得必要和有用了。此时，政府只是在国家这个契约下代表全体公民的执行者，它的权力因此完全世俗化了，它的地位也并不比其他组织高。当然，将暴力的垄断权授予政府的一个潜在危险是政府对暴力的滥用。这似乎是一个悖论：建立国家的目的是防止没有约束的个人暴力，但政府对暴力的垄断却可能导致制度化的暴力滥用。在这里，将国家同政府分离是解决这个悖论的关键。国家是全体公民之间的契约，因此应该是暴力的垄断者；但是，因为国家仅仅是一个契约，它无法成为暴力的执行者，正是在寻找执行者的过程中，国家将对暴力的垄断权赋予了政府。然而，政府不是天生存在的，而是在国家的框架中由全体公民（或其代表）设计出来的。国家只有一种，而政府却可以有许多种，其原因是因为后者是由人设计出来的。一个好的政府架构可以防止暴力的滥用。对于欧美发达国家，"三权分立"就是经过反复的试验与斗争而确立并证明是比较好的一种政府架构，因为它所具有的权力制衡机制能较好地防止权力的滥用。因此，上述悖论在一个好的政府架构面前就被自然地消解了。

对于为什么会有国家这个问题的另一种回答是，国家是一个阶级或一个组织统治其他阶级和人口的工具。不仅马克思主义者持这种观

---

[1] 中国的官僚帝制比这个断言要复杂一些。从汉代到宋代，尽管皇帝是代表最终真理的天子，但他的权力在制度层面受到宰相和宰相所领导的政府的制衡。参见钱穆[2020]：《中国历代政治得失》，三联出版社。

点，许多非马克思主义者，包括一些新古典经济学家也持类似的观点。从国家起源看，这种观点可能比契约理论更具合理性。秦始皇统一中国，并不是因为他想成为全中国人民的保护者，而是因为他想建立自己的千秋伟业，国家只不过是"秦家"。可惜其暴政过于猛烈，江山传至其子便在陈胜、吴广起义所燃起的烈火中倒塌了。西汉建立起来的官僚帝制对帝王的权力进行了约束，国家不再是皇帝一人的私产，孟子的君轻民贵思想得到部分体现，士大夫们对皇帝的忠诚来自他们对天下责任的认知，而不是因为他们是皇帝的家臣。这是中国古代社会与其他古代社会最为显著的差别之一。但总体而言，国家的主要作用还是统治工具，而不是民众的契约。欧洲的情况和中国大同小异，只不过其分裂的时间更长，因而巩固的帝王专政更难建立而已。在人类尚未摆脱动物争斗本性的时候，国家无疑只是少数人用以统治多数人的工具。但是，即使在这种情况下，普通民众也不是没有从国家架构中获得一点儿好处。为了自己统治的需要，哪怕是最残暴的君主也需要法律，而法律为民众的日常生活和商业交易提供了必要的参考和最终裁决。同时，除了那些残暴过度以至陷于愚蠢的君王，如隋炀帝之流外，一般的君主尚知道让民众休养生息，以便细水长流，长期维持其统治。法制与仁慈是中国历代盛世不可或缺的两样东西。在法制之下，民众可以避免个人之间的无序暴力；在仁慈之下，民众可以收获其大部分的付出。因此，即使是在帝王专制下，国家也为民众提供了最基本的生存条件。这不得不让我们再次回到国家的契约理论上来。国家作为全体公民之间的契约在任何时候都是需要的，正因为此，那些有能力和野心的人才可能篡夺契约执行者的地位，成为垄断暴力的帝王。问题是，为什么公民们不联合起来反对某个帝王的专制？

诺斯的回答是，这是因为存在搭便车问题。显然，面对帝王的横征暴敛，推翻其统治的社会收益远远大于某个个人或组织揭竿而起的收益，除非后者一定能获得政权，也享受一番做帝王将相的好处。在这种情况下，我们就会观察到起义"供给"的不足。在中国历史上，多数农民起义产生于流民或流寇，因为这些人已经一无所有，起义至少可以让他们结束食不果腹的生活。从这个意义上讲，帝王的统治也是一种搭便车行为，他搭的是民众对国家需要的便车。

回答了为什么产生国家这个问题，我们可以回过头来再考察一下前面给出的诺斯对国家的定义。这个定义有几点不足。首先，它将国家与政府（统治者）混在一起，因而无助于我们理解公民对秩序的需要和统治者对权力的篡夺之间的复杂关系；其次，国家不是古已有之的存在，因此也不可能自动地具有对暴力的比较优势。国家的暴力是公民为了摆脱个人之间无序的私人暴力而建立起来的有序的集体暴力，而不是某个叫"国家"的组织与生俱来的东西。同时，除以上两点不足之外，诺斯关于国家的边界止于它收集税收的能力所及之处的判断，也只适用于对欧洲中世纪列强争霸时期的描述，而不适用于像中国这样长期稳定的帝国。就税收而言，在其鼎盛时期，中华帝国的影响可以远远超出其实际疆界，周围的许多藩国纷纷向其进贡；而在其衰落时期，它想完成在其疆域之内的税收也存在困难。就中国而言，其疆界主要取决于它本身的军事能力和周边的地理环境。由于诺斯的注意力主要集中在欧洲和地中海地区，他关于税收能力决定国家边界的判断是适用的，也是他解释这一地区国家演化的一个重要理论依据。最后，还必须指出的是，诺斯的国家定义是针对历史上的国家而言的。他自己也承认，这个定义不适用于现代代议制国家。因此，我们不妨称诺斯的国家理论为"古典国家理论"。

诺斯设想，在一个古典国家里，统治者是一个使其财富或效用最大化的个人，就产权而言，他主要做三件事。第一，他"以提供一组服务——我们称之为保护和正义——来换取收入"。由于这些服务存在规模经济，由一个组织来专门从事它们比个人自己为自己的财产提供保护要有效得多。第二，他"像一个歧视定价的垄断者一样，区别对待他治下的不同民众群体，给他们赋予不同的产权，以便使他自己的收入最大化"。第三，"由于总是存在可以提供同样服务的潜在竞争者，[他]被民众（寻找新的统治者）的机会成本所限制"。[1] 因为，如果民众感觉在他治下用以交换保护的费用太高的话，他们就会接受其他统治者的保护。这些处于竞争位置的潜在统治者既包括其他国家的君主，也包括本国的潜在谋反者。诺斯进一步提出，国家所提供的服务主要有两部分，一是提供关于竞争和合作的基本产权结构，一是降低经济中的交易成本。此二者的目的都是为了增加统治者本人的收入，前面对此已经有较多的讨论，诺斯的话是一个很好的总结："几乎任何规则都比没有规则要好，同时，统治者也无意将规则搞得极不

---

[1] 以上引文均出自 North [1981]：第23页。

受欢迎以至于堵塞了任何创新的动机。"[1]但是，这两部分服务不总是一致的。无论什么样的产权结构，其目的总是为了最大化统治者的收益；然而，这个收益不总是与社会收益重合。最大化统治者个人收益的结果可能是建立增加成本，从而降低社会收益的产权结构。比如，在法国和西班牙历史上盛行的国王特许经营权就是一个例子。同时，服务与税收需要统治者利用代理人来实施，这样一来，统治权便分散了，并成为国家解体的动因之一。最后，公共服务的供给取决于统治者的能力，特别是军事能力的大小，当提供保护的边际成本等于其边际税收时，一个"政治—经济"单位就达到了一个"有效"的水平。

由于交易成本和竞争的存在，一个统治者会想尽办法维持其统治。一种办法是封建领主制，在统治者能力较弱时，这种制度可以有效地发挥地方诸侯的积极性，降低统治成本。一个统治者抵御竞争的能力取决于竞争者能否在提供服务方面成为他的有效替代者以及双方的军事力量对比。在像中世纪欧洲这样多个国家犬牙交错、文化相近且无巨大的地理屏障的区域，统治者之间具有很强的替代关系，而军事力量也趋于势均力敌（至少在几个大国之间是如此）；因此，各国统治者所面临的竞争压力很大，这也是欧洲历史上战争不断的重要原因之一。

同样由于竞争和交易成本的存在，统治者会趋于制定无效的产权结构。在竞争压力下，他不敢得罪有权势的臣民，因此会给予他们

---

[1] 参见本书第171页注1：第24页。

更优惠的产权,即使这样做的结果有损效率。正的交易成本也会促使统治者采纳无效的产权。一个典型的例子是在上一章中讨论过的西班牙牧羊团,由于对牧羊团收税远比对分散的农民收税的成本低,西班牙国王不愿意取消牧羊主游牧的特权。但是,无效的产权阻碍经济增长,使得一个国家在较强大的外敌面前处于劣势。在这个意义上说,没有增长同经济增长一样,都可以成为一个国家陷入不稳定的原因。

导致一个国家不稳定并形成变化的还有相对价格的变化。在古代,一个决定因素是军事技术的变化。例如,希腊的城邦国家走过了由君主制、贵族制到民主制变化的过程,其中一个因素是大型作战部队的产生,这样的作战部队需要公民的参与,从而增强了公民的谈判能力,并最终争取到参政的地位。马基雅维利在《君主论》一书中也强调城邦国家实行公民治理下的共和制的必要,其主要原因就是在共和制下公民有自愿加入军队的动机,从而可以维持一支不仅作战能力强,而且勇于献身保卫国家的军事力量。[1] 在佛罗伦萨几经使用雇佣军失败的惨痛教训下,他亲自招募志愿者,组织公民军队。在共和国失败,自己被贬斥的情况下,他写下了《君主论》一书,力劝当时的国王采用共和制。

工业革命之后,国家的变化来自民用产品价格的变化。其中之一是土地价格相对于资本价值的下降,这一趋势强化了新兴资产阶级在国家架构中的地位。在上一章中我们看到,这一变化为英国议会战胜

---

[1] 马基雅维利[1985]:《君主论》,潘汉典译,商务印书馆,北京。

国王提供了重要的契机。在当代，随着知识在经济增长中扮演的角色越来越重要，西方的政治结构也在发生悄然的变化，一个显著的例子是工会势力的削弱。

国家的变化是由于相对价格的变化所致的，那么，如何解释国家的稳定呢？在许多情况下，变化似乎不可避免，却没有实际发生。是什么阻碍了变化的发生呢？诺斯认为是公民之间的搭便车问题。"政治领域像经济领域一样，只有当私人收益大于私人成本时，调整才会发生；否则，搭便车问题将阻止调整。"[1] 十九世纪的欧洲是建立社会主义制度的最佳时期，社会主义之所以没有在那时出现，诺斯认为其原因是大规模的阶级行动无法克服搭便车问题。这一结论是很有道理的。建立社会主义如此，在社会主义建立之后，搭便车问题成为公有制下最大的问题，人民公社的失败大概是这个问题的最好写照。

总结本节的讨论，我们看到，诺斯的古典国家理论是建立在统治者的"成本—收益"分析之上的。国家产生于统治者的保护服务和公民的税收之间的交易，一个有效的国家大小是统治者提供保护的边际成本等于其边际税收收入的那一点。统治者为了最大化自己的收入时常制定无效的所有权结构，从而导致经济的停滞和国家的变化。此外，相对价格的变化（在古代，特别是军事技术的变化）是导致国家变化的重要原因。最后，历史上国家的稳定可以由搭便车问题来解释。这样的一个理论的优点是逻辑较为缜密，可以对长时期的历史现

---

[1] North [1981]：第31页。

象给出一个统一的解释，缺点是过于简化，因此经不起详细的历史资料推敲。诺斯本人也意识到了这一点。但是，他的理论不是为了解释每一特定历史时期的每一个事件，而是为了对经济史进行一个宏观的重建。从这个意义上讲，一个简化但逻辑清晰的理论比一个复杂却缺乏因果关系的理论要好得多。在接下来的一节里，我将介绍诺斯应用这个理论对古代社会国家变迁的解释。

03

古代国家的出现和消亡

在《经济史的结构与变迁》一书中，诺斯考察了现代国家产生之前西方文明中出现的主要国家形态。由于中世纪的封建领主制度已经在前一章里有所介绍，本节着重介绍诺斯对罗马帝国及其之前的国家形态的产生、特征和灭亡的解释。

诺斯从有文字记载以来最古老的文明——埃及文明——开始他的历史探索之旅。在地理环境方面，埃及文明的独特之处是它对以尼罗河为主干的灌溉体系的依赖。这个灌溉体系的管理和维护需要大范围的协调合作，在这种情况下，一个统一的国家就必须具备巨大的经济规模。因此，在尼罗河流域形成古埃及这样一个统一的国家就不足为奇了。在这个国家里，一切权力都集中到法老一个人身上，他是神与人的结合体，具有不可挑战的权威。在古代交通和信息传递均不发达的情况下，权力的集中似乎不可避免。亚里士多德在讨论希腊城邦国家时认为，一个城邦的自由民的人数不能超过十万，因为超过这个界限之后城邦民主就不可能实现了。与权力的集中相对应，古埃及有一套完善的官僚体系，有效地执行法老的意志。尼罗河谷地的文明远较周边地区的文明发达，因此无需担忧后者的侵扰。如此得天独厚的地理位置为法老的统治创造了有利的条件。虽然私人和庙宇控制一部分土地，但古埃及的所有权基本上集中在法老一人手里。通过官僚体系的运作，国际贸易和国内税收的最终受益者是法老一个人；自由民以徭役的形式付给法老额外的税收；虽然不乏小型的市场，古埃及并没有出现统一的货币，尽管金、银等贵金属有所使用。由于统治的僵化，古埃及的经济和社会处于长期停滞状态。

与古埃及的封闭和统一相比，随后在美索不达美亚平原上出现的波斯帝国则是一个由众多不同文化、宗教、政治和经济的实体所构成的从地中海到南亚次大陆的巨大松散联盟。美索不达美亚地处亚欧交接处，与周边地区无天然屏障的隔离，因此容易形成较大范围的帝国。但是，对于这样一个巨大的帝国，要实现像古埃及那样的单一统治是困难的。波斯帝国所采用的统治方式是将整个帝国划分为二十个独立的政治实体，称为行省。它们与波斯国王的关系仅仅是受保护和交纳供奉。为了稳定其统治，波斯国王对各地的宗教信仰不加干涉，并试图利用它们来加强其统治的合法性。虽然他也派视察员到行省视察，甚至驻军以监督各地诸侯的忠诚，但事实上的独立赋予了各个行省很大的权力，从而也增强了维持帝国统一的困难。尽管如此，波斯帝国的分权统治在较长的时间内获得了成功。由于大范围持续的和平，长途贸易得到空前发展，伴随着土地私有和商业与金融业的发展，波斯帝国——至少是其核心部分，即波斯本身——取得了古代社会无与伦比的财富积累。

希腊所处的多山的地理环境使得小型的政治实体得以生存。但是，与此相伴的是这些政治实体之间的激烈竞争，其结果是降低了公民们逃离某个政治实体的机会成本，提高了维持一支强大的军队的必要性，两者叠加起来导致了希腊城邦式民主的产生。在雅典，几经斗争的结果是产生了由自由民直接参与的民主；在其他城邦，寡头政治占据主导地位，其财富分配因此较雅典更为集中。在雅典，公民自愿参与政治管理，并得到相应的报酬。为了弥补生产力的损失，蓄奴成为普遍的现象。研究发现，雅典的土地私有很发达，到梭伦改革时，土地集中已成为一个大问题。梭伦改革加强了社会底层公民的经济地位，从而扩大了雅典城邦的支持面。在打败波斯帝国和伯罗奔尼撒战争之间的公元前五世纪是雅典城邦的鼎盛时期。在这一时期，国际和国内贸易非常发达，而在其中起决定性作用的是对生产要素（包括奴隶）产权的建立。与波斯帝国分权统治殊途同归，雅典的生存危机同样导致了对私有财产的保护。

希腊之后的西方历史是罗马人的历史。像雅典早期一样，罗马的统治是由贵族掌握的；但是，为了维持公民在军事上的支持，统治者做了较大的让步。其中最显著的是《罗马法》的诞生，其影响之深远，以至于我们在现在的西方民法中仍能看到它的影子。尽管雅典也有类似的法律，但《罗马法》之全面是任何古代法所不能望其项背的。它的基石是对排他性所有权的定义。由于所有权的法律化，罗马帝国的土地租赁业和社会分工非常发达。秦晖系统地比较了罗马和同时代的西汉商品经济的发达程度，发现前者的商品经济较后者发达，其原因就在于前者实行土地私有制,而后者实行公田制。[1] 诺斯认为,古代世界土地私有化的产生也与人口增长有关。当人口压力在特定地理区域增加时,人们可能有两个反应来克服这种压力,一是人口的外迁,一是在内部建立更加严格的产权制度,以便更有效地利用资源。在罗马时期,地中海地区得到开发,这是第一种反应的表现;而《罗马法》的不断完善则是第二种反应的表现。

所有权的完善刺激经济增长。在西方,罗马时代的长时期增长直至十九世纪才被超过。随着经济的增长,罗马的军事技术也有了很大的发展,长弓以及大方队作战的发明使得帝国有能力扩大自己的版图,将整个地中海沿岸地区和西欧的部分地区置于自己的统治之下。但是,在有限的土地和持续的人口增长压力之下,罗马的经济增长最终进入了收益递减阶段。与此同时,其周边地区的蛮族加紧了对它的侵扰。为了抵御入侵者,罗马帝国不得不增加税赋来支持一支庞大的军队,在极端情况下,它不得不采用罚没的方式来取得必要的收入。由此一来,由《罗马法》所确立的产权制度遭到了破坏,衰败便紧随其后。诺斯用"大门口的蛮族"("The barbarians at the gate")来概括上述情景。另一种衰败产生于罗马帝国的内部。为了增加租金,罗马帝国不断将公田转变为私田,使许多人沦为无地者或小土地拥有者,成为帝国内部的不稳定因素,加之农业边际报酬递减的持续,罗马帝

---

[1] 参见秦晖[1998]:《市场的昨天和今天——商品经济·市场理性·社会公正》,广东教育出版社,广州。

国从内部开始了衰败。内外衰败的结果是帝国的各个组成部分越来越觉得不值得以税赋来换取帝国的保护了,帝国因此瓦解为一个个独立的王国。由于缺少了统一的保护,长途贸易下降,市场退化,生产力受到进一步的打击,整个西方世界因此进入被称为"黑暗时代"的中世纪。罗马帝国在外族入侵加剧以及边际报酬递减的双重打击下失去了存在的理由。诺斯的原话是对此的一个很好总结:

> 作为对衰落的一种矫正性说法,我们可以说罗马帝国失去了存在的理由,因为它已经失去了军事上的优势,同时大型国家无法为所有权提供保护和实施。[1]

小结本节的内容,我们看到,诺斯对古代国家兴衰的解释是围绕地理环境—技术进步—人口增长—权力竞争这条主线展开的,而贯穿其中的是他的古典国家理论,后者是一个关于统治者在收入和提供保护之间的"成本—收益"分析的决策模型。古埃及地处尼罗河谷地,对灌溉的依赖使得一个统一的国家具有管理方面的优势;但是,绝对的统一导致法老对所有权的垄断,从而使古埃及长期处于停滞状态。波斯帝国发轫于平坦的美索不达米亚平原,在亚非欧三大陆交会处建立起庞大的版图。为了适应对这个文化、宗教纷杂的版图的统治,波斯帝国采用了分权的统治框架。在这个框架下,地方积极性得到发挥;同时,大范围内持久的和平促进了长距离贸易,波斯帝国因此以

---

[1] North[1981]:第123页。

富裕而流传于世。希腊城邦国家产生于多山的地理环境，其民主政治则来源于城邦对政治支持，特别是对军事支持的需求。城邦之间的竞争是导致这种需求的源泉。罗马帝国早期和希腊城邦类似，为了取得公民的支持，它采用的是贵族统治加完善的所有权立法，由此而来的繁荣促进了军事技术的发展，从而使得罗马足以支撑一个庞大的帝国。但是，人口的增长和有限的土地的双重压力终使得罗马帝国在外部和内部同时衰落了。在外部，它的军事优势逐渐丧失；在内部，边际报酬递减加剧了内部矛盾。罗马帝国因此丧失了存在的理由，诸侯在理性的计算之后决定离开帝国的统治，从而导致了帝国的分裂。

诺斯对古典国家的解释肯定是挂一漏万的，其逻辑也不是无懈可击。比如，波斯帝国的灭亡就无法用他的理论来解释。但是，正如我在前面所指出的，诺斯的目的不在于解释每一个历史事件，而在于为历史的变革理出几条主线，将其还原成一个较为严密的理论。站在今天的角度反观诺斯的古典国家理论及其应用，我们看到，它的作用不在于重写历史，而在于为历史研究引进一个新的视角，这就是经济学的分析方法，特别是经济学对因果关系的关注。这对于史学研究的方法论是革命性的。波兰尼就曾认为，古代的政治结构是和经济相分离的，前者完全占主导地位，因此，古代社会是无法用经济学的方法来分析的。[1] 诺斯的尝试证明，经济学的方法不仅可以用来分析古代社会，而且还可以获得一些意外的收获，这对于中国史学界是很有启发意义的。

1　Polanyi, Karl [1944], *The Great Transformation*, Beacon Press, Boston.

04

工业革命与第二次经济革命

诺斯和一般历史学家不同,他认为工业革命不是一场革命,而是十七世纪以来的渐进式变化的延续,真正的革命是发生在十九世纪后半叶科学与技术的结合,诺斯称之为第二次经济革命。工业革命没有科学指导,而只是对简单技术的应用。第二次经济革命则不然,它的标志是科学对技术的指导,并由此使得人类知识的供给具有了完全的弹性。在本节里,我将介绍诺斯对两个革命的重新定义和解释。

在《西方世界的兴起》一书中,诺斯和托马斯试图证明,工业革命发生的原因可以追溯到工业革命发生之前一个世纪在荷兰和英国建立的有效的产权制度。自从那时起,工业革命的能量已经在蓄积之中了;人们通常认为发生工业革命的1750年至1830年不过是这些能量释放的年代。事实上,工业革命的过程是如此地平缓,以至于处于其中的思想家们没有对它有任何意识。处于这个时代的经济学的鼻祖亚当·斯密在其著作中从没有提到工业革命,同时,他只预测英国的经济会因为分工的深化而保持一般的增长速度；而事实是，在其之后的八十年间，英国经历了前所未有的高速增长。无独有偶，大卫·李嘉图进一步预测上升的地租将吸纳任何生产率的进步，而事实是，在李嘉图之后几十年间，地租在国民收入中所占的比例下降了一半。同时代的马尔萨斯更是对人口急剧增长的后果持悲观态度，并预测工人的工资将永远无法超过温饱线。处于工业革命后期的马克思也预测工人的福利将不会得到改善。但是，众所周知的事实是，工人的实际工资在过去的百年间成倍地增长，在目前的西方发达国家，工人与资本家之间的界限正在变得越来越模糊。因此，十八、十九世纪的经济学家们都没有注意到工业革命，原因何在？"可能是因为这一世纪的变化更多地发生在历史学家的分析中，而不是在现实中。"[1] 我们现在讨论的许多归功于工业革命的变化实际上是发生在十九世纪中后期之后的变化。工业革命本身不过是此前一百多年积累的延续，是一个渐变过程。诺斯以瓦特蒸汽机为例说明这个渐变的过程。

瓦特蒸汽机并不是全新的发明，而只是瓦特在前人发明基础上的改进，使得蒸汽机具有了实用价值。但是，尽管瓦特的发明完成于十八世纪末，但在此后的半个多世纪里，蒸汽机驱动的船只并没有取代帆船，而是与后者处于竞争状态。蒸汽机需要不断的改进以节省燃料，而速度的提高和所需船员数的下降使得帆船在较长的时间内具有一定的竞争优势。从这个例子中我们可以看到，技术进步受制于人们

---

1 North[1981]：第161页。

的学习过程以及相对价格的变化，两者在时间上都是缓慢的。

工业革命是市场扩大和有效产权所带来的结果，它不是一场革命，而是后两者的自然延续。第二次经济革命不同于工业革命之处，在于科学与技术的结合。关于科学的产生原因，首推人们从教会的精神枷锁下的解放，其次是工业革命以后科学与应用技术的相互作用，最后是对科学成果所建立的恰当产权。科学发展所带来的最显著变化是使人类摆脱了边际收益递减率的束缚，从而使长期增长成为可能。以农业为例，无论是大卫·李嘉图的土地边际收益递减学说还是马尔萨斯的人口陷阱学说，其基础都是土地资源的有限性，在有限的土地上投入劳动力，劳动力的边际产出必然在一定时期之后出现下降趋势。但是，一百多年来的事实表明，人类可以通过科学研究发现增加单位面积土地上的粮食产量的技术，如优良品种、土壤改育、施用化肥、使用杀虫剂，等等，从而在有限的土地上保证了人均粮食拥有量的增长。在科学产生之前，这些技术是无法想象的。比如。中国几千年来发展出一整套精耕细作的生产技术，在有限的土地上养活了越来越多的人口。但是，这些生产技术没有科学的支持，因此必然有一个产出的上限，这也是中国人口长期处于温饱线上的原因。技术在很大程度上是对现有投入品的更有效的组合，而科学是发现新的投入品。目前正在兴起的生物工程技术是长期科学研究的结晶，它将成为人类彻底地解决粮食问题的希望。

第二次经济革命的特点就是知识的爆炸性增长，"重要的一点是，第二次经济革命，如同第一次经济革命一样，是新知识供给曲线的转折性变化，而不是发明或其他用来描述工业革命的特点的集合"。[1]但是，知识的增长不是一个自动的过程，而是需要制度和组织两方面的相应变化，其中关键一点是私有产权和与之相适应的市场经济的建立和完善。但是市场经济也招致了许多批评。诺斯特别提到卡尔·波兰尼的批评。作为一个马克思主义历史学家，波兰尼对资本主义的非人性的一面有深刻的认识。在其伟大著作《大转型》中，他认为资本主义的商品经济摧毁了社会的基本文化结构，剥夺了作为个人保护层的社会网络和文化制度，并最终将人削减为赤裸裸的劳动工具。同时，资本主义不可避免地要产生破产的企业，将资本和劳动力同时抛入无依无靠的境地。在这种情况下，资本主义将注定是不稳定的。对于波兰尼的上述描述，诺斯强调其不可避免性，并认为劳动分工是导致这种不可避免性的主要原因。劳动分工产生对非个人化的市场的需求，劳动者日益脱离了他从前所熟悉的个人关系，口头协议逐步被正式合同所取代。在这个过程中，公法逐步取代传统的道德伦理而成为管理社会的主要手段。但是，公法的非个人化特点增加了个人的机会主义倾向：当其他人在遵守法律的时候，自己违反法律会从中收益。因此，对于那些拥有与个人化交易一致的意识形态和道德观念的人就会有被人利用的感觉，因为他们之遵守道德没有得到他人的相应回报。诺斯强调，不同的意识形态来自职业分化。他说："职业分化和劳动分工的结果是打破了用以编织一致性意识形态的纤维（赖以存在）的交

---

[1] North[1981]：第172页。

流和个人关系，并产生了不同的意识形态，后者反映的是对发轫于职业分化的现实的不同看法。"[1] 诺斯同意波兰尼的观点，认为资本主义的市场结构是由国家所确定的，这使得他与一些新古典经济学家，特别是奥地利学派的经济学家有很大的不同。他不赞成哈耶克的自发秩序理论，认为这是哈耶克思想体系中的一处败笔。在他看来，资本主义的制度和市场结构是具有不同意识形态的利益集团有意识地通过对国家施加影响而形成的；在某个方面，一个利益集团获胜，因此这方面的制度便体现了这个利益集团的意志；在另一个方面，另一个利益集团获胜，制度因此体现这个利益集团的意志。从这个意义上说，资本主义的秩序是主动形成的，而不是被动的结果。诺斯和波兰尼之间的差别在于，波兰尼认为意识形态的多元化及人的异化导致资本主义的崩溃，诺斯则视其为专业分工的必然结果，同时，意识形态的冲突可以在国家层面上的权力角逐中得到消解。

诺斯关于意识形态在国家层面消解的说法是有道理的，也符合一百多年来西方的历史事实。比如，工人运动已经由十九世纪和二十世纪上半叶急风暴雨般的革命转变为在议会范围内的政党之间的和平斗争。问题在于，诺斯没有正面回答波兰尼关于人的异化的结论。资本主义的劳动雇佣关系把社会的人剥解为单一的劳动工具，后者的买卖不可避免地要影响它的载体——人这个整体——的生理、心理和道德情感，而这些影响在多数情况下是负面的，特别是对于那些处于社

---

[1] North[1981]：第183页。

会分工底层的人而言。诺斯试图通过将波兰尼的思想与个人化交易下的意识形态画等号的方式来消解对波兰尼的回答，这显然是不充分的。但是，人的异化是否一定导致资本主义的不稳定呢？资本主义的历史，特别是近半个世纪的历史已经为这个问题提供了一个否定的回答，原因在于资本主义本身发展出缓和由异化所带来的负面影响的制度和组织，参政面的扩大、福利体系的建立、教会势力的保留，等等，都是这样的制度和组织变革。资本主义首先是一个经济制度，而经济是人类生存之本；因此，既然市场机制对资源的配置被证明是最有效的，资本主义就会产生一系列迁就和适应市场经济的制度和组织形式。

05

小结

尽管带有事后合理化的痕迹，诺斯的宏观经济史仍然是一次成功的尝试。他的贡献大概不是重写了历史，而是将经济学方法引进了史学研究。这一点对中国经济史研究具有借鉴作用。我们的经济史研究以描述为主，不注重对因果关系的探讨，从而使经济史缺少了理论色彩和对今天的指导作用。

诺斯的古典国家理论较好地解释了欧洲和近东地区的国家演变，但不能解释中国国家形态的持续性，更不能解释在西汉形成的君臣分权体制。同时，这个理论不适用于解释今天的国家，哪怕是独裁国家。在民族国家形成之后，国家的疆界基本上是由民族的居住地定义的；而且，现代国际法也不允许一个国家对另一个国家的入侵。因此，国家的范围已经不可能由统治者的征税和保护能力来确定了。在国家内部，统治者已远不是一个人或一个组织，因而不存在一个进行"成本—收益"分析的主体。那种将现代国家仍然看作一个能动的主体的做法是不可取的。

诺斯对于波兰尼异化理论的批评显示了经济学家对非经济问题的无奈，同时也显示了他对现存制度的辩护。尽管经济学家应该止于他的分析工具所能及之处，但将非经济考量作为分析的背景仍然是必要的。这一点对于制度研究更是重要，我在第九至第十一章中将对此给予讨论。

第六章

可信承诺、路径依赖、人类认知和制度演进

导致无效结果的"错误"理论使得秉持这样理论的组织比那些秉持导致有效结果理论的组织更容易归于灭亡。

——诺斯:《经济史的结构与变迁》

可信承诺是诺斯和他的合作者巴里·温加斯特在研究十七世纪英国光荣革命之后君主立宪制度的建立及其作用时提出来的概念。在经济学界,这个概念是宏观经济学家普利斯高特和他的合作者在研究政府宏观政策的动态一致性时提出的。他们发现,许多政策在事前看是对政府有效的,但事中政府却发现政策变得无效了,政府因此有动机改变政策。政府的许多事前承诺因此是不可信的,时间长了民众也会认识到这一点。诺斯和温加斯特借用可信承诺这个概念研究君主立宪所起到的作用,给经济史研究带来一个全新的视角。本章第一节将介绍他们的研究及其对制度研究的影响。

路径依赖是保罗·戴维在研究技术选择时提出来的一个概念,后被布莱恩·亚瑟所发挥,并由诺斯移植到制度研究领域。本章第二节将首先介绍技术选择的路径依赖问题,然后讨论路径依赖对制度研究的意义。认知问题是诺斯在二十世纪九十年代后期开始着重关心的问题,他特别注意到文化在决定人的认知以及制度变迁中的重要作用。本章第三节介绍诺斯以及其他人在认知与制度变迁的关系方面的研究。第四节是对全章的一个小结。

01

可信承诺

诺斯和温加斯特于1989年发表在《经济史杂志》的论文《宪政与承诺：十七世纪英国公民决策制度的演化》是研究可信承诺在制度变迁中的作用的开端。[1] 诺斯和温加斯特在这篇文章中考察了英国光荣革命所建立起来的宪政制度对英国金融业乃至整个经济增长的作用。宪政约束了王室的手脚，许多重要的决策权，如借款权，由王室转移到议会。由于王室的决策同时得到议会的认可，因此对新兴资产阶级来说具有了可信性。在介绍这篇文章之前，让我们来看一下什么是可信承诺。

在博弈论中，可信承诺和可信威胁是两个相关联的概念。有一个笑话，说的是一个强盗身上绑着炸药闯进一家银行，威胁经理说："要么给我一百万，要么我就引爆炸药，咱们同归于尽！"经理不慌不忙地摊

---

[1] North, Douglass and Barry Weingast [1989], "Constitutions and Commitment: The Evolution of Institutions Governing Public Choice in Seventeenth-Century England." *Journal of Economic History*, Vol. 49 (4): 803-832.

开一张纸，给强盗画了一幅博弈图，并给强盗讲解了一遍，强盗听完，二话没说，扭头就走掉了。这幅如此具有魔力的博弈图是这样的：

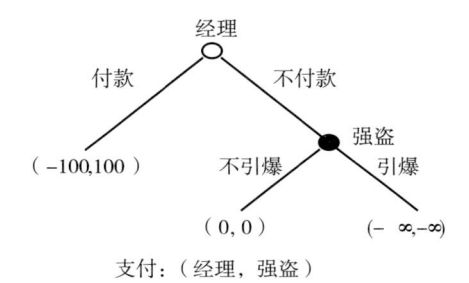

```
                经理
              ○
         付款 / \ 不付款
            /   \
           /     ● 强盗
    (-100,100)  / \
           不引爆/   \引爆
              (0,0)  (-∞,-∞)

        支付：(经理，强盗)
```

图 7-1 不可信威胁

这是一个两阶段的动态博弈。经理先行动，决定是否照强盗的意思付给他一百万。如果经理付了一百万，则博弈结束；经理失去一百万元，强盗得到一百万元（假定强盗逃脱了法律的惩罚）。如果经理不付钱，强盗决定是否引爆身上的炸药。如果他引爆炸药，两个人都命归黄泉，所得都是负无穷大；如果他不引爆炸药，则两个人相安无事，所得都是零。此博弈有两个纳什均衡，一个是强盗在经理不给钱时就引爆炸药，经理被迫付钱，另一个是经理不付钱，强盗无论何时也不引爆炸药。[1] 显然，在第一个均衡中，经理之所以付给强盗

---

[1] 对这两个均衡的证明很简单。在第一个均衡中，给定强盗在得不到钱的时候引爆炸药，经理的选择只能是付给强盗一百万元；同时，给定经理付钱，强盗的威胁也是理性的。读者可以自己证明第二个均衡。在更为严格的意义上，第一个均衡不是完美子博弈均衡，所以应该被剔除掉，而第二个均衡是完美子博弈均衡，因而应该是实际发生的过程。

钱，是因为他屈从了强盗要引爆炸药的威胁。但是，这个威胁是可信的吗？换言之，假定经理不给强盗钱，强盗真的会引爆炸药吗？我们比较一下强盗在经理不给钱之后的两个选择就会发现，他不会选择引爆，因为引爆之后他的所得是负无穷大，而不引爆的所得是零。难怪强盗在看了经理的博弈图之后只能掉头走掉了，[1]因为他的威胁根本就是不可信的！

那么，什么样的威胁才是可信的呢？在电影《教父》里，教父说："I will make an offer you will never reject."（"我会给你一个你绝不会拒绝的交易。"）在平静的语言下面，隐藏的是教父凶残的本性；当你听到他的这句话时，你的回答最好是"Yes，Sir"，因为你如果不接受教父的交易，他完全有手段报复你，同时又无损他自己一根毫毛。另一个例子是，大公司往往聘请专职律师，以防备那些专门靠打官司向大公司敲竹杠的人。这些人虽然知道自己的胜机很小，但期望大公司在惧怕高额的诉讼费的情况下与之在庭外和解，付给他们不菲的赔偿。大公司为了打消这些人的企图，通过聘请常年专职律师早早地将诉讼费付掉了，以此告诉这些人："来吧，我不怕和你打官司！"

从上面的三个例子中，我们看到，可信威胁是那些对威胁者来说无论是事前还是事中都是有效的。事前有效意味着承诺在把博弈对手看成是和自己同时行动时是有效的。以上三个例子中的威胁都符合这个条件。事中有效意味着当对手采取行动之后该威胁仍然是值得执行

---

[1] 当然，这里假设强盗是理性的。对于一个亡命徒或敢死队员来说，上述分析不成立。

的。在银行抢劫案这个例子中,强盗的威胁不是事中有效的,因为如果经理真的不给他钱,引爆炸药不是他的最佳选择。换言之,可信威胁是符合续惯理性的威胁。

可信承诺和可信威胁在实质上是一样的。比如,当一个买者到一个卖者那里订货时,卖者通常要求买者付一定的定金,买者如果诚心想买,也愿意付这笔钱,以示自己的诚心。订金对于买者来说就是对卖者的一种可信承诺。[1] 可信承诺是制度研究中不可忽视的一个问题,特别是当制度变迁涉及政府的行动时。由于政府具有与其他参与者不对称、甚至是绝对的权威,它的承诺是否具有可信性是一个非常值得研究的问题。开篇提到的政府宏观政策的动态一致性问题就是一个经典的例子。对于政府来说,零通胀率和经济增长都是要追求的目标。但是,如果消费者和企业相信了政府关于零通胀率的许诺并相应地选择自己的消费和生产的话,政府在事后有动机食言,为了经济加速增长而容忍正的通胀率。因此,政府的零通胀诺言不具有动态一致性;或换言之,它的承诺是不可信的。既然如此,个人和企业没有理由相信政府的承诺,在一开始就会预测到政府会变卦,并采取和这个预测一致的行动。在预测正的通胀率的前提下,企业会减少投资,个人会减少消费,其结果是经济进入滞胀状态。

政府(或任何主权实体)可以通过两种方式来建立自己的信任度。

---

[1] 威廉姆森称之为"质押"(hostage)。参见 Williamson, Oliver [1996], *The Mechanism of Governance*, Oxford University Press, Oxford.

一是通过良好的表现建立信誉，古代的明君大概属于这一类。但是，由信誉所建立的信任是不稳定的。比如，明君的儿子可能是荒淫的，根本就不值得百姓信任。毕竟，拥有无限权力的主权实体在无任何力量与之抗衡的情况下总是趋于滥用手中的权力，"绝对的权力导致绝对的腐败"，说的正是这个意思。一个主权实体建立信任的另一个方式就是向人们昭示一个可信的承诺。这个承诺首先必须是以一个有成本的且可见的行动为基础的，否则它只能是清谈（cheap talk）。其次，这个有成本的行动必须导致主权实体主动地实施这一诺言。实施诺言的不可避免性是使之得以被信任的唯一原因。

诺斯和温加斯特在他们的论文中研究了一种提供可信承诺的方式，即一个主权实体通过让渡一部分权力给第三方而建立起自己的可信度。他们的研究对象是十七世纪英国君主立宪体制的确立及其影响。

十七世纪的英国是一个巨变的时代。伊丽沙白女王于1603年去世之后，苏格兰的詹姆士六世因为是女王的侄孙而被指定为英国的下一任国王，变成英格兰的詹姆士一世，从此开始了斯图亚特王朝对英国的统治。詹姆士一世信奉"王权神授，君主至上"学说，认为"国王创制法律，不是法律创造国王"，将自己置于法律之上，并剥夺了议会的立法权。[1] 在财政方面，詹姆士把议会当作攫取钱财的机构，要求议会同意他所指定的任意的财政方案。为了支持其亲属在欧洲大陆的战争，詹姆士需要钱财。议会的议员们为了自己的利益（他们中的

---

1 顾学杰等[1986]:《英国革命史话》，上海人民出版社，上海。

多数就是詹姆士横征暴敛的受害者），与国王进行了长期的斗争，詹姆士因此长期不召开国会。詹姆士一世死后，其子查理一世在任意征税方面有过之而无不及，同时开始大量向议会借款。查理一世将英国重新拉入了与西班牙的战争，国库日益空虚。他不但恢复了其父的多项税收，而且通过强行发行政府公债来筹集资金。在内战发生之前的英国，斯图亚特王朝多次向议会借款，但其还款表现每况愈下。但是，无限膨胀的王权所带来的并不是源源不断的钱财，而是议会和民众对它的极其不信任以及王室财源最终因无法得到借款而枯竭。在政治和宗教方面，斯图亚特家族沿袭他们在苏格兰的传统，信奉天主教，清教徒受到迫害，导致王室与议会的进一步不和，其结果是1642年爆发的国王与议会之间的内战。内战以查理一世被送上断头台而结束，但随之而来的克伦威尔独裁式的共和统治并不比斯图亚特王室的统治好多少，议会屡屡被解散，政府的债务有增无减。克伦威尔于1658年去世之后，查理二世很快于1660年复辟，并对革命者进行了无情的报复。他的继任者詹姆士二世继承了他的暴政，从而导致了议会中辉格党人和托利党人的暂时联合，并于1688年延请詹姆士二世的女儿玛丽和她的丈夫威廉由法国回国，詹姆士二世被驱逐，玛丽和威廉同时成为女王和国王。从此，英国的君主立宪体制被确立起来。1688年的事变由于流血甚少，因此被称为"光荣革命"。

光荣革命是温和的，随后建立起来的君主立宪体制也是温和的。1689年通过的《权利法案》大大地限制了国王的权力，并确立了议会的最高权威。国王不再是凌驾于议会之上的国王，而仅仅是"议会里的国王"，他已不具有单方面解散议会的权力。同时，议会在财政方面取得了很大的权力，税收权成为它所专有的权力，政府的支出要受到它的监督。因此，王室要想取得不断的收入，就必须和议会搞好关系。再者，国王的司法权受到了严格的限制，受王室控制的星法庭（The Star Court）被废止，普通法法庭的地位被加强，并最终取得最高权威。议会的所有这些成就的取得有赖于对王室的一个可信的威胁，即当王室的行为超出一定界限之后，它就有被驱逐甚至被铲除的危险。这个威胁之所以是可信的，是因为查理一世和詹姆士二世的结局就是这样的。另一方面，议会的权力也没有无限膨胀，而是受到一定的限制。首先，议会本身无权提出公共支出项目，这个工作只能由国王来做，议会的任务仅仅是批准或否决国王的财政计划。另一方面，国王和议会的行动都必须置于法庭的监督之下。其次，在议会中占绝对优势的辉格党人代表着新兴商业阶级的利益，从而不愿干涉普通法法庭的运作和权威，因此，议会的权力在政治上受到一定的限制。最后，光荣革命对王室法庭的废除产生了独立的司法系统，从而有利于三权分立的稳定格局的形成。因此，光荣革命之后的英国初步形成了王权、行政和司法三权分立的现代宪政格局。

总之，光荣革命不仅限制了王室的权力，而且也限制了议会的权力，由此而产生的权力分立格局不仅有利于英国政治的稳定，而且大大加强了英国王室的财政能力。这是因为，王室的所有财政要求都必须得到议会的批准，它的还款因此得到议会的支持，从而使之变得更可信。由此所引致的是一场财政革命。光荣革命之后，王室的支出快速攀升，它的借款额则以更高的速度增长。[1] 当政府的手被绑住之后，它的借款能力非但没有降低，而且大幅度提高了，原因就在于绑住自己的手脚为社会提供了一种可信的承诺，证明赖账和食言是不可能的。

光荣革命不仅带来了一场财政革命，而且为私营部门的金融活动提供了有利的制度保障。革命之后，英国的私人金融业高速增长。证据之一是股票市场交易量由1690年代的每年30万英镑增加到了1710年代的每年1100万英镑。证据之二是利息率的大大降低。比如，1690年的利息率在8%至14%之间，1730年代降为3%。证据之三是银行业的发展。继英格兰银行首先出现之后，伦敦又出现多家其他银行。到1720年代，银行总数达到25家，1800年更增加到70家。[2] 私营部门的金融活动之所以能够高速增长，和光荣革命之后对私人财产的保护分不开。革命之后，王室的权力受到极大的限制，人们的商业活动热情高涨起来。私营金融业的发展在一定程度上可以看作光荣革命的副产品，但是，它也与议会的长期斗争，特别是代表新兴商人利益的辉格党人的不懈努力息息相关，倘若议会不是倾向于商业阶级的，我们就可能无法观察到私人商业的勃兴。

诺斯和温加斯特所考察的可信承诺涉及主权实体将部分权力向第三方的让渡以及由此产生的权力制衡，这一点对我们理解现代民主

---

[1] 参见本书第208页注1，North and Weingast [1989]: Table 3。
[2] 以上数字见本书第208页注1：第6节。

宪政的工具作用非常有意义。一般人在谈论民主宪政时，比较多地看到的是它的价值意义，而忽视了它对经济和社会运行的工具意义。从诺斯和温加斯特的分析中我们可以看到，通过宪政将自己的手脚捆绑起来，不仅不会消弱统治者的能力，相反却会增强他的能力；也就是说，统治者将自己置于宪政之下即使是从他本人的角度来看也是有利的。这是宪政工具性的一个方面。宪政工具性的另一个方面是为市场经济奠定了最高层次的法律和实质性保障。宪政的实质是权力制衡，且各方都将自己置于统一的法律管辖之下；在宪政之下，任何一方都不可能单方面地使用超出法律所赋予它的权力。因此，宪政为市场经济提供了相对稳定的法律环境和可预见性，从而大大地降低了交易成本，提高了经济运作的效率。另一方面，宪政还保证了市场经济中的个人或企业不会受到来自权力机关的不规则干预和过度税收，从而为经济中的创新和投资提供动力。如果经济增长是统治者得以维持统治的基础之一的话，宪政对市场经济的支持也是对统治者本人的支持。

除了宪政，我们还可以发现其他形式的可信承诺。一是威廉姆森的质押。这种承诺方式多见于商业合同，以押金或定金的形式出现，绑匪手中的人质大致也能算这一类。另一种方式是中国古代的背水一战。据说，韩信把将士置于河岸，拆去河上的桥梁，以示自己与敌人决一死战的决心，将士们果然个个拼死以战，大获全胜。这里的道理是，退却的路已经没有了，决一死战成为唯一的选择。在现实生活中，我们常常观察到社会最优状态可遇而不可得的现象：社会本来可以向一个人人都得利的境地改变，但实际上却只能处于对几乎所有人都没有好处的境地。比如,政府廉洁、企业家投资是一个对政治家和企业家(乃至全社会)都有利的结果,但社会往往停留在政府腐败、企业家不投资这样对政治家和企业家都不利的境地,其原因在于企业家对政治家打击腐败的决心和能力缺乏信心。为了增强企业家的信心,政治家必须给出一个可信的承诺,这个承诺必须让政治家付出一定的成本,同时也要使打击腐败成为政治家事后的唯一选择。宣传不可能成为这样的一个承诺,甚至长期打击腐败也不可能成为这样的一个承诺,因为倘若制度给予腐败以可乘之机的话,再得力的打击也不可能将腐败彻底铲除。一个可信承诺是对制度本身进行结构性的调整,使得腐败失去制度性的基础。

02

路径依赖

路径依赖是戴维在一篇讨论技术选择及演化路径的论文中提出的概念,[1] 指的是这样一种现象:当一种技术由于偶然因素被选定时,随后的技术选择便被锁定在一定的开发路径上,而这条路径未必是最佳路径。戴维以QWERTY键盘来说明路径依赖。

QWERTY键盘是目前通行的键盘,但据说并不是最好的键盘。每个用过计算机或英文打字机的人都会发现,要记住这个键盘上的所有字母的位置,着实要花一些工夫。直至十九世纪中后叶,打字机键盘没有统一的标准。根据戴维的讲述,QWERTY键盘是在1888年在辛辛那提举行的一次决定性的比赛之后才得以推广的。这个比赛的对手是路易斯·道伯(Louis Taub)和弗朗西斯·迈克格林(Francis McGurrin)。

---

1 David, Paul [1985], "Clio and the Economics of QWERTY." *American Economic Review*, Vol. 75: 332-337.

道伯用的是Calligraph打字机，并采用寻找加敲打的方式打字。迈克格林采用的是使用QWERTY键盘的Remington打字机，他将整个键盘记在脑子里，并使用十指打字。由于这种差距，迈克格林轻松地赢得了比赛。从此之后，迈克格林在Remington打字机上使用的打字方法被所有打字学校所采纳，QWERTY键盘也随之成为打字机的标准键盘。尽管后来有人发明了更为简单和方便的打字机键盘（如1936年由August Dvorak发明的键盘），但要取代QWERTY键盘为时已晚。

布莱恩·亚瑟在戴维的基础上进一步完善了技术选择的路径依赖理论，并特别注意到规模报酬递增对路径依赖的影响。[1]他以录像机的VHS制式战胜BETA制式的例子来说明他的理论。VHS是美国公司JVC最初采用的。在二十世纪七十年代录像机刚开始进入美国家庭时，JVC遇到了日本索尼公司的强有力竞争。索尼公司采用的是BETA制式。测试表明，BETA制式的性能优于VHS制式。但是，JVC公司更了解美国市场，知道美国人喜欢看美式橄榄球，而一场橄榄球赛可能持续几个小时，因此，提供能够长时间录像的录像带对他们来说很重要。因此，JVC放弃了使录像机小型化的努力，首先采用了能够录制两小时影像的录像带，从而迅速占领了美国市场。这是我们今天只能看到VHS制式的原因。

软件行业是一个典型的规模报酬递增的行业，因此也常发生像录像机这样的故事。在这方面，微软公司的视窗操作系统是一个重要例子。

---

1 Arthur, Brian [1989], "Competing Technologies, Increasing Returns, and Lock-In by Historical Events." *Economic Journal*, 99(394): 116-31.

早在1987年，IBM公司已经开发出性能卓越，能够处理多项平行操作任务的视窗型操作系统OS/2。当时，IBM的个人电脑一统天下，几个较小的公司如苹果和王安根本无法对它构成威胁，因此，它要求OS/2必须和它的个人计算机一起出售。在当时，这样做也许有一定的道理。当时的应用软件较简单，可选余地也少，多数人因此也无需进行多项任务的操作，因此，市场对OS/2的需求很低。同时，IBM一统天下的态势也使得捆绑式销售不会产生多大的负面影响，因为消费者即使不喜欢这种销售方式也找不到替代产品。但是，进入二十世纪九十年代之后，个人计算机市场以前所未有的速度膨胀，个人计算机的制作也因模块化而变得日益简单，无数计算机制造商如雨后春笋般冒了出来。比时，IBM以其独有的自尊自大态度看待这一发展，仍然固守它的捆绑销售策略，从而给微软以可乘之机。大家都知道，比尔·盖茨从为IBM做DOS操作系统起家，至二十世纪八十年代末期已成一定的气候。盖茨的商业天才在于不把DOS版权完全卖给IBM，而是保留了卖给任何人的权利。八十年代末在DOS基础上，微软开发了视窗平台，在式样上赶上了OS/2和苹果，但它仍然是一个DOS操作系统，性能不可与后两者同日而语。然而，盖茨不耻下"嫁"的经营策略帮了他大忙，再加上低廉的价格，视窗在个人电脑中的市场占有率具有了压倒性优势。当IBM醒过味儿来，愿意将OS/2卖给其他电脑商时，已经晚了。微软对IBM的致命一击是1995年推出的视窗95，这是一个真正能够从事多项平行任务的操作系统，尽管在性能（如稳定性）方面仍然落后于OS/2，它却迅速地占领了几乎整个微机市场。经过视窗98和视窗2000的改进及相关应用软件（特别是微软办公室）的配合，微软已经牢牢地占领了个人电脑以及一部分服务器操作系统的市场。在这个过程中，其他应用软件开发商起到了推波助澜的作用，正是因为他们大量推出以视窗为平台的应用软件，微软的操作系统才得以被更多的用户所看好。这是一个正向反馈过程，是一种网络效应———一种产品用的人越多，则更多的人会趋于使用这种产品，因为这样便于用户之间的交流。比如，在Word之前，Word Perfect的市场份额很大。但是，当Word随视窗95出现之后，人们纷纷转向使用Word，因为它与视窗95的兼容性较好。随着越来越多的人使用Word，那些使用Word Perfect的人感到越来越不方便，因为他们的Word Perfect文件在发送给别人用Word读取时总是不那么顺利。[1]现代信息技术越来越具有显著的网络效应，由此而产生的路径依赖现象为我们对自然垄断的认识提出了新的问题。

诺斯是将路径依赖理论引入制度研究的第一人。在《制度、制度变迁与经济绩效》一书中，他用一章的篇幅来讨论制度变迁中的路径依赖问题。他认为，制度变迁的路径依赖产生于两个原因，一个是制度的收益递增和网络外部性，另一个是经济和社会中存在显著的交易成本。前者是直接从技术的路径依赖导入的，后者则是诺斯的创见。制度之所以具有报酬递增性质，是因为它与技术一样，具有以下四个自我加强的机制。第一，建立一个制度需要付出巨大

---

[1] 我的导师就是其中一位。他以前一直用Word Perfect，但他的学生们都用Word，这样一来，他与学生们之间的合作就变得非常困难。后来，他只好改用Word了。

的初始成本，而一旦建立，它的运行费用相对较低，因此，制度实施的单位成本很低。第二，制度具有学习效应。一种制度一旦建立，组织和个人就会去适应它，通过学习增强自己对现存制度获益的能力，而这又反过来加强现存制度。第三，制度还制造强烈的网络效应，因为它为所有的组织和个人提供共同的行动规则，组织和个人对这些规则的遵守对各方都有利。第四，制度为各方提供稳定的预期，而相同的预期又加强各方对这个制度持续下去的信心，从而导致这个制度一直持续下去。

制度的收益递增性质是导致一种制度得以长期维持的必要条件，但不是唯一的条件。"……只要各个市场是完全竞争的，或接近零交易成本模型，（制度的）长期路径就是有效的。在一些不太会引起争议的偏好假设下，无论是其他非有效的路径还是差的经济表现都不可能长期存在。"[1] 也就是说，就长期而言，无效的制度会通过竞争而被有效的制度所取代。但是，当经济和政治中存在显著的交易成本时，人们对制度的认知就可能立基于不完全的信息反馈的基础上，而制度变迁的路径就会更多地受到人们的主观认知模式，即意识形态的左右。此时，由于制度的收益递增性质，一种无效制度一旦因为人们主观认知模式而偏离有效的路径，它就会持续下去。

诺斯举了正反两方面的例子来说明路径依赖问题。一个正面的例子是普通法的发展。普通法不是成文法，而是由无数的案例所构成的先例

---

[1] North[1990], *Institutions, Institutional Change and Economic Performance*, 第95页。

的集合，它的特点因此是不间断和小规模的修订和补充。这些修订和补充是当事人、律师和法官有意识的创新的结果。一般认为，普通法是一部有效的法律，即增加社会收益的法律。诺斯认为，如果这个判断是正确的话，它的成立一定是"因为竞争过程确实促使诉讼各方修正他们的（认知）模型"。[1] 诺斯的这个结论有些过于强烈，因为即使不改变认知模式，人们也可能会通过竞争促使普通法向着有利于社会效率的方向发展。比如，我们可以想象那些能从诉讼中得利较多的人会花更多的钱雇更好的律师，以说服法官采纳对他们有利的判决；如果胜诉方的得利来自社会收益的增加，那么法律就会向着增加社会收益的方向发展。但是，任何判例都只是对原有判例的微小改进，而对于绝大多数判决而言，创新是没有必要的，法官要做的只不过是在已有判例中找到判决依据而已。

一个反面的例子是拉美国家的停滞。在十九世纪，许多拉美国家采用了和美国宪法相似的宪法，但拉美国家却没有建立起来像美国那样的民主和法治。究其原因，是因为这些国家从其宗主国——主要是西班牙——继承了以大土地所有者为核心的寡头政治体制以及由此而产生的一些非正式约束。由于制度的收益递增性质，个人和组织纷纷投资于这些继承来的制度，同时，一些知识分子也通过写作试图合理化这些制度，两者都强化了这些制度的存在性。

路径依赖理论虽然能够解释某些制度的延续性和停滞性，但也存在一些严重的缺陷。

---

[1] 参见本书第222页注1；第97页。

第一，路径依赖理论无法解释跳跃性的制度变迁。比如，像俄国革命和中国革命这样的剧烈制度变革就很难用路径依赖理论来解释，因为即使是马克思的经典革命理论也没有预测到革命会在相对落后的俄国和中国发生。当然，有人会指出，革命之后的中国依然保留了许多传统中国的东西，虽然正式制度变了，非正式约束变化不大，即使有，也是沿着传统路径的改良。但是，即使是在非正式层面上，新制度的影响也是显著的，对比一下中国台湾和中国大陆就可以清楚地看到这一点。诺斯说："路径依赖意味着历史是起作用的。"[1]这个结论无疑是正确的。但是，倘若路径依赖仅仅意味着历史起作用，则这个理论没为我们对制度变迁的理解增加任何新的内容，因为我们想知道的是，历史是如何起作用的。

第二，制度是否具有收益递增效应，取决于诺斯由技术的路径依赖理论所导入的四个条件是否成立。诚然，制度是否具有网络效应还是一个未知数。有些制度是对所有人都一视同仁的，因此可以得到所有人的支持；但更多的制度决定了社会分配格局，因此必然在人群中有所取舍。显然，君主统治将权力集中于一个人，对于这样的一个制度，我们很难相信多数人在接受起码的人文教育之后会对这个制度进行投资，在最低层次上，君主的恣意掠夺也会导致普通人对这个制度的厌恶。中国共产党之所以能够取得政权，与中国二十世纪早期的阶级格局所造就的一批赤贫的无产者的存在是分不开的。因此，当一个

---

[1] 参见本书第222页注1：第100页。

制度不能给予多数人或某个关键阶层满意的结果时,它就不可能产生正向反馈的链条,收益递增也就无从谈起。

第三,诺斯认为,如果各种市场是完全竞争的或交易成本很低,则制度的演化路径一定是有效的,只有当这两个条件都不成立时,意识形态才会对制度演化路径起作用。但是,正如诺斯本人所指出的,这两个条件在现实中都是不成立的,因此,他在这里的判断只能是一个思想实验的产物。然而,即使是在这个纯粹的思想实验中,我们也无法验证诺斯的逻辑是严密的。举例来说,如果一个社会的主流意识形态认为平等比效率更重要,则我们更可能观察到这个社会采用有利于平等而不是有利于效率的制度(如中国计划经济时代的制度)。而按照诺斯的理论,像这样不追求效率的制度在长期历史中是要被淘汰掉的。这已经使他的理论接近社会达尔文主义了。然而,社会达尔文主义至今为止顶多依然只是生物进化论在社会科学领域中的一个类比,它既没有严格的行为理论的支持,也没有得到经验观察的证实。比如,中国的官僚帝制维持了近二千年,虽然也经过了无数次改朝换代,但每次不过是对前一朝代的重复而已,追求效率无从谈起。当然,任何现实中的例子都偏离了诺斯的思想实验所设定的条件,但是,许多人并不仅仅在思想实验的范畴中谈论社会进化,而是认为它是对现实的描述,因此,举现实中的例子还是有用的。[1]

---

[1] 有些人可能马上会指出,中国封建社会不是最终被更进步的共和制所替代了吗?但是,这种事后的合理化是毫无意义的,因为它不能为我们理解中国从封建制到共和制这个制度转换提供任何新的元素。

我在这里对诺斯的思想实验进行分析，不是无的放矢。一般而言，思想实验的目的是为我们廓清某种现象得以存在的条件。比如，科斯定理告诉我们，当交易成本不存在的时候，所有权的归属对经济效率没有影响。这个思想实验的用处就在于告诉我们，现实中无处不在的交易成本是非常重要的，因为此时所有权的归属影响经济效率。科斯定理的内在逻辑是正确的，证明交易成本为零是其成立的一个必要条件。但是，诺斯的思想实验的内在逻辑至多也是不严密的，他没有证明他的两个条件（完全市场和零交易成本）是必要的，同时也没有证明在这两个条件成立的情况下意识形态的无关性。科斯定理使我们意识到了交易成本和产权在现实世界中的重要性，诺斯的思想实验却无法让我们理解交易成本和意识形态在现实中的重要性。

最后，我们在谈论路径依赖时，还必须仔细区分真正意义上的路径依赖和由于人们的选择或客观条件的持续性所导致的制度在时间上的相似性。比如，Liebowitz 和 Margolis 就对我们前面所列举的 QWERTY 键盘和 VHS 制式的例子进行了追根问源的批评（Liebowitz and Margolis, 1990, 1995）。[1] 他们认为，QWERTY 键盘并不比当时其他的键盘差，恰恰相反，它解决了手动打字机的一些关键问题，其中最重要的是字键的交错问题。手动打字机的一个关键问题是，当一

---

[1] Liebowitz, Stan and Stephen Margolis [1990], "The Fable of the Keys." *Journal of Law and Economics*, Vol. 33(1): 1-25；和 Liebowitz, Stan and Stephen Margolis [1995], "Path Dependence, Lock-in, and History." *Journal of Law, Economics, and Organization*, Vol. 11(1): 205-26.

个键落下时，极可能碰上下一个被敲击的字键，从而使打字被迫中断。QWERTY键盘很好地解决了这个问题，它将可能被连续敲击的字键尽可能安排在相距较远的位置上，同时又将常用的字键放在了中间一排。尽管这些优势在计算机时代已经不再重要，但当时人们选择QWERTY键盘是符合效率原则的。至于VHS制式的胜利，Liebowitz和Margolis也不认为它是偶然因素造成的。他们发现，JVC和索尼一开始是合作开发录像机的，VHS制式和BETA制式之间因此无实质性的差别，测试结果也没有发现它们的性能之间存在明显的差异。因此，市场选择VHS模式至少不违反效率。

再比如，诺斯将拉美的制度看作路径依赖的结果，但也有学者指出，要素禀赋才是决定拉美寡头政治体制的关键因素（Sokoloff and Engerman, 2000）。[1]

中国的渐进式改革也被一些学者认为是路径依赖的例子，但这种观点值得商榷。让我们以价格双轨制为例来展开讨论。

1984年实行价格双轨制时，政策决策者已经把市场定价作为改革的最终目标，因此，价格双轨制很容易被人看作迁就旧体制的路径依赖的例子。但是，路径依赖意味着制度变迁中的主要角色要么对旧体制有许多投资，要么都认为继续旧体制对各自有好处（即具有诺斯所说的学习效应和网络效应）。但是，实际情况不是这样。对与旧体制有关系的大量投资的只是国营企业和中央各职能部门，非

---

[1] 参见第三章对诱导性制度变迁理论的讨论。

国有成分，特别是新兴的乡镇企业与旧体制几乎没有关系。同时，决定制度变迁的核心领导层已经认识到了市场定价的不可避免性。由于这种利益分化，旧体制的网络效应只在国营部门范围内起作用。因此，双轨制不是路径依赖的结果，而是制度制定者为降低改革的阻力而有意识地采纳的改革策略。同时，决策者采纳双轨制还与他们对价格市场化的后果没有把握有关，邓小平说改革是摸着石头过河，正表达了这层意思。双轨制从开始实施到最后消失用了十年的时间，其间价格是逐步放开的。这样一个缓慢的过程一来可以消解改革的阻力，二来可以及时总结经验，获得开放价格下的管理能力。总之，价格双轨制更多的是决策者审时度势、权衡当时的各方利弊而主动采纳的一项过渡性改革措施，而不是他们在旧体制的迫使之下所做出的路径依赖式的选择。

路径依赖理论在技术选择和主流经济学领域仍然是一个争论不休的问题。在制度研究领域，尽管它已经是一个人人皆知的概念并被一些人时常挂在嘴边，但至今仍然没有一篇理论文章能够对路径依赖的机制给出满意的描述。诺斯所给出的导致制度产生收益递增的条件到目前为止只能是猜想，正如前面的批评所指出的，它们的可靠性，依赖于制度对利益的分配以及各种利益集团的政治能力。因此，如果存在一个描述路径依赖发生机制的理论的话，这个理论必须考虑制度对利益的分配。在这方面，阿西莫格鲁和他的合作者们做了大量理论和经验研究工作。

03
—

人类认知与制度变迁

在引入路径依赖的同时,诺斯意识到人类认知模式,即意识形态对制度变迁的影响。虽然如前面的讨论显示的,诺斯关于意识形态重要性的思想实验存在逻辑上的疏漏,但在现实世界中,意识形态对制度的决定作用是不言而喻的。在《理解经济变迁过程》一书中,诺斯试图将制度变迁放在更广阔的背景中进行重新讨论,其核心思想是,制度变迁是人类知识积累和认知过程的一部分。他反对机械地理解制度变迁的过程。"与达尔文的进化论相反,人类演化变迁的关键是参与者的意向性。……经济变迁在很大程度上是一个由参与者对自身行动结果的感知所塑造的深思熟虑的过程。"[1] 这个过程具有三部分重要内容:现实经济形态、人关于这个现实形态的认知以及人基于这个认知而采取的降低不确定性和控制这个经济的结构。现实经济的变化导

---

[1] 诺斯[2013],《理解经济变迁过程》:第2页。钟正生、邢华等译,中国人民大学出版社。

致人的认知的变化，后者又导致人去修改控制结构，从而再一次导致现实经济的变化。这是一个循环往复的过程。诺斯进一步讨论了这三部分的内容以及它们之间的关系。

经济现实是复杂的，但诺斯认为，它可以用三个最基本的因素来代表，它们是人口特征、社会成员的知识总量和制度结构。人口特征不仅包括人口的数量，而且包括人口的质量。社会的知识总量决定了一个经济中人口福利的最高限，它包括人所掌握的科学知识，它们的传播以及社会成员的意识形态体系。制度结构为社会成员提供激励结构，也就是游戏规则，它决定了社会成员之间如何进行相互作用。

人的认知/信仰结构是面对不稳定性时对经济现实的理论化，它们可以是实证性的，告诉我们经济现实是如何运作的，也可以是规范性的，告诉我们如何去评价经济现实。"由于我们对'现实'知之甚少，这些信仰体系至多是对'现实'很不完整的认识。"[1] 基于他们的信仰体系，人们有意识地修改制度结构，以使之与他们的规范目标相一致。诺斯将这种产生于人的认知/信仰体系的制度结构称为 scaffold。根据诺斯前后文所表达的意思，这个词可以译为"超级结构"，即产生于人的认识/信仰体系而不能完全由现实所解释的结构。它不仅规定像法律这样的正式制度，而且规定像习俗、规范等非正式约束。

超级结构不仅是诺斯新制度理论的重要组成部分，而且是他以及其他一些经济学家试图用来修正理性人假设的工具。诺斯认为："多数

---

1 North [2000], *The Process of Economic Change*, 第14页。书稿。

在社会科学模型中被解释为理性行为的东西实际上是定义和限制（人的）选择集的制度条款。"[1]安迪·克拉克详细解说了这个判断。[2]他以一个著名的实验来帮助他的解说。这个实验的主角是一些具有零智力的参与者（计算机），他们没有记忆能力，也不能进行最大化计算；对他们唯一的限制是在交易中必须避免出现赤字。这些零能力参与者之间进行交易，结果发现，他们能够实现75%的买者和卖者剩余。将这些零能力交易者换成正常人，交易剩余的实现率只提高1个百分点！这个实验证明，理性（在这里，进行最大化计算的能力）对于实现有效的结果是无关紧要的，而附加在选择之上的外部限制（在这里，不能出现赤字）却是重要的。

那么，为什么我们还可以在经济中发现理性选择呢？比如，企业肯定是以追求利润最大化（或其他最大化）为目标的。克拉克认为，所谓企业追求利润最大化只不过是表象而已，实际上可能是企业受超级结构的限制，它在此之下的行为所表现的恰好是最大化其利润。这个超级结构就是市场竞争。市场竞争意味着，企业如果不追求利润就会被挤出市场，正是这个绝对的限制促使企业追求利润最大化。克拉克认为，在缺少超级结构的地方，我们就较少地观察到理性行为。比如，消费领域就缺少像生产领域那样强烈的外部限制，因此经验研究

---

1 参见本书第230页注1；第14页。
2 Clark, Andy [1997], "Economic Reason: The Interplay of Individual Learning and External Structure." In John N. Drobak and John V. C. Nye editors, *The Frontiers of the New Institutional Economics*, Academic Press, Cambridge.

也较少发现与理性相一致的消费行为。

诺斯对于理性人假设的质疑使他趋向于接受哈耶克关于个人的不完全知识以及由此而引致的扩展秩序学说。诺斯将学习置于他的新制度理论的核心地位。但是，"世界太复杂了，一个人无法直接了解它是如何运作的。"[1] 因此，制度变迁是渐进的试错过程。在这个过程中，文化起到了关键性作用。"每个人的思考模式都来自经验，这些经验来自个人的独特经历，并因此在某种程度上为他提供了关于世界的独特视角。基于这个原因，如果没有相同文化背景下的个人之间的持续交流的话，这些思考模式将趋于分散。文化传统——社会文化和语言背景——为降低个体思考模型之间的差别以及统一的认知方式在世代之间的传播提供了一个工具。"[2] 不仅如此，文化还制定了一些行为规范，并提供对于未知世界的解释，以帮助人们面对不确性和未知世界时的选择。"在任何有组织的信仰体系中，我们都可以发现，存在着与理性互补的信仰，这个事实证明，对于科学无法提供解释的现象给予解释可能是一个最好的生存要领。"[3] 所谓有组织的信仰体系，诺斯指的是宗教（包括世俗宗教，如儒家学说）、官方意识形态这样的体系。

但是，与哈耶克不同的是，诺斯没有陷入社会达尔文主义的思路之中。他认为，尽管制度变迁与生物进化有相似之处，但是，

---

[1] North [2000]：第15页。
[2] 同上引，第16页。
[3] 同上。

......（制度）变迁在多数情况下是有意识的，正如上面所论述的，它是用来加强参与者的短期竞争地位的。有意识选择中的学习和进化论中的淘汰机制是否可比呢？后者没有关于实际后果的预测，而前者是由对下游结果的认识所驱动的，尽管它可能是错误的。[1]

上述引文表明，尽管诺斯和哈耶克一样，相信个人理性的有限性以及由此而产生的制度变迁的渐进性，但是，他和哈耶克的差别是显著的。在哈耶克那里，个体在选择对制度施加影响时，对将要形成的制度及其后果没有清楚的认识，但是，无数个体选择的集合却能形成他所说的自发秩序。这是一个悖论式的结论，也是哈耶克理论吸引人之处，但是，在诺斯看来，这种观点无疑是将人类削减为受自然规律支配的动植物。人之所以区别于自然界是因为他有思想和判断的能力。因此，当一个人试图影响制度变迁时，他一定会对制度应该达到的状态有所构思，同时，结合他人可能采取的行动，他也能够预见制度将要达到的状态，在最低限度，他也能知道制度可能达到的状态的个数以及它们的简单特征。[2] 所以，制度变迁是人们通过有意识的创新而实现的。我们可以通过 TCP/IP 协议的演化来说明诺斯的这一思想。

在互联网上使用的 TCP/IP 协议往往被认为是自发秩序的一个例子，[3] 因为这个协议中的几百个次一级协议是几十年来由专业人士在无

---

1 North [2000]。
2 "自然界只有集体理性，人类的每个人都具有理性。"这是我十二岁的儿子说的。
3 赵晓力 [2000]：《TCP/IP 和自生自发秩序》，草稿。

组织的情况下不断完善的，并且至今仍在改进之中。但是，仔细追究TCP/IP产生和发展的历史，我们就会发现，它包含着许多人有意识的设计和完善。在其产生的初期，美国军方为了避免核打击所造成的全面瘫痪，将计算机通信网络有意设计成蛛网结构，从而为以后互联网的开放性打下了基础。在TCP/IP后来与政府和国际组织的统一标准的多次交锋中，一些关键性的设计人员对该协议开放性的追求起到了至关重要的作用。即使是在对该协议的普通修订过程中，设计人员对互联网效率的追求也是显而易见的。这种追求当然可能对设计者自身利益有好处（比如他的公司因其标准为互联网所采纳而升值），但是，要使自己的标准得到采纳，他们就必须使标准符合公义，即互联网的效率，因为这是检验一个标准是否能经得起时间考验的唯一准则。因此，效率是每个设计者所必须考虑的事情，TCP/IP的演化不是没有主导思想的无意识过程，只不过这个主导思想不是某个人定的，而是所有的参与人共同追求的。

必须明确的是，制度变迁不一定像诺斯所说的那样，是渐进的，在某些情况下，它可能是非常激烈的；对于正式制度而言，更是如此。诺斯关于制度渐进式演化的判断可能更适合于非正式约束，因为这些约束深深植根于文化之中，它们的变化轨迹更可能带有路径依赖的特点。但是，即使是对于正式制度，诺斯关于学习和认知的讨论仍然有效，而且可能更加重要。正式制度的设计痕迹更明显，因此要求人们在进行制度创新时掌握有关这个创新的相关知识（历史知识及后果知识），此时，将这些知识进行过滤和分析的认知/信仰体系就显得格外重要了。因此，诺斯以学习为中心的新的制度理论完全可以用来分析正式制度的变迁，只是这些变迁不必是渐进的。

诺斯将他的新制度理论总结为五个命题：

（i）制度和组织在稀缺和由此所导致的竞争的经济环境中的连续交互作用是促进制度变迁的关键所在。

（ii）竞争强迫组织不间断地投资于新的能力和知识，以图生存。个人及其组织所获得的能力和知识将决定他们对机会和选择的认知，他们的选择又反过来逐渐改变制度。

（iii）制度框架提供激励结构，后者决定人们认为能够产生最大利益的能力和知识。

（iv）认知是产生于参与人的主观构建。

（v）一个制度矩阵的范围经济、互补性和网络外部性使制度变迁在绝大程度上是渐进和路径依赖的。[1]

在命题（i）中，诺斯既强调了制度和组织的区别，又强调了组织在制度变迁中所发挥的作用。在命题（ii）中，诺斯强调了个人和组织获取知识的功利动机，并将竞争摆在了造成这个动机的首位因素。他说："当竞争不存在时（不管是因为什么原因），组织没有多少动机去获取新的知识，因此也就不会导致快速的制度变迁，结果将是稳定

---

[1] North [2000]：第9页；又见 North [1993], North, Douglass[1993], "Institutions and Credible Commitment," 第17页；*Journal of Institutional and Theoretical Economics*, Vol. 149(1): 11-23.

的制度结构。激烈的组织之间的竞争将加速制度变迁的过程。"[1] 命题（iii）对多数人来说是不言自明的，因为制度决定着社会的分配结构。命题（iv）是对诺斯关于人类学习论述的总结。命题（v）总结了我们在上一节所介绍的诺斯的路径依赖理论。

在以上五个命题中，命题（i）（iii）（iv）几乎是不言自明的。关于命题（v），前面的讨论已多有涉及，不再赘述。这里只对命题（ii）稍加评论。这个命题可以分成两部分。一部分是，当组织之间的竞争较弱时，制度变迁的速度较低；另一部分是，当组织之间的竞争较强时，制度变迁的速度也加快。这两个命题都有问题。首先，组织之间竞争加剧可能意味着社会无法做出决策，从而使得原有制度被继续采纳，尽管任何一方都不喜欢这个制度。其次，组织之间竞争的结果可能不是制度的实质性变化，而是纯粹的再分配。奥尔森就认为，在长期稳定的社会中（如英国），利益集团的利益将趋于分散，而且各种利益集团会将更多的精力放在再分配上。[2] 最后，缺乏竞争并不一定意味着制度变迁速度就会降低，虽然通常情形是这样的。比如，在中国共产党取得政权的早期，它几乎没有任何实质性的竞争对手，但是，它却实施了一系列激烈的制度变革，如土改、资本主义工商业改造、公社化，等等。促成这些制度变革的不是竞争，而是中国共产党，特别是它的高层领导者的意识形态。诺斯在这里对意识形态的忽视反映

---

[1] North [2000]：第10页。
[2] Olson, Mancur [1982], *The Rise and Decline of Nations*, Yale University Press, New Haven and London.

了他的理论体系中的一个固有的矛盾：一方面，他强调认知/信仰体系以及学习在制度变迁中的重要性，另一方面，他似乎又时常回到他的思想实验中，转而强调竞争的重要性以及意识形态的无关性。诺斯这种摇摆不定的态度和他所使用的描述性的方法论有关。描述可以给作者留下足够的想象空间，但由于语言天生的非严密性，单靠描述所产生的理论难免有漏洞或逻辑上的跳跃（正如诺斯的思想实验那样）。在这里，数学模型的重要性就显现出来了。当然，数学模型也存在趋于简化的弱点。因此，社会科学研究应该在描述和数学模型之间找到一个平衡点。

04

小结

本章所介绍的三个主题是诺斯在二十世纪八十年代后期和九十年代所关注的问题。诺斯对可信承诺和路径依赖的研究具有开创意义，并导致了这两个领域研究的滥觞。他对人类学习的研究继承了西蒙的有限理性和威廉姆森对认知的研究。这是一个崭新的领域，目前只是停留在描述性理论研究阶段。但是，诺斯由此而发展起来的一个关于制度变迁的新的分析框架将为今后的制度研究指明方向。在这个分析框架中，有几个问题特别值得研究。第一，如果我们相信像习俗这样的非正式约束是通过口耳相传这种方式从上一代流传给下一代的话，那么，一个重要的问题是，集体学习是怎样进行的？显然，社会不可能作为一个整体来进行学习，学习只能由个人或小团体来承担。那么，社会是怎样对个体或小团体学习进行协调的呢？第二，人类对非正式规则的学习似乎意味着这些非正式规则将永远存在下去，或至少显现出路径依赖的特点。但是，我们也不难发现社会习俗激烈变动的例子（比如，二十世纪六七十年代西方价值观念的大转型）。因此，我们的问题是，在路径依赖的前提下，突变是怎样发生的？第三，我们如何将认知/信仰体系嵌入一个严谨的制度变迁模型之中？诺斯只是给出了一个分析框架，要把这个框架的详细内容填上还需要费相当的精力。第四，正式与非正式制度之间的关系是怎样的？诺斯强调非正式制度对正式制度效力的制约作用，但没有给出制约的机制。同时，正式制度是否也会改变非正式制度？渠道是什么？第五，如果将人类认知和学习放在制度变迁的中心位置，我们对制度史的看法是否会改变？既然学习是可能的，认知/信仰体系是否会因为学习而趋同？如果答案是肯定的，则一个引论是，就长期而言，制度是无关的。如果答案是否定的，我们就必须考察认知/信仰体系不会趋同的原因。

我对这些问题没有答案，甚至连如何回答这些问题的思路也没有。我提出这些问题只想引起读者注意，期望有兴趣的读者能从中发现有意义的研究方向。

第七章

社会秩序和经济绩效

任何一个国家要想成为发达国家,就必须实现从自然国家向权力开放秩序的转型。

——诺斯、瓦里斯、温加斯特:《暴力与社会秩序》

纵观诺斯的学术生涯,可以看到,一开始他用新古典经济学的"成本—收益"方法研究制度的演进和效率,开创了制度研究的新范式;后来他看到新古典方法的不足,从而转入意识形态和人的认知结构对制度变迁影响的研究,但此时他理论的力量已然明显减弱。但这并没有让他在探索的道路上停下脚步。在他生命的最后十年里,他致力于建立一个能够解释"诠释有文字记载的人类历史的一个概念性框架",最为显著的成果是2009年与合作者约翰·瓦里斯和巴里·温加斯特(或称:温格斯特)一起出版的《暴力与社会秩序》一书。在这部著作里，三位作者提出了限制性秩序和开放性秩序的概念，前者是自然国家的特征，后者是现今发达国家的特征。一个国家在限制性秩序下也可以有所发展，但必须进入开放性秩序才可能成为高收入国家，其转型需要满足一定的"门槛条件"。他们把这个框架称为NWW框架（North-Wallis-Weingast framework），并推动这个框架在发展研究领域的应用。新政治经济学派的代表人物阿西莫格鲁和罗宾逊也使用几乎相同的分析框架，把制度分为包容型和攫取型两种，认为包容型制度是经济发展的必要条件。尽管阿西莫格鲁和罗宾逊没有在概念上将包容型制度和发达国家或民主画等号，但在他们的实证研究里，这种划分却是相当明显的。在这个意义上，诺斯、阿西莫格鲁和罗宾逊是一致的，都秉持线性历史观，而且认为建立以自由主义民主为核心的政治制度是一个国家进入高收入阶段的充分和必要条件。

本章介绍和评价NWW框架，下一章介绍和评价新政治经济学派的方法和观点。第一节介绍《暴力与社会秩序》的主要内容，后续两节对这本书的方法和结论进行评论。第二节讨论NWW框架对制度的两分法范式，指出它是对历史的割裂，既排除了自然国家产生开放性制度的可能性，也对开放性秩序进行了过多的理想化描述；第三节转向政治秩序与经济发展之间的关系，说明两者之间的相互作用不是单向的，并用第二次世界大战之后发生赶超的经济体的事例说明，经济赶超需要强有力的国家，民主只可能在收入水平达到一定程度之后实现稳固的发展。最后，第四节总结全章。

01

限制性秩序、开放性秩序和两者之间的转型

NWW为他们的项目设定了一个宏大的目标,就是他们著作的副标题:"诠释有文字记载的人类历史的一个概念性框架"。"有文字记载的人类历史"有很多的面向,而NWW只考察秩序的形成及其对经济发展的影响,因而他们所设定的目标过于宏大了。但就其狭义的目标而言,NWW框架超出了新制度经济学的"成本—收益"范式,将经济发展与社会组织方式相连接,试图在更高层次上总结制度影响经济发展的一般规律。这样的取向可能让他们的研究更接近现实,但正如诺斯的后期工作一样,也减弱了他们理论的解释力和付诸实践的能力。

NWW的起始点是,暴力是人类社会的基本特征之一。正如"霍布斯丛林"所描述的那样,在没有一个统一的权威的情况下,暴力是维持秩序的唯一方式。但无组织的暴力最多只能形成短期的秩序,长期而言,社会将不可避免地陷入暴力的循环。霍布斯因此设计了利维坦,即无所不能的国家来垄断暴力,从而维持长期的秩序。NWW把由此形成的国家称为"自然国家"。这样的国家"之所以是'自然的',是因为在近一万年来的大部分时期,它事实上是规模超过几百人的社会能够保障实际秩序并应对暴力的唯一社会形态。"[1] 国家垄断暴力,但不可能是神一样的利维坦,而是由人来掌控的。在自然国家里,国家是由一群精英组成的支配联盟所控制的统治机器。如NWW所言:

> 自然国家通过形成支配联盟,将获得有价值的资源——土地、劳动力和资本——的权利,以及把举办和控制有价值的活动——贸易、崇拜和教育——的权利限制在精英群体范围内,来处理暴力问题。[2]

支配联盟需要垄断有价值的资源,是为了给联盟里的精英设立租金,为他们提供维持联盟、减少竞争的激励。由此,自然国家的秩序就是一种"限制性秩序",即由少数人垄断有价值资源的秩序。在政治层面,限制性秩序是集权的,不存在广泛的政治参与。在社会层面,限制性秩序的特征是个人化的关系。秩序不具有普遍意义,而是经由个人之间的关系实现的。在经济层面,交易受到限制,特许权普遍存在,因而经济效率不高。

NWW区分了三类自然国家:脆弱的、初级的和成熟的。脆弱的自然国家面对内部或外部暴力时只能勉强维持自身的生存,它能够控制暴力,"但所有的政治都是真正意义上的政治:当他们犯了政治错

---

[1] 诺斯、瓦里斯、温格斯特[2017]:《暴力与社会秩序》(以后在需要的时候以NWW代之),第30页。杭行、王亮译,格致出版社。
[2] 同上引,第29页。

第七章 社会秩序和经济绩效

误时就要冒生命危险。"[1]在脆弱的自然国家里，制度基本不起作用，秩序完全靠以暴抑暴的暴力才可以勉强维持。当代的失败国家就是脆弱的自然国家，如海地、索马里和阿富汗等。初级的自然国家"能为国家维持一个持久的和稳定的组织结构。"[2]持久的组织指的是其身份独立于其成员的身份的组织，换言之，初级的自然国家已经能够摆脱个人化的社会关系，用公法调节精英之间的竞争和合作。但是，在初级的自然国家里，只有那些与国家有直接关联的组织才具有持久性，因此它不是开放的。NWW认为，罗马共和国是一种初级的自然国家。成熟的自然国家"有持久的制度结构为国家服务，并且有能力支持那些处于国家直接框架之外的精英组织。"[3]在成熟的自然国家里，私人组织出现并具有持久性。NWW认为，十七世纪之后，特别是光荣革命之后的英国已经成为一个成熟的自然国家，其代表特征是信托机构、商业公司、股份公司、政治团体和宗教社群这些独立于国家的组织出现并持续下来。一个成熟的自然国家可能具备发展经济、改善社会的能力。诺斯在中文版的序言里认为，中国在限制性秩序下取得了经济成功，暗示当代中国是一个成熟的自然国家。

与自然国家的限制性秩序相对的是发达社会的开放性秩序，它具有如下特征：

---

[1] 诺斯、瓦里斯、温格斯特[2017]:《暴力与社会秩序》，第40页。
[2] 同上引，第41页。
[3] 同上引，第43页。

（1）广泛秉持如下信念：所有公民都应被社会平等地包容；

（2）每个人参与经济、政治、宗教和教育活动的权利不受限制；

（3）每个人都享有国家对各个领域的各种组织形式（如党派、公司、宗教团体等）的支持；

（4）法治对所有公民都得到公正的实施；

（5）社会、经济和政治互动都是非个人化的。

这些特征就是我们通常所说的具有现代性的现代社会的特征。现代性是启蒙运动之后建立起来的信念，其核心要点是人和社会的行为诉诸理性，而不是教条或权威。上面的五点内容反映了现代性在现实层面的要求，更明确地概括一下，就是三个方面：经济、社会和政治过程向所有人开放，每个人获得平等的对待和机会，社会互动非个人化。NWW特别强调开放性秩序的两大衍生特征。

一个是以和平的方式消除了暴力。即使是在成熟的自然国家，国家也是由支配精英联盟控制的，对暴力的管控没有脱离个人化的窠臼。在开放性秩序下，"政治和社会安排确认了一系列的军事和警察组织有合法地使用暴力的权力，同时一系列的政治组织又有控制这些军事和警察组织使用暴力的权力。反过来，对政府的控制权是有竞争的，并且受到明晰的、广为理解的规则的约束。"[1] 换言之，在开放秩序下不存在掌握所有权力，包括对暴力具有垄断权的组织，各种权

---

[1] 诺斯、瓦里斯、温格斯特[2017]:《暴力与社会秩序》，第110页。

第七章 社会秩序和经济绩效

力组织都被置于其他组织或规则的监督之下。在这样的安排下，广泛的政治、经济和社会参与让暴力失去了市场。一方面，公民可以自由参与社会过程，无需诉诸暴力就可以获得自己想要的东西，如政治职位、财富和社会地位；另一方面，由于规则和公民数量的限制，野心家也无法诉诸暴力获得政权。后一点对我们理解发达社会民主的可持续性很有帮助。发达社会也有政治野心家，他们也想通过暴力攫取政权，如特朗普在2020年落选之后发动支持者对国会山的冲击，但是，一个开放秩序的社会有两个机制阻止这样的野心家得逞。一是它们已经建立起一套制衡机制，使得野心家无法发动广泛参与的群众运动攫取政权。特朗普拥有大量的民间支持者，但在体制内几乎是光杆司令，不仅民主党反对他，军队反对他，而且在他的共和党内，多数人也反对他。二是在开放秩序下，野心家即使攫取了政权，但他们要想稳定地掌握政权，最终还是要诉诸多数公民的同意，而这在一个已经建立了现代性信念且价值多元的社会里是极其困难的。

有趣的是，开放性秩序有助于防止野心家篡权这一点也被"民主的独裁者"利用来维护自己的长期统治。"民主的独裁者"指的是那些在选举社会里存在的长期执政者，如俄罗斯的普京、土耳其的埃尔多安、津巴布韦的穆加贝等，他们的当选和连任都是依靠选票获得的。这些"民主的独裁者"拥有很大的权力，他们为什么不取消选举，直接宣布自己终身执政呢？原因在于下面两方面。首先，定期的选举是开放秩序的一大特征，通过选举当选或连任让他们获得程序的合法性。其次，维护选举制度可以在最大程度上消除挑战者的威胁。执政者具有在位优势，可以通过舆论、信息控制和发放福利等措施笼络选民，挑战者则处于劣势，即使能够通过革命的方式取得政权，最终也可能无法获得多数民众的同意。相反，如果一个独裁者宣布终身执政，则他不仅破坏了公民的信念，让自己失去程序合法性，而且也让挑战者的挑战变得更容易——既然公民的同意不再重要，则挑战者可以诉诸暴力推翻当政者。袁世凯称帝的惨剧是对这个逻辑的最好注脚。

开放性秩序的另外一个衍生特征是经济系统可以独立于政治而存在。开放秩序中的"经济组织无须通过参与政治来维护权利、实施合同或免被征用，它们的生存与竞争权利并不是建立在特权的基础之上，于是权利开放秩序中的市场比之自然国家的市场，要显得更为自治。而在自然国家，所有重要的市场组织都必须同时为政治目标服务。"[1] 一个自治的市场总体而言要比一个服务于政治目标的市场更加可能发生创新，因为它不容易产生资源错配，更容易让资源流向最高效、最具创新力的产出单位。政治干预往往增加额外的成本，因此一个自治的市场也比一个服务于政治目标的市场更加节约成本。因此，开放秩序下的经济表现要好于限制秩序下的经济表现。

那么，如何从限制性秩序过渡到开放性秩序呢？NWW 提出了三个门槛条件：[2] 对精英的法治，公共领域或私人领域的永久性组织，对军队的统一控制。三个条件互为因果关系。对精英的法治催生永久性

---

[1] 诺斯、瓦里斯、温格斯特[2017]：《暴力与社会秩序》，第112页。
[2] 门槛条件的英文是 doorstep conditions。《暴力与社会秩序》的中文版将其翻译成"门阶条件"，似有不妥，因为"门阶"不是一个公用的名词。

组织，两者又催生对军队的统一控制，而永久性组织和军队的统一控制又反过来加强法治。三者都是建立在非个人化交换的基础之上，同时也保护非个人化的社会、政治和经济互动。

对精英的法治缘起于精英之间的相互博弈。NWW用英国土地法作为一个例子对此加以说明。早期的英国把不同的精英划分成享有不同的土地所有权的类别，后来才发展出普遍的自由土地所有权，而这个过程是精英之间斗争的结果。"历史学界忽视了精英内部的争端而过分强调了国王和贵族间的争端。事实上，是精英内部的竞争而非国王和贵族之间的竞争主导了土地方面的冲突。'玫瑰战争'是英国历史上最大的土地战争，也是精英内部的争端。同为王室法院的大法官法院（Chancery Courts）和普通法法院（Common Law Courts）之间为争夺司法权和收入而进行的精英内部竞争催生了英国土地法的诸多修改。"[1]

永久性组织的基础和核心是组织和职位的非个人化。如果一个组织或职位和某个人或某群人挂钩，则当这个人逝去或这群人解散之后，组织和职位也就可能不存在了；而且，更为重要的是，这种人格化安排模糊了交易的边界，无法建立稳固和可信的制度。NWW用两个例子来说明这个问题。一个是英国国王的国库资产。起初，国王的国库资产是不可让渡的，这意味着国库资产是神圣的，而且也是没有边界的。经过多年的斗争，国库资产被明确定义下来，成

---

[1] 诺斯、瓦里斯、温格斯特[2017]:《暴力与社会秩序》，第157页。

为可以交换和让渡的资产，由此，国王在财产方面成为和普通人一样的个体，笼罩在他头上的神圣不可侵犯的光环也因此大为弱化。另一个例子是美国州财政的性质。早期的州财政完全由财长掌握，财长的个人账户就是州财政账户，结果就经常出现新财长和旧财长打官司的情况，只有当州财政成为独立于个人的实体的时候，问题才得到根本性解决。

NWW仔细论述了对军队的统一控制在形成开放性秩序过程中的作用。欧洲在封建时期没有统一的军队，即使封建社会瓦解之后，国王也没有掌握对军队的统一控制。比如，在十四世纪之前，英国只有不到10%的海军船只是皇家的。英国后来实现了对军队的统一控制，主要是因为国王开始统一供给军队的经费。但是，国家对军队的统一控制还不能够让一个社会进入开放性秩序，除统一控制之外，还需要军队领导者与政府领导者的分离，对军队的最终领导权属于政治领导人，一句话，就是要实现对军队的政治领导。只有当政府无需军队支持就可以掌权、军队领导者不是政治领导人、军队不经平民政府同意不能支配资产的时候，对军队的政治领导才有可能。然而，一个国家是如何让军队接受平民政府的领导的？NWW没有给出回答。但这不能怪NWW，因为要这个问题的回答很难。环顾发展中的当今世界，一些国家必须军人执政才可能稳定（如埃及），一些国家的军队时常发动政变、干涉甚至取代平民政府（如泰国），只有少数国家的军队能够做到一以贯之地听从平民政府的领导（如印度）。社会科学研究者至今没有一个统一的理论来解释这些差别。[1]

总结起来，法治和对军队的政治控制是进入开放性秩序的关键。与其他人不同，NWW非常强调精英内部的博弈对法治建设的作用。这对于我们思考制度的演进非常重要。新政治经济学派的代表人物阿西莫格鲁和罗宾逊把精英和平民之间的经济斗争当作西方十九世纪政治开放的动力，[2] NWW明确反对这样的观点，认为英国的民主化进程，特别是1832年改革法案，起始于精英内部的权利重新分配，而不是对普通民众的权利让渡。

---

[1] 另一个社会科学研究者无法用统一的理论加以解释的现象是腐败的消除。几乎所有国家都曾发生过大规模的腐败，今天的发达国家率先控制住了腐败。是什么原因导致了腐败在这些国家的控制？我们没有统一的理论解释。

[2] 参见达隆·阿西莫格鲁、詹姆斯·罗宾逊[2008]：《政治的经济分析：专制和民主的经济起源》，马春文等译，上海财经大学出版社。

02

制度两分法的缺陷

由于认知的局限，人总是喜欢对事物进行两分法，即使是受人尊重的社会科学家也不例外。两分法的好处是简单明了，让理论元素和背后的逻辑一目了然，因而容易让人建立起明确的概念性框架；两分法的问题在于简化会遮蔽历史细节，让研究者错过历史的真实逻辑。在这方面，NWW框架的问题远比给我们带来的启示多。

在NWW框架下，限制性秩序是自然国家的特征，但很奇怪，开放性秩序却没有一种对应的国家形态。从后文NWW把开放性秩序作为当今发达国家的一个主要特征来看，这应该是发达国家。NWW的对比分析事实上是在自然国家—限制性秩序和发达国家—开放性秩序这两对国家—秩序之间展开的。对于经历过经济高速发展的东亚地区而言，这里的发达国家偏见一目了然。在中文版序言里，诺斯承认他们对中国了解甚少，但恰恰是对中国的忽略让他们的理论大打折扣——中国是二十世纪后期以来人类发展史上最大的事件，如果一个理论无法解释中国的崛起，就很难说这个理论是完备的。让我从自然国家这个概念着手开始对NWW两分法的评论。

按照我对NWW的理解，自然国家就是前现代的国家形式。NWW在前现代国家前面冠以"自然"二字，完全是从欧洲历史出发的。在长达千年的中世纪，欧洲分裂为无数封建邦国，它们其实不是"国"，而是封建领主的"家"。这些领主占据一定的疆域，疆域里的民众都是他的农奴；领主没有军队，靠职业骑士保护他们的安全。中世纪后期，随着权力的增加，国王努力统一国家，但如此建立的国家在光荣革命之前仍然是国王一家的"国家"。事实上，多数人类文明社会在大部分时间里都是这样的，"国家"就是国王一家的天下，大臣是国王的家臣，百姓是国王的臣民。[1] 但是，古代中国是一个例外。

中国经历了和西方基本一致的国家治理模式的发展阶段，只是中国把时间大大的往前提了。商代中国相当于雅典-斯巴达时代的希腊。商人的实际领地较小，在现在的河南省境内迁移，并最终定居在今天的安阳附近（殷墟）。在殷商之外，中原地区还分布着许许多多的方国，它们臣服于殷商，给殷商纳贡。这种安排和希腊城邦时期的安排基本一致；正如商人的享受靠邦国的纳贡维持一样，雅典的民主制度在很大程度上也是靠附属国的纳贡（以及本国的奴隶劳动）供给的。周建立之后确立了中国的封建时期，这比罗马帝国的分封时期早

---

[1] 雅典的民主制度是一个例外，但范围很小，持续时间不长；罗马共和国是另外一个例外，但最终也被帝制所取代。

近千年，比欧洲的封建时期更早1500年。和欧洲封建时期一样，周朝的"国家"也是君主和各个封建领主的"家"。周天子有自己的领地，每个封国的国君也有自己的领地，他们不用给周天子交税，只需在战争的时候给周天子出兵，而这些兵也是临时凑起来的。战国时代，秦国率先建立起职业军队，并以军功爵奖励职业军人。秦始皇统一中国之后，更是"化家为国"，[1]按照福山的说法，建立了近于现代形式的强国家，[2]其特征包括：君主是国家的象征并掌握军队，国家治理主要由官僚系统来完成，官僚系统抵达基层，国家对疆域实施较完整的统治，掌握税收的能力并能够为民众提供一定的公共品。[3]到宋代，军队的指挥权更是归属文官，除金人南侵、北宋和南宋转换的时期而外，军人没有干涉朝政的纪录。只有在元及明清时期，中国的政治才走向封闭和腐败。

由此可以看到，至少在元代以前，中国的国家已经脱离了个人化的关系，无论是在学理，还是在制度层面，都形成了"天下非陛下一人的天下"这样的概念，从汉代起就形成了君臣共治的政治安排。对军队的统一控制出现的更早，而且到宋代已经能够实现对军队的政治控制。不惟此，宋代也出现了市民社会，产生了NWW所说的与国家脱离的持久性组织，如工业作坊、出版社、书店、报纸和藏书楼（私

---

[1] 这是钱穆先生给出的说法。参见钱穆[2020]:《中国历代政治得失》，三联书店。
[2] 参见福山[2020]:《政治秩序的起源》，广西师范大学出版社。
[3] 我和合作者把秦以后的中国古代社会称为"官僚帝制"。参见姚洋、秦子忠[2022]:《儒家政治》，中信出版社。

人图书馆）等，[1] 其中一些一直延续到明清时期。显然，在NWW框架里，古代中国一定是自然国家，但这个自然国家却拥有开放秩序的许多特征，NWW的两分法在这里显然是不适用的。

反过来，NWW所指的拥有开放性秩序的国家也不是没有限制的；事实上，自第一次世界大战之后，几乎所有发达国家都走上了福利国家的道路，国家对社会和经济的干预无处不在。尽管社会和经济实体可以独立于国家而永续存在，但它们的运作无法避免政府的干预，如进入牌照、运作规则、成果分配等，无不受制于政府的行政命令。更为重要的是，政治开放往往是造成这些限制的原因。政治开放消解了暴力，但也为利益集团政治打开了大门。事实上，美国的国父们在建构美利坚合众国的时候，就对派系保持高度的警惕。NWW提到了华盛顿对党派政治的警惕：

> 一个派系对另一个派系的支配权的交替，本身就是一种可怕的专制，由于政党争持中自然而然的复仇情绪之被激化，在不同时期不同国家里，其带来的最令人畏惧的暴行是永恒的。[2]

奥尔森在解释英国二战之后发展停滞的时候，把利益集团政治放

---

1 参见吴钩 [2015]：《宋：现代的拂晓时辰》，广西师范大学出版社；吴钩 [2019]：《知宋：写给女儿的大宋历史》，广西师范大学出版社。
2 转引自NWW，第199、200页。

在了核心地位。[1] 奥尔森认为，边界稳定的社会里容易产生分利性的利益集团，它们关心如何分配经济成果而不是如何把饼做大，它们经常性地进行讨价还价，社会的反应变得迟缓，政府的规制变得日益复杂，经济增长因此迟缓下来。NWW拒绝奥尔森的理论，认为奥尔森不能理解：

> 极为分散的利益也有可能结为一体，来反对那些系统性的通过特权和设租来拆解权利开放秩序的图谋。奥尔森同样忽略了政治制度反映非组织化的群体的利益的能力。当太多的租金威胁到一个权利开放秩序时，反对党就会有熊彼特式的激励，会将此作为中心议题并对外公布这个问题，还会力主将此连根拔除。[2]

NWW提出了一个新的集体行动逻辑，即分散和竞争的政治参与能够克服利益集团带来的负面效应，他们认为，"奥尔森和其他一些寻租理论学家强调组织化的利益的负面效应，这些学者没有解释为什么权利开放秩序至今尚未处理好几代人的时间。"[3] 但这个反驳显然是苍白的，因为如果维持几代人的时间是一种秩序成功的标志的话，那么，中国历史上存在的几个寿命接近或超过300年的朝代这个事实是否也可以用来证明限制性秩序的成功呢？ NWW提出的新的集体行动

---

1 曼瑟·奥尔森[2017]：《国家的兴衰》，李增刚译，上海人民出版社。
2 NWW，第140页。
3 同上引，第144页。

逻辑也许有道理，但奥尔森的利益集团理论恐怕更经得起经验事实的检验，无数经验研究表明，利益集团政治是阻碍经济增长的一大障碍，特别是在前殖民地的发展中国家。这些国家继承了殖民者留下来的规制框架，同时也接受了选举民主，因而让利益集团政治更加如鱼得水。殖民时期，殖民者把宗主国的福利制度搬到殖民地，以便保护他们自己的利益，殖民者倒台之后，这些制度被保留下来并普施于国民，结果是极大地伤害了经济增长。比如，英殖民地普遍实行租户保护制度，规定最高房租，房客只要住满一定时间并按时交房租，就不能涨房租，也不能赶他们走，而且，房主如果要卖房子，房客有优先购买权。英国统治下的印度、埃及以及我国的香港地区都曾实行这种制度，而当英国人走了之后，这个制度被长期保留下来。因为房租受压制，市场里愿意建出租公寓的人就很少，城市的住房紧张，许多人不得不住到贫民窟里去。[1] NWW可能会说，后殖民地的国家还是自然国家，所以还有许多非理性的限制；然而，这些国家采取发达宗主国的制度，不正是希望成为开放性秩序的国家吗？

权利开放本身是一个值得追求的目标，但它对经济增长的负面作用也不容忽视。如下一章将要介绍的新政治经济学派在理论上所展示的，在利益分散的情况下，交易成本阻碍有效的制度变迁。这实际上

---

[1] 种族隔离结束之后的南非继承了殖民者的福利制度，大大增加了南非工业化的成本。参见Gillian Hart[2002]. *Disabling Globalization:?Places of Power in Post-apartheid South Africa*. University of California Press. 印度孟买是受租户保护制度影响较大的一个城市，参见Suketu Mehta [2005]. *Maximum City: Bombay Lost and Found*. Vintage.

也是诺斯早期的一个重要研究结论，但在NWW框架里他却把这个结论忘记了。

反过来，我们还要问一个问题：权利开放是实现良治的必要条件吗？在西方单一自利人性的假设之下，自由主义政治的第一要务是政治权利向每个人同等地开放。与西方对人性的单一自利的假设不同，儒家认为人性是多样的、流变的和可塑的，强调人的后天修养对于人性的塑造。然而，由于个人境遇和努力程度的不同，每个人能够达到的高度也不同，而政治参与需要个人具备一定的能力和德性，层级越高的政治活动和职务需要更高的能力和德性，如此，政治开放就需要建立在资质的基础上：政治活动和职务是开放的，但能否加入特定的政治活动或承担特定的职务取决于一个人能否具备这些政治活动或职务所需要的能力和德性。[1] 这样的要求对于今天的西方选举民主具有重大的意义。特朗普的当选意味着，即使是在美国这样巩固的民主社会里，选举也可以产生一个流氓总统。美国国父们所设计的美利坚合众国是一个综合了君主制、贵族制和民主制的共和国。合众国总统是选举产生的君主，拥有很大的权力，因而也必须具备最高的德性，如汉密尔顿在《联邦党人文集》里所要求的："总统这一职位决不应该落入不充分具备这一职位所要求的前设资质的人手里。"[2]

然而，二百多年来，特别是二十世纪六十年代以来，民主的成分

---

[1] 参见姚洋、秦子忠[2022]：《儒家政治》，中信出版社。
[2] Alexander Hamilton [1787]. "The mode of electing the President.". *The Federalist Papers*, ed. Isaac Kramnick. New York: Penguin Classics.

大为加强,进入二十世纪九十年代之后更是被身份政治所左右,最终被特朗普这样的流氓所利用。许多人至今仍然认为美国的问题是民主不够的问题,但实质是贵族制所代表的精英元素丧失的结果。如果诺斯还健在的话,看到特朗普的当选,特别是他的支持者在他的鼓动下在国会山上的骚乱,相信他会对NWW框架下"新的集体行动逻辑"有新的思考,不再相信分散的政治参与总是可以达到良治。

总之,NWW框架对秩序的两分法可以帮助我们理解秩序的形成和开放性秩序的特征,但也模糊了许多良性秩序的逻辑。开放性秩序过多地强调了政治开放所带来的好处,而有意忽视了它所带来的坏处;反过来,NWW对限制性秩序的描述过于消极,连带的一个后果是,他们对自然国家的定义也过于断然和随意。我们应该关注的,不应该是一个国家是否建立了开放性秩序,而是要具体研究NWW所提出来的开放性秩序所涉及的要素。

03

政治秩序与经济表现

NWW框架的一个重要主题是只有在开放性秩序下才可能实现经济的持续增长。尽管他们看到限制性秩序也可以实现经济增长，但这样的增长是不可持续的。在《暴力与社会秩序》一书的中文版前言里，诺斯在评论中国的经济成功时说：

> 我们认为，尽管中国的发展十分迅速，但似乎离完全地满足门槛条件尚有距离，故而还没有到达向权利开放秩序转型的临界点。从我们的框架可以看出，转型将给中国带来新的和难以解决的问题。

NWW在完成他们的第一本著作之后，继续和世界银行的研究者合作，把他们的理论框架应用到发展中国家的制度转型实践中去，并出版了一本专著。然而，第二次世界大战后成功实现赶超的经济体否定了NWW框架提出的制度—发展路径，如施莱佛等人的研究所发现的，这些经济体几乎总是在独裁政府的领导下先实现经济增长，然后才进行民主化的。[1]经济发展道路上有一些陷阱，如贫困陷阱和中等收入陷阱。二战之后能够成功跨越中等收入陷阱的经济体只有十一个，其中最显著的是亚洲四小龙，它们用半个世纪的时间连续跨越贫困陷阱和中等收入陷阱，进入高收入经济体行列，而它们在发展最快的时期都没有实施民主制度，民主转型发生在收入水平达到一定高度之后。[2]民主化是开放性秩序的关键性步骤，亚洲四小龙的实例表明，开放性秩序不是经济成功的必要条件。为什么权利的集中在经济发展的早期有利于经济增长呢？

经典的发展经济学理论和经验研究告诉我们，发展早期阶段最为稀缺的是资本和市场，两者都因为民众还很贫穷，没有多少储蓄，也没有多少消费能力。另一方面，企业具有规模经济，需要大量的基础投资，投产之后又需要较大的市场才可能盈利。在这种情况下，政府发挥协调作用，把有限的资金集中用到最有前途的产业上，用倾斜性政策鼓励出口，是一个理性的选择。亚洲四小龙在发展的早期阶段就是这样做的，中国在计划经济时代也是这样做的。然而，要实现发展的目标，政府必须掌握权威，能够按照自己的意愿理性地调动资源。

---

[1] 参见 Edward L.Glaeser, Rafael La Porta, Florencio Lopez-de-Silanes & Andrei Shleifer [2004]. "Do Institutions Cause Growth?" *Journal of Economic Growth*, 9, 271–303.

[2] 其他成功跨越中等收入陷阱的国家包括日本、以色列和几个南欧国家。日本在战前已经接近发达国家的水平，以色列有移民优势，南欧国家具备地理优势，得益于西欧发展的外溢效应。

在这方面，中国和印度的对比很能说明问题。印度1947年获得独立，新中国1949年成立，两国都采取进口替代政策以发展本国工业，直到改革开始（中国是1978年，印度是1992年）。然而，印度的表现远不如中国，一个原因是印度是在民主制度下实施进口替代政策，无法防止利益集团对这个政策的挟持和利用。

有人可能会说，印度的制度建设好于中国，因此长期而言印度将在和中国的经济竞争中胜出。这种说法没有多大意义，因为中国领先印度已经三十年了，而且在未来三十年里恐怕也将如此。六十年的时间，几代人都过去了。另一方面，中国的制度建设步伐并没有因为发展经济而停下来，相反，经济发展促进了制度建设。与西方学者的标准建议不同，中国采取了渐进的方式进行制度变革和建设，与那些采取"大爆炸"方式的国家（如苏联的国家），中国的改革行稳致远，不仅基本完成了从计划经济向市场经济的转型，而且经济增长没有受到转型的影响。[1]

从世界范围来看，民主和经济增长之间的关系是非线性的。[2] 当收入水平较低时，要想建立巩固的民主制度非常困难；当收入水平很高时，民主制度可以巩固；在中等收入水平上，民主和经济发展没有

---

1 参见姚洋[2008]：《作为制度创新的经济改革》，格致出版社。
2 参见 Adam Przeworski, et al. *Democracy and development: Political institutions and well-being in the world, 1950-1990*. No. 3. Cambridge University Press, 2000.

确定的关系。[1]在理论上，我们可以找到一百个民主促进经济发展的理由，也可以找到一百个民主不利于经济发展的理由。民主和经济发展都是一个社会追求的目标，一些国家更关注民主建设，另外一些国家更关注经济发展，两者之间可能完全没有联系。发达国家民主的持续性，如NWW所言，是多种因素决定的，除收入之外，共同的信念、法治和对军队的政治控制也是重要的原因。

---

[1] 阿西莫格鲁等人的跨国研究发现民主化对经济增长有正面作用，但是，他们的研究高度依赖他们的样本，样本稍有变化就无法得到他们的结论。参见Daron Acemoglu, et al. "Democracy does cause growth." *Journal of political economy* 127.1 (2019): 47-100.

04
——
小结

社会秩序的演变是一个连续的过程，NWW的两分法切断了这个过程。尽管这样做能够让我们清晰地看到开放性秩序的特征，但它也弱化了我们对社会秩序元素的细致研究。社会秩序是一个综合现象，几乎包含一个社会的所有方面，这些方面都是内生的，把其中的一部分抽出来作为另外一部分的动因在方法论上是站不住脚的。对社会秩序的研究需要采取历史的眼光。在这方面，福山做得比NWW更好，他的姊妹著作《政治秩序的起源》和《政治秩序和政治衰败》为读者展现了政治秩序起源的多样性以及政治秩序衰败的原因。[1] 有兴趣的读者可以参考。

另一方面，中国的成功对NWW框架，或者后面要介绍的以阿西

---

1 福山[2014]：《政治秩序的起源》，《政治秩序和政治衰败》，毛俊杰译，广西师范大学出版社。

莫格鲁和罗宾逊为代表的新政治经济学派的理论，构成了挑战。诺斯本人也意识到这个问题。在《暴力与社会秩序》的中文版前言里，他谦虚地说：

当然，我们也能够接受这样的可能性，即中国证明我们的理论是错的。或许中国模式较之过往的——主要是西方的——经验，是如此不同，以至于我们所提到的问题将不再称其为问题。[1]

为中国经济的成功给出一个合理且令西方学者信服的解释，是中国学者义不容辞的责任。学界在这方面已经产生了一些有影响力的成果，但仍然有许多没有说清楚的问题，等待年轻学者进行理论建构。

---

1 NWW，第2页。

第八章

新、老制度学派的对比

一些显而易见的差别并不像我们所想象的那样大。

——佚名

前面几章介绍了诺斯的主要学术贡献并对它们进行了必要的评论，从本章起，我将把这些评论系统化。我的目的是和以诺斯为代表的新制度经济学派以及后来兴起的新政治经济学派展开一场学术对话。在此之前，有必要先将我自己的立足点向读者做一番交代。无论怎样隐藏，每个从事社会科学研究的人都无法摆脱别人对自己立场的追问，因此，诚实地讲明自己的立场可能比躲躲闪闪地隐藏更好一些。我的立足点在很大程度上是以威斯康星学派为代表的老制度经济学的观点。新制度经济学的观点不一定总是和老制度经济学的观点相左，诺斯的后期学术思想更是和老制度经济学派有许多共通的地方；

新政治经济学所关注的问题在很大程度上又回到老制度学派所关心的问题上。但是，在许多原则问题上，新、老制度学派之间的分歧是明显的。为了给读者一个较为清晰的轮廓，在本章里，我将稍稍偏离主题，对新、老制度学派的主要观点进行简要的对比。必须指出的是，我虽然赞同老制度学派对制度问题的定义及其看问题的角度，但不同意它拒绝现代经济学工具的态度。在这一点上，我和诺斯是一致的。

我将从四个方面来阐述新、老制度学派的差别，它们分别是：个人理性与集体理性、进化与设计、制度绩效以及解释的方法。我在前面章节已经对这些问题有所涉及，这里给出一个更为系统的表述。有兴趣的读者可以进一步阅读马库姆·罗斯福德的《经济学中的制度——老制度学派与新制度学派》一书。[1]

---

1 Rutherford, Malcolm [1996], *Institutions in Economics: The Old and the New Institutionalism*, Cambridge University Press, Cambridge.

01

个人理性与集体理性

自打阿罗发现后来以他的名字冠名的"不可能定理"之后，主流经济学便几乎把集体理性排除在经济学的大门之外。新制度学派基本上继承了这个传统，将其分析还原到了以个人理性为基础上来。这种被罗斯福德称为"还原主义"（reductionist）的方法论引导新制度学派试图从个人理性的角度发现制度变迁的规律；比如，面对类似于囚徒困境这样的难题，他们试图从个人理性入手为合作找出理由，换言之，他们力图证明自发的个人理性可以导致合作的结果。在多数新制度学家那里，个人先于任何制度而存在，因此制度的演变可以由个体理性及其相互作用来解释。诺斯对人类经济制度演进的解释当属这一类努力之一。但是，这种还原主义可能是没有结果的。首先因为，即使我们将人类还原到最原始的状态，我们也无法拒绝这样的事实，即人类在那时就已经有了一定的集体行为规则。虽然我们无法直接证明这一点，但对我们的近亲黑猩猩以及现存的原始部落的考察足以为它提供充分的证据。因此，任何我们所观察到的人类制度都是在已存在的制度的基础上发生、发展的。在许多情况下，制度更多的反映的是历史的延续，正如诺斯所讲的："历史是有意义的。"同时，还原主义忽视了人类加于自身的一些人为的限制，如意识形态，以及主观上要求对世界进行改造的思想对制度的决定作用，而这些因素在人类的历史时期内长期占据着主导地位。另外，还原主义也忽视了集体选择在制度选择和变迁中的地位。但是，就当代的正式制度而言，集体选择几乎是唯一的决定因素。集体选择意味着社会在选择制度的时候运用了加总机制，制度因此是个人选择加总的结果，而不是基于个体理性的博弈均衡。

由于以上原因，还原主义至多只能解释很少一部分人类制度的起源和演进，其中主要是一些非正式制度，如习俗、道德等。但即使是这种非正式制度也不一定完全能解释为个体博弈的均衡。比如，在阿克谢罗德著名的重复囚徒困境的实验中，"以一报还一报"（tit-for-tat）是战胜其他所有策略而得分最高的策略。[1] 但是，稍微熟悉博弈论的读者都知道，"以一报还一报"不是一个子博弈完美纳什均衡策略，换言之，存在比它更好的策略，使参与人的总得分更高；比如，"以一报还两报"就比它好。同时，在无名氏定理中所使用的冷酷策略的得分非常低，尽管在理论上，它是一个可以支持合作的子博弈完美纳

---

1 参见 Axelrod, Robert [1984], *The Evolution of Cooperation*, Basic Books, New York. "以一报还一报"策略是这样的：在首轮博弈中采取合作行动；以后，如果观察到对手在上一轮博弈中采取了合作行动，则自己在本轮博弈中也采取合作行动，否则采取不合作行动。

什均衡策略。[1]显然，以纯粹的个人理性是无法解释以上现象的。在现实生活中，人们之所以信守像"以一报还一报"这样的对等原则，而不是采取机会主义的行为，不是因为人们通过计算发现它们是均衡策略，而是因为它们先于人们的计算而存在。因此，经济学应该在肯定它们存在的前提下分析它们对其他制度选择的影响，正如森在分析"信任博弈"时所做的那样。

与还原主义相对立的是整体主义。在旧制度学派中，阿里斯是集体主义的代表人物。他认为："所有的（制度）分析都必须在文化的一般性层面，而不是在个人层面展开。"[2]这是因为，文化自身有其目的和进化机制，与经济利益、社会需求或个人的创新没有关系。个人只是总体的一个组成部分，而总体大于所有个人的加总，并具有独立于个人的发展逻辑。当然，这并不意味着整体主义的倡导者肯定集体理性，因为文化的演进可以完全是社会无意识的结果。在这一点上，整体主义者与和他们的政治立场完全相反的奥地利学派具有惊人一致性。哈耶克就强调个人理性的局限性，更不相信集体理性的存在，他的自发秩序是人们不断的试错和积累而形成的。

但是，从原则上讲，整体主义所体现的是文化决定论。将文化置于至高无上的地位，并用以解释个人行为的做法是难以令人信服的。

---

1 冷酷策略是这样的：在首轮博弈中采取合作行动；以后，如果观察到任何人（包括对手和自己）在以前任何一轮博弈中采取了不合作行动，则永远不合作，否则继续采取合作行动。
2 转引自上引 Ruthorford[1996]：第40页。

一个问题是如何解释文化本身的变化。阿里斯认为,影响文化演变的只能是外生的技术变革。这个解释有三个问题。第一,多数文化的急剧变化并不是由技术变革所引起的。比如,在共产党革命之后,中国文化产生了由里到外的巨大变化,而这个变化与技术变革毫无关系。第二,技术变革本身就可能是由文化决定的。比如,韦伯在《新教伦理与资本主义精神》一书中就认为,欧洲人的勤奋与他们所秉持的新教教义有关。勤奋无疑是技术创新的原动力之一,因此,韦伯思想的一个推论必然是文化决定技术变革。所以,用技术变革来解释文化变迁无疑会陷入循环论证的泥潭。最后,文化决定论无法解释世界文化的丰富性和复杂性。按照它的逻辑,所有的文化必然被还原为一个基本同质的原始文化。但是,既然所有文化产生于同一文化,文化决定论的预测就必然是,我们今天所能观察到的只能是一种文化。这种逻辑上的矛盾使得文化决定论不攻自破。

既然还原主义和整体主义都不可取,但又都说出了几分真理,中间道路可能是一种比较好的选择。我们可以追随阿加西,建立一种以"制度个人主义"(Institutional individualism)为核心的研究方法,它

> 既不假设合作必然存在,也不想解释所有的合作,而是在假设存在某些合作的前提下去解释另一些合作的存在。那种认为只有不以任何制度为假设前提才能对制度做出满意的解释的观点是错误的。[1]

---

1 Ruthorford[1996]:第37页。

罗斯福德认为，阿加西的观点的意义在于"它昭示了在一个只考虑物质环境和个人心理状态的理论中试图内生化所有制度的不可能性。"[1]任何试图解释某个制度的企图都必须将另一些制度作为外生给定的。关于囚徒困境的无名氏定理似乎没有假设任何制度的存在，但仔细分析可以发现，无名氏定理中的纳什均衡严重依赖博弈参与人之间的共同知识，在最起码的层次上，他们必须知道别人是理性的，同时知道别人知道自己是理性的，等等。但是，共同知识的建立及维护本身就需要制度的支撑，因为这里涉及的恰恰是人与人之间的一种信任关系。制度个人主义仍然把个人行为作为分析的起点，这与标准的经济分析不矛盾，使得我们仍然可以用经济分析工具来分析制度。同时，制度个人主义告戒我们不可能在制度真空中分析个人作为，在标准经济学分析中，我们可以将给定的制度作为对个人权利行动空间的限制纳入模型。

诺斯早期的思想接近还原主义。在《西方世界的兴起》一书中，他和托马斯希图以单一的经济因素解释西欧八百年间经济制度的演变，在《经济史的结构与变迁》中，他更是试图用同样的方法解释人类历史中的经济制度与国家制度的演变。在这两本书中，他都试图在制度真空中解释某种制度的产生和发展。但是，诺斯在后期越来越远离还原主义，逐步接近了制度个人主义；在近期的研究中，他更是倾注精力研究文化自身的形成及传播。对于制度个人主义的接受使得诺斯成为新制度学派中最接近老制度学派的一员。

---

[1] Ruthorford[1996]：第37页。

02

进化与设计

对于奥地利学派而言，制度是自发秩序，是个人追求私利的自发结果，不存在一丁点儿的设计痕迹。一些人对英美习惯法的研究是对自发秩序的最好的解释。[1] 假设存在着两种可能的判决，一种为社会带来正的净收益，一种带来负的净收益。我们因此可以称前一种判决为有效判决，后一种为无效判决。又假设社会中有A、B两个人，A从有效判决中获益，B从无效判决中获益，但前者的获益大于后者的获益。由于利益的冲突，两者都会尽量说服法官采纳对自己有利的判决。但是，由于A从有效判决中的获益大于B从无效判决那里的获益，A就会花费更多的资源用于打官司，从而使法官采纳有效判决。也就是说，对社会有效的法律是由私人完全无意识地对私利的追逐过程建

---

1 参见 Goodman, John [1978], "The Economic Theory of the Evolution of Common Law." *Journal of Legal Studies*, Vol. 7 (June): 393-406.

立的。值得注意的是，自发秩序要求人们不带任何设计的意念参与制度博弈。比如，一个利益集团在游说立法机关通过一项对自己有利的法案时，并不带着对国家制度设计的思想，而仅仅考虑自己从法案中的获益。奥地利学派不仅相信自发秩序的存在，同时也将自己的研究范围限定在那些完全自发产生的合作秩序上。

这种观点和新制度学派的制度研究方向不谋而合，迄今为止的多数制度研究都集中在那些能够自我实施的制度上。这当然和有关个人理性的还原主义有关，但却可能将制度研究引入窄小的死胡同。比如，有人试图通过实验证明，在没有外部强制的情况下，一条街上的人流会自动地分成上下行的两列。我们无须追问这个实验的准确性，只要看一下现实就知道这种实验是毫无意义的：在现实中，我们不仅需要规定左行或右行，而且要警察来管理；否则，我们为什么要花冤枉钱在马路上划线、设置隔离和雇佣警察呢？正如我们在第四章讨论制度的实施问题时所看到的，几乎任何制度都需要第三方的实施。正如罗斯福德所指出的："即使是自发秩序也涉及法律和社会习俗的强制，前者由国家机器所执行，后者由社会的认可或否定所执行。事实上，既然社会习俗可以具有和法律完全一样的强制性和限制性，我们就无法认定自发秩序（如传统社会）下的自由总是比涉及更多政府参与的秩序下的自由更多一些。"[1] 因此，把制度研究限定在自我实施的自发秩序上等于是放弃对制度的研究。

---

1 Rutherford [1996]：第 155 – 156 页。

说到底，被诺斯指为"废话"的自发秩序不过是一个神话而已。首先，博弈论告诉我们，类似囚徒困境这样由个人理性导致无合作结果的现象不是特例，而是社会中的普遍存在；换言之，在没有第三方监督的情况下，无秩序是普遍现象，秩序是罕见的。其次，任何利益集团在游说时都清醒地意识到他们是在建立或改变国家制度，因此，他们实际上是在设计国家制度。对习惯法的经验研究发现，法官并不总是被动地倾听双方及其律师的申诉，更多的时候，他们有意识地根据自己的意识形态来形成判决。在更高层次上，美国的最高法院的终身法官们无疑是知道他们的职责的，即设计美国的法律制度。第三，自发秩序虽然宣称以个人利己的选择为前提，却没有告诉我们无数人的利己行动是如何导致制度的建立和更迭的。这种将制度变迁过程黑箱化的做法使得奥地利学派无法在制度研究方面有实质性的进展。最后，历史证明，任何大型的制度变迁都不是自发产生的，而是某些人有意的设计并通过激烈的斗争，甚至战争所实现的结果。别的不用说，中国革命就是一个再恰当不过的例子。倘若中国共产党人都是一些除了私利而无任何其他抱负的人的话，历史上绝对不会有二万五千里长征，不会有储存在许多博物馆里的烈士名册，不会有江姐这样在胜利的曙光降临时刻视死如归的英雄……如果有人硬要说中国革命是共产党人追逐私利的结果，则他除了是被政治偏见所蒙蔽的偏执狂之外，不可能有其他解释了。自发秩序作为一种政治理想未尝不可，但作为指导实证研究的思想就只能产生偏见了。

新制度经济学派虽然不像奥地利学派那样相信自发秩序，但多数人仍然将制度变迁过程黑箱化，这点充分表现在效率假说上。根据效率假说，制度总是朝着改进社会总体利益的方向演进。诺斯和托马斯在《西方世界的兴起》一书中充分展示了这个假说，拉坦和涑水佑茨郎则进一步将这个假说具体化为诱导性制度变迁假说。但是，无论是诺斯和托马斯还是拉坦和涑水右茨郎都没有说明制度变迁的过程，他们因此招致许多批评，以至于涑水佑次郎在最近也不得不承认，效率假说是"过于天真了"。[1] 有鉴于此，诺斯在其1981年的著作中试图建立一个有关制度变迁过程的模型。我们从第六章的叙述中看到，这个模型将君主置于中心，以他的"成本—收益"分析作为决定制度变迁方向的机制。这个模型虽然具有一定的预测能力，但其适用性却有很大的局限，对于现代制度而言，它更是无能为力的。

对于现代制度变迁的研究始于康芒斯对集体行动的分析。对康芒斯来说，制度本身就是一种集体行动。[2] 他着重分析了正式的法律制度，将它看作解决集体行动之间利益冲突的妥协结果。每个利益集团都有意识地改变国家的法律，以使它为自己的利益服务。康芒斯的这些思想被奥尔森的集体行动理论所继承（虽然不是直接的）。在《集体行动的逻辑》一书中，奥尔森分析了利益集团形成和维持

---

[1] Hayami, Yujiro [1997], *Development Economics: From the Poverty to the Wealth of Nations*, Oxford University Press and Clarendon Press, Oxford.

[2] Commons, John R.[1931], "Institutional Economics," *American Economic Review*, Vol. 21: 648-57.

的条件以及它对经济表现的影响。在后来出版的《国家的兴衰》一书中，他进一步将利益集团理论用于解释世界不同国家的经济增长业绩。[1]

但是，利益集团理论无法给出一个根据外在条件（经济参数、物质环境等）预测制度变迁方向的一般性结论，因此它只能为制度研究指明一个方向，即研究利益集团之间的相互作用是如何导致特定的制度变迁的，而不能成为制度变迁的一般理论。与之相对，社会选择理论则研究集体选择在规范层面上的可能性问题，由社会选择理论发展出来的实施理论则进一步研究分散决策条件下社会选择的可能性问题。它考虑这样的问题：对于一个社会选择规则，是否存在一个机制，使得个人在这个机制下分散博弈的结果与这个社会选择规则所应选择的结果一致？如果回答是肯定的，则我们说这个社会选择规则是可实施的。到目前为止的研究表明，对这个问题的回答取决于经济环境。如果经济环境是竞争性市场经济，则几乎任何社会选择规则都是可以实施的。[2] 但是，实施机制却不一定是"好"的；比如，某些机

---

[1] Olson, Mancur [1965], *The Logic of Collective Action*, Harvard University Press, Cambridge；和 Olson, Mancur [1982], *The Rise and Decline of Nations*, Yale University Press, New Haven and London. 参见下一章对奥尔森的理论的详细讨论。

[2] 参见 Maskin, Eric [1985], "The Theory of Implementation in Nash Equilibrium: A Survey." In Leonid Hurwicz, David Schmeidler, and Hugo Sonnenschein, editors, *Social Goals and Social Organization: Essays in Memory of Elisha Pazner*, Cambridge University Press, Cambridge；和 Maskin, Eric [1999], "Nash Equilibrium and Welfare Optimality." *The Review of Economic Studies*, Vol. 66: 23-38.

制要求参与人在无法达成均衡时进行一个"整数博弈",即每个人说一个数,谁的数大谁就具有决定权。将实施理论应用于对制度的实证研究因此要求我们寻找"好"的实施机制,我在第十章介绍我自己的一个研究时将对此做进一步的讨论。

03
―

制度绩效

新制度学派对制度采取一种功能主义的态度，比如，诺斯强调制度降低不确定性，阿尔钦和德姆塞茨强调所有权内化外部性，等等。对于将制度纳入经济学分析这一目的而言，将制度功能化是必然的选择。但是，必须牢记的是，被经济学所关注的这些功能可能仅仅是制度的副产品，而不是制度变迁的实施者们的初衷。由此而引出的是对制度绩效的评价问题。新制度学派在将制度功能化的同时也为制度的评价定下了调子，即只有那些增加整体社会福利的制度才是"好"的或"有效"的制度。在诺斯那里，评价制度绩效的标准更是简化为能否增加社会的人均产出。虽然他的思想和方法变化很大，没有变的是他对这一标准的坚持，他至今仍然在思考的，仍然是为什么一些国家的经济增长快于其他一些国家。

相比之下，老制度学派对于制度绩效持更为开放的态度。康芒斯认为，制度是各种利益集团通过讨价还价和谈判所达成的"合理的"

共识。合理性包括经济效率，但又不限于经济效率。合理性意味着可操作性，它必须是各方冲突的一种妥协，因此，其结果不一定和经济效率相一致。中国农村的土地制度是一个很好的例子。

经过二十世纪八十年代初期的改革，中国农村土地制度的决定权由中央政府下放到各个村庄，村民作为一个集体可以选择自己村子的土地制度。尽管土地的最终归属者是村集体，但是，依据地权在集体和农户之间的划分可以产生许多种类的土地制度。比如，一些村庄至今没有分田到户，继续保持着农业的集体生产；另一些村庄则在土地一次性分给农户之后再没有调整过土地分配，从而达到和永佃制相似的土地制度；更多的村庄则是定期或不定期地调整土地分配。以纯经济效率的眼光来看，永佃制是效率最高的土地制度，因为它有利于诱导农户对土地的长期投资，而土地调整则是效率低下的，因为它打击农户对土地的投资。但是，大多数村庄选择土地调整这一事实说明人们并没有选择最具经济效率的制度安排。在诺斯看来，这是一个需要解释的谜。然而，如果我们采用康芒斯的观点，则它就不成其为谜了。首先，土地的调整体现了公平性，在全体村民参与的制度选择过程中，一种公平的制度安排是最具操作性的，因此也是最可能为人们所接受。其次，土地的平均分配体现了土地的社会保障功能。绝大部分中国农村没有现金形式的社会保障，土地因此是一种廉价而稳定的保险工具，可以保证农户的基本生存以及在失业时有基本的就业机会。因此，均分土地可以看作村民们分摊收入和事业风险的一种方法，符合康芒斯的合理性原则。

如果仅仅研究制度与经济的关系，那么以经济效率作为评价制度优劣的指标是无可厚非的。但是，新制度学派往往不能仅止于此，而是将经济效率作为在实证层面上研究制度存在的唯一理由，如此一来，每当他们观察到不符合经济效率的制度时都会感到吃惊。康芒斯告诉我们，不符合经济效率的制度可能是各种集体行动之间妥协形成的一种"可操作的"合理制度。他批评了那些对集体行动持怀疑态度的观点：

> 现代经济学对集体行动有一种恐惧感，无论它是来自政府、商界，还是来自工会。所有形式的集体行动都被贬斥为直接导致某种形式的独裁。但是当集体行动在现实中出现的时候，我们总是可以研究它们在实现真实和平等的个人自由方面是否比它们所替代的集体行动更有效。[1]

康芒斯的这种合理性原则为制度的实证研究指明了方向，同时也为制度的规范评价提供了一个参照。但是，对多数老制度学者来说，对制度优劣的比较是不可能的。在这个方面，他们更愿意接受进化的思想，将制度看作一种进化的必然结果。但是，如果我们相信社会是可以改造和设计的，则对制度绩效的评价就仍然是必要的。在这方面，学术界仍然有两种不同的取向。一种取向是将现存制度和一个理想的状态进行比较，另一种取向是仅仅比较现存制度之间的优劣。主

---

[1] 转引自 Rutherford [1996]：第146页。

流经济学往往采用前一种取向,而新制度学派则更愿意采用后一种取向。新制度学派的代表人物之一德姆塞茨说:

> 目前流行于公共政策经济学里的观点所暗含的是,相关选择是在一个理想的状态和现存的"不完美的"的制度安排之间进行的。这种堂而皇之的取向和比较制度的取向有很大的不同,后者所认定的相关选择是在不同的真实制度安排之间进行的。[1]

这种观点虽然不排除政府在制度选择方面的设计和参与,但它对制度设计持一般性的怀疑态度。这种怀疑态度无须和哈耶克的自发秩序相关联,而是产生于新制度学者对主流的"书本经济学"的排斥。在"书本经济学"里,世界被描述为一个没有交易成本的"无摩擦"世界,因此没有给制度研究留下任何空间。新制度学者所反对的正是这点,科斯一再强调"科斯定理"的意义在于说明制度的重要性,也是因为这个原因。一个自然的逻辑推论因此是,既然现实不可能是完美的,将现实和一个理想的状态进行比较也就是没有意义的。

但是,德姆塞茨可能过分地夸大了比较制度分析和主流经济学的差别。一个问题是,即使是仅仅比较现存的制度,我们也不能不使用一个评价标准,而只有在一个完美的状态下所得到的标准才具有普适性,对现存制度的比较在很大程度上是对它们接近这个标准的程度的比较。

---

[1] 转引自 Rutherford [1996]:第160页。

04
解释的方法

一般而言,老制度学派的早期代表人物在方法论上都是以反对新古典经济学的面目出现的。凡勃伦认为新古典经济学将人看作"愉快和痛苦的闪电式的计算器",因此它只能在给定的制度环境中推导出人对具体物质条件的反应,而无法告诉我们制度是如何演进的。要研究制度变迁的过程,我们必须使用历史的方法,这就要求我们放弃模型化的企图,代之以经验的方法。凡勃伦强调,制度是一系列"累积性的因果关系"所演化出来的结果,这些因果关系和理性选择的关系不大,而与习惯以及外界条件的改变有关。他说:

> 文化的增长是一个习惯性的积累过程,它所采纳的途径和方式是人类对外在力量的既具跳跃性又具累积性,同时有时又在累积性的过程中具有一致性的变化的习惯性反应。之所以说是跳跃性的,是因为每个变化生成一种新的状态,后者又在习惯性的反应中引致新的变化;之所以

> 说是累积性的，是因为每个新的状态只是在过去的状态基础上的变化，并同时成为导致未来状态的原因；之所以说是一致性的，是因为人类的本性……（在变化的过程中）基本上没有改变。[1]

凡勃伦认为文化是累积性因果关系的演化结果这一观点无疑是正确的，但他对理性选择的排斥和对人类习惯的依赖却使得他无法构造一个关于制度演化的可操作的理论。在这方面，康芒斯有所不同。他虽然也对新古典经济学的理性人假设以及由此而产生的理论表示怀疑，但他并没有完全放弃建立理论的努力。他想做的是将制度，特别是以群体或国家强制为基础的集体行动引入经济学分析，从而对人的集体行为给出更符合实际的解释。老制度学派被经常批评为没有理论。就不使用新古典经济学的方法这一点而言，这一批评是合理的。但是，如果它笼统地指称老制度学派没有任何理论，则它至少对康芒斯是不适用的。康芒斯认为，一个理论是"一个由分析、原创和洞见组成的复杂体系，它是主动的思想的产物，目的是理解、预测和控制未来"。"分析将复杂的事物分解为关于行为的相似性，然后为每种相似性提供一个称谓，这个称谓应该是可以由经验观察所检验的科学规律。原创发现可以解释目前的情形，那是和过去的变化直接相关的。洞见理解领导和跟随的方式。"[2] 由于这种观点，康芒斯创造了一系

---

[1] 转引自 Rutherford [1996]：第10页。
[2] 同上引，第14页。

列用以解释制度及其变化的概念，每个概念确定一定的规律。在今天看来，这样的研究至多提供了一个研究框架，而缺少一定的因果关系，但是，康芒斯试图建立理论的功绩是无法抹杀的。在制度的经验研究方面，康芒斯首创了以面谈为基础的调查方式，他试图通过这些面谈了解制度变迁的微观机制。不仅如此，他还积极参与工会的活动，并由此积累必要的研究素材。

新制度学派和老制度学派的最大不同是新制度学派认同新古典的研究方法，虽然许多新制度学者对完全理性持怀疑态度，但他们都试图建立一个具有因果关系的解释体系。在这一点上，新制度学派优于老制度学派。但是，在使用数理方法方面，新制度学派当中有描述性和数理模型化的两种人，前者包括这一学派的几个核心人物，如科斯、诺斯和威廉姆森等人，后者则包括属于主流经济学并且自己未必自认为是新制度学派的人，如哈特、马斯金等。科斯一再强调经验研究的重要性。他说："一个有灵感的理论家可能在没有经验研究的前提下做出好的理论，但我的感觉是，灵感最可能通过在系统的资料收集过程中发现的规律、疑问和反常现象所提供的刺激中得到。"[1] 他并不反对正式的数理模型，但认为必须等到我们将影响真实世界的所有因素研究透彻之后，数理模型才有真正的价值。科斯的这些观点使得他在这方面更接近老制度学派。同时，由于两个学派都试图解释制度对

---

1 Coase, Ronald [1995], *Essays on Economics and Economists*, 第37页。The University of Chicago Press, Chicago.

经济的影响，特别是制度在历史过程中的演进，它们因此都脱离了主流经济学严格的数理模型的传统。它们之间的差别在于新制度学派接受了新古典经济学的理性人假设，并在此基础上构筑具有一定解释和预测能力的模型，而老制度学派则摒弃理性人假设，从而无法构造任何具有预测能力的理论。一个简单而统一的基本假设使得理论与经验的积累有了可能，并可以通过教学代代相传。

任何科学研究都必须在抽象与现实之间取得平衡。自然科学的长处是可以进行可控实验，因此经验研究和理论研究基本是一致的（物理学可能除外）。社会科学无法进行可控实验，从而给不同的理论留下了空间，同时，社会现实的复杂性也不允许存在一个万能的理论。新、老制度学派强调经验研究无疑是正确的，但由此而排斥数理模型却是没有必要的，因为每一个数理模型只需，也只能解释社会现实的一个侧面，我们无需等到穷尽所有经验材料之后，才看见一个宏大理论的出现。这里的关键不是要不要数理模型，而是怎样做数理模型。主流经济学模型的弱点在于它的非历史性，表现在制度研究上就是试图基于赤裸裸的理性解释任何制度的出现和演进。有志于对制度的数理研究的学者应该接受新、老制度学家的告诫，将模型置于一定的历史背景之中，这样才能增加模型的解释能力和可信性。

05 小结

从以上的对比我们可以看到，新、老制度学派在一些方面具有显著的共性，并与主流经济学相区别。比如，它们都关心制度的演进，试图将制度引进到对经济系统的研究中来；它们都或多或少地反对主流经济学的理性人假设；它们也都相信制度的可设计性和设计的现实性。同时，新、老制度学派的差别也是明显的。新制度学派的研究方法更趋向于新古典主义，更试图建立具有解释和预测双重能力的理论，而老制度学派对新古典主义始终持批评态度，更注重理论的描述功能，而不注重理论的预测功能（这使得老制度学派的理论更像一个分析框架，而不是真正意义上的理论）。由于注重理论的预测能力，新制度学派的理论更倾向于非历史性；而由于注重理论的描述性，老制度学派更可能反映历史的真实。同时，老制度学派更重视制度变迁的过程，由此使它更接近社会学和政治学的研究方法。尽管重视制度变迁的过程是一个值得重新加以发扬光大的学术取向，但是，方法上的偏颇使得老制度学派在主流经济学中被边缘化了。另一方面，新制度学派由于不重视制度变迁的过程而使它的有关制度变迁的理论黑箱化，这是它的一些预测（如效率假说）显得脱离实际的主要原因。最后，新制度学派坚持制度研究中单一的效率指标，而老制度学派则不设定评判制度的指标。

由此可见，老制度学派对问题的认定上比新制度学派更接近现实，而新制度学派则在方法上更胜老制度学派一筹。因此，一个发展方向是将老制度学派的问题和新制度学派以及主流经济学的方法结合起来，并由此形成新的分析范式。本书的后四章既是我站在新、老制度学派的结合点上和诺斯展开的一场学术对话，又是我在探索一种新的分析范式方面的一个尝试。

接下来的第九章将讨论所有权和经济绩效的关系。我将试图说明，所有权并不是像诺斯所说的那样，是经济增长的充分条件；其他一些条件一样，甚至更重要。第十章讨论制度变迁的过程以及如何将它纳入规范的经济学研究领域的问题，由此引出我自己的社会选择方法和新政治经济学派的博弈论方法。第十一章讨论制度绩效的多样性及其对制度的实证研究的意义。第十二章总结全书。

第九章

制度是经济发展的充分条件吗

> 我们都知道关于太阳和风的童话。……当然，地理环境只是起作用的因素之一。
>
> ——兰德斯：《国富国穷》[1]

前面的章节对新制度经济学的代表人物诺斯的学说进行了对话式介绍。从本章开始的三章里，我将对新制度经济学的理论进行系统评论，同时也引出新政治经济学派在方法上对新制度经济学的改进。本章讨论制度，特别是所有权对经济发展的充分性问题，接下来的两章分别讨论制度变迁的过程和制度绩效的多样性。

---

1 Landes, David [1998], *The Wealth and Poverty of Nations: Why Some Are So Rich and Some So Poor?* W. W. Norton & Company Ltd., London.

新制度经济学和新政治经济学的基本出发点是一致的，即制度是经济发展的根本原因。诺斯一贯所秉持的观点是：所有权的建立是经济发展的充分条件。在《西方世界的兴起》一书中，他和托马斯的核心思想是，产权的确立是欧洲开始现代经济增长的充分条件。在接下来的《经济史的结构与变迁》一书中，他更将产权分析范式引入对历史上世界经济增长原因的分析。他认为，私有产权的建立是产生第一次经济革命的原因，而各种帝国的兴衰都与国家对私有产权的保护程度相关联。

私有产权果然有如此奇妙的功效吗？马克思主义者及其空想社会主义的先驱们显然不这么认为；恰恰相反，他们深信，私有权不仅妨碍社会生产力的进步，而且是万恶之源。然而，随着苏东社会主义实验的失败以及席卷全球的私有化和转型浪潮的袭来，多数人已经接受了这样的一个判断：某种形式的私有产权是经济增长不可缺少的条件。但是，私有产权是否像诺斯所认为的那样是经济发展的充分条件？国际经验给这个问题提供了一个否定回答。

最明显的例子可能莫过于右翼军人势力执政时期的南美国家。在那里，政府的经济政策完全符合新古典经济理论的要求，但这些国家在军人执政的二十世纪八十年代无一例外地到了濒临破产的边缘；即使是经济表现较好的智利，由于政治动荡，其经济也无法持续地保持繁荣。另一个例子是印度。印度的政治是民主的，虽然其经济中社会主义的色彩较浓，但国家法律对私有产权的保护是不容置疑的；然而，它的增长表现远不及长期实行公有制的中国。更温和的例子是英国在第二次世界大战之后不可挽回的衰落。英国从十八世纪中叶到二十世纪引领世界发展一个半世纪，但第二次世界大战之后，英国在世界经济中的地位一降再降，现在已经到了无足轻重的地步。如果说诺斯关于所有权的建立导致经济增长这一理论被英国早期历史所验证的话，那么，英国后期的增长表现则是对这个理论的否定。

另一方面，在一些经济发展迅速的国家或地区，如日本、韩国和中国台湾地区，政府并没有止于仅仅保护私有产权，也没有完全采用阿西莫格鲁和罗宾逊所说的包容性制度，而是积极地干预经济运作，通过产业政策人为制造"租金"，已然成为当代后发经济赶超发达国家的典范。虽然诺斯关于制度变迁的思想变化很大，但他关于产权导致经济增长的思想始终未变。在这里，诺斯所奉行的仍然是新古典经济学的标准思想——国家的角色仅仅是一个保护私有财产的守夜人而已。只要做到了这一点，经济增长就是自然而然的事情了，剩下的问题就是研究如何使国家的角色变成一个单纯的守夜人。阿西莫格鲁和罗宾逊把所有权拓展到制度，但仍然坚信存在一组最优的包容性制度，没有它们就不可能有经济增长。

本章的任务就是对这种观点进行反思和批判。在第一节里，我将首先讨论所有权的非生产性质。所有权首先界定了公民之间禀赋分配，其生产性质在很大程度上是派生的。理解了这一点，我们就不难理解所有权不一定自动地导致经济增长这个道理。第二节通过对一个例子的分析对此进行讨论，重点要说明，在缺乏竞争的情况下，有些所有权反倒会妨碍经济增长。第三节转向介绍奥尔森的利益集团理论，这个理论也是关于制度与经济增长的关系的，但它的视角和诺斯的所有权理论不同。奥尔森在理论和经验两个层次上证明，分利集团的活动程度是导致战后发达国家之间经济表现差距的主要因素。接下来的第四节讨论规模经济对经济增长的影响。我将首先介绍古典增长理论，并说明它与制度理论的相容关系。然后，我将重点介绍古典发展经济学和新增长理论中关于规模经济导致多重均衡的思想，这个思想的核心是，多重均衡的存在要求政府在经济运行中扮演一个主动的角色，以使得经济向着更有利于经济发展的均衡方向发展。第五节则在此基础上详细讨论国家和经济发展的关系，着重介绍学术界对"东亚奇迹"的不同解释。第六节提出并探讨制度在长期历史中的无关性问题。第七节对全章做一个小结。

01

所有权的性质

"所有权就是盗窃!"[1] 蒲鲁东在十九世纪初的名言石破天惊。在他之前,洛克却将所有权描述为与平等、自由一样的天赋权利,神圣不可侵犯。[2] 空想社会主义者如欧文和傅立叶等人带着道义的责任感进行了数番失败的共产主义社区实验;马克思从前人的理论中汲取养分,建立了以所有权为核心的剥削理论,其影响至今不衰。马克思之后,所有权成为革命与反革命较量的核心,由于其与政治的关联,人们在很长一段时间内难以以一种平常的学术眼光看待它。这种现象直到二十世纪六十年代末以阿尔钦和德姆塞茨为代表的产权学派的兴起才告一段落。

---

1 蒲鲁东[1997]:《什么是所有权?》,第38页;孙署冰译,商务印书馆,北京。
2 约翰·洛克[1964]:《政府论》,叶启芳译,商务印书馆,北京。

德姆塞茨避开产权的道义属性，而只分析它的经济功能。[1]他认为，产权的经济功能是使社会成本和收益等于私人成本和收益；换言之，产权的功能是内化外部性。诺斯关于产权与经济增长的关系的理论就是围绕着这个论点展开的，我们在前面各章中对此已多有涉及，这里不再赘述。我在这里要着重讨论的，是产权的多面性问题。

然而，阿尔钦和德姆塞茨关于产权内化外部性的说法只说出了产权性质的一个方面，即生产方面，而忽视了它的另一个方面，即分配方面。如果我们考察产权的产生过程，我们就不得不承认，产权起源于人们对利益的追逐，而不是对效率的关心。即使是在动物世界中也有产权概念，就连一只小鸟也会保护自己的领地。在远古时代，刚刚脱离了动物界的人类对于产权的理解大概不会和动物的理解相去太远。那么，人类是否在长期的进化过程中逐步意识到了产权的生产功能，从而像诺斯所描述，有意识地以有效的产权替代无效的产权呢？历史的事实告诉我们，产权的建立和更迭往往是人们为利益争斗的结果，而不是为效率的目的而有意识地的作为。一种有效的产权安排往往具有公共品的性质，因此，在它的建立过程中就会产生搭便车问题，以追逐私利为目的的个体行为就不大可能产生有效的产权安排。

我们无需像蒲鲁东那样大声疾呼："所有权就是盗窃！"甚至无需接受马克思的剥削理论，但必须意识到的是，所有权首先体现的

---

1 Demsetz, Harold [1967], "Toward a Theory of Property Rights," *American Economic Review*, Vol. 57: 347-359.

是经济利益的分配。继承康芒斯的传统，布罗姆利分析了由所有权所体现的人与人之间的经济关系。[1] 一个人拥有对某件物品的所有权，并不是体现在他与这件物品的关系上，而是体现在他与周围人的关系上。他拥有所有权，意味着他可以按照他的意愿处置这件物品，而其他人必须尊重他的选择。用康芒斯的话来说，就是他拥有权利，而其他人负有尊重他的权利的义务。所谓所有权，即是由国家划分的权利与义务的一张网中的一个格子。理解了这一点，就会产生以下几方面的意义。

第一，自然的所有权是不存在的，至少在现代社会，任何所有权都需要国家强力的定义和保护。正如萨谬尔斯所指出的，即使是在那些看似国家无所作为的例子里，国家也在保护某种产权，即现存的产权。因此，那些认为国家退出才能使产权发挥效力的说法是无法站得住脚的。其次，既然产权是由国家定义的，讨论产权结构便有了现实意义。我们知道，福利经济学第二定理说明，对于一个特定的帕累托最优状态，产权的分配并不是无关紧要的；相反，为了达到某个特定的帕累托最优状态，在一般情况下我们都必须改变所有权结构。最后，既然所有权是由国家定义的，一个国家的所有权结构就只能是各方利益冲突、谈判以及最后妥协的结果，从而才可能使之与经济表现完全脱钩。

超出经济学的范畴，我们还可以从更广泛的层面来考察所有权的

---

[1] Bromley, Daniel [1989], *Economic Interests and Institutions*, Basil Blackwell, Oxford.

性质。在这方面,卡尔·波兰尼的思想值得我们注意。波兰尼认为,资本主义的两大前提是土地和劳动力的商品化。在中世纪,土地的属性是自然的,而劳动力的价值不是体现在雇佣关系中,而是与人的其他属性一起存在于一定的社会关系之中。资本主义打破了土地的天然属性,并将劳动力从人的其他属性中剥离出来,使两者同时成为市场交换中的商品,其结果是社会纤维遭到破坏,并由此而产生了社会反抗。商品化进程是强制性的,而社会反抗却是自发的。[1] 波兰尼的思想与马克思关于资本主义社会中人的异化是一致的。异化导致人性的分裂,我们因此无法回避由此而引起的人性的紧张以及对经济增长的终极目的的诘问。

---

1 Polanyi, Karl [1944], The *Great Transformation*, Beacon Press, Boston.

02

所有权与经济增长

贯穿诺斯和托马斯1973年的著作以及他自己在1981年的著作的主线是有效的产权制度是经济增长的充分条件。"有效"一词在他们的分析中有同义反复之嫌,因为只有那些在取得了经济增长的国家所观察到的制度才是"有效"的,因此,用"有效的"制度解释经济增长有一定的逻辑上的困难。在具体应用过程中,诺斯试图解决这一困难。在与托马斯合著的著作中,他们说:"除非现存的组织是有效的,否则经济增长不会发生。个人必须被诱导去从事对社会有益的活动;某种可以将社会收益率和个人收益率拉近的机制因此是必需的。"[1] 他们所指的机制即有效的所有权。但是,根据阿尔钦和德姆塞茨的意见,任何所有权都内化外部性,因此都使社会收益率等于个人收益率。因此,一个必然的逻辑结论是:所有权都是有效的,但这不仅与

---

[1] North and Thomas [1973]: 第2页。

现实不符，也与诺斯和托马斯自己的论述不符。让我们来看一下他们对西班牙的分析。

在前面的章节里我们已经看到，诺斯和托马斯认为西班牙落后的原因是它没有建立保护土地所有者的产权，而将游牧权给予了牧羊团。这样一种制度安排是不是没有使社会收益率接近个人收益率呢？从一个角度来看，这种产权安排使牧羊主和土地拥有者共同拥有土地的所有权，或者更直接地，使牧羊主侵害了土地拥有者单独的所有权。此时，对上述问题的答案是肯定的，因为牧羊主不用承担由于游牧而引起的所有社会后果。但是，我们也可以将这种制度安排看作西班牙国王将土地的所有权授予了牧羊主。此时，答案就是否定的了。既然他们拥有对土地的所有权，如何使用土地就是牧羊主自己的事了，他们必须承担游牧的任何后果，无论其好坏。土地"拥有者"之所以还能使用土地进行生产，仅仅是因为牧羊主的土地所有权中存在一定的"公共领域"，即他们因为价值不大而自愿不去执行的部分。[1] 如果我们采纳后一种解释，则我们要问的问题就不是为什么西班牙没有采纳有效的制度安排，而是为什么牧羊主拥有游牧权利没有导致西班牙的经济增长。这并不是一个虚设的问题，因为英国经济增长的最初动力恰恰来自羊毛纺织品的出口，为什么西班牙就没有通过羊毛生产而开始资本主义增长呢？因此，我们要

---

[1] Barsel, Yoram [1989], *Economic Analysis of Property Rights*, Cambridge University Press, Cambridge.

研究的恐怕不仅仅是西班牙的产权安排问题，而且是制约西班牙产生近现代纺织业的所有相关因素。

由以上的例子我们可以看到，内化外部性不足以产生有效的制度安排。当产权被授予一方并使之在国家的保护下成为某一行业的垄断者时，这种产权可能只会阻碍经济增长，而不是相反。比如，对市场进入的限制为已经在市场中的企业确定了一种产权，使得它们能够挣取超额利润。但是，这样的产权安排对经济效率是有害的，因为受保护的企业可以将价格定得较高，同时生产较少的产量，并且因为竞争压力小，它们进行创新的动力也低。其结果是消费者乃至整个经济受到损失。

诺斯过分地强调了产权排他性所带来的好处（比如，一个人可以得到自己的发明所带来的全部收益），而忽视了排他性的负面影响。产权之所以对经济增长有促进作用，不仅是因为它的排他性，而且在于它的竞争性。一个企业如果不能在某一方面领先他人，就会发生倒闭或被他人兼并的危险，竞争因此是促使企业创新的强大压力。同样，一个雇员如果不能经常更新自己的人力资本就会有被解雇或降职的危险，竞争使得他不得不坚持知识和能力的更新。事实上，产权的排他性和竞争性是相互补充的，它们就好像一枚硬币的两面一样无法分开。理解这一点对我们设计中国的国有企业改革大有裨益。对于一个垄断企业来说，即使将它完全私有化也不会对经济增长产生奇迹般的影响；相反，如果没有产权改革，而单指望竞争来解决国营企业的问题也是天真的想法。（参见林毅夫等，1997；张维迎，1999）垄断

者不会有强大的创新动机,而一个充满了公共领域的国营企业是无法进行正常的竞争的。[1]（周其仁,2000）

制度的绩效是多样的,因此,试图定义一个符合单一目标的有效的制度是不切实际的。但是,一个有意义的问题是:为什么一个国家没有采纳能够达到一定目标的制度?这个目标是由我们的研究目的决定的。如果我们关心的是经济增长,则这个目标是国民产出最大化;如果我们关心的是收入分配问题,则它可以变为收入分配的公平性;如果我们关心的是全体人民的福祉,则它就必须包括国民收入、收入分配的公平性、国民教育水平、人均寿命、人均病床数等。通过问题的转换,我们在研究制度变迁时就会少一些疑惑。比如,如果我们用单一的经济增长指标来衡量北欧的福利国家,则它们的制度显然不是最有效的;但是,如果以人民的福祉来衡量,则它们的制度可能是非常有效的。

---

1 关于中国国有企业改革的相关讨论,参见林毅夫、蔡昉、李周[1997]:《充分信息与国有企业改革》,上海人民出版社,上海;张维迎[1999]:《信息经济学与国有企业改革》,北京大学出版社,北京;和周其仁[2000]:《国有企业的性质》,《经济研究》,2000年第12期,第1-10页。

03

奥尔森的利益集团理论

谈到制度与经济增长的关系，我们不能不涉及曼瑟·奥尔森的《国家的兴衰：经济增长、滞涨和社会僵化》一书。在这本书里，奥尔森从另一个角度讨论制度和经济增长的关系，试图应用他关于利益集团的理论去解释各个国家在不同时期的经济表现。[1]

奥尔森将利益集团与经济增长的关系归纳为九点。第一，利益集团之间的讨价还价不可能产生具有共同目标的组织，从而也无法达到最佳的经济增长。第二，稳定的社会容易产生利益集团。第三，小型利益集团更容易组织集体行动，其优势不会因为社会趋于稳定而消失。第四，就平均而言，利益集团以及它们之间的合谋降低经济效率和社会的整体收入水平。第五，泛利组织（encompassing

---

[1] Olson, Mancur [1982], *The Rise and Decline of Nations*, Yale University Press, New Haven and London.

organizations）有使社会更加繁荣的动机，且比较容易关心全社会而不是单个组织的利益。第六，社会中的多数利益集团是为分利而存在的，分利集团的决策过程一般较慢，并趋于拥有过多的目标，且更愿意将各种价格固定下来以便分利的方便。第七，分利集团使社会接受新技术的速度减缓，并使之无法根据条件的变化调整资源配置，因此，分利集团有碍经济增长。第八，分利集团在其发展到一定规模之后趋于排外并限制联盟内部成员的收入差距。第九，分利集团的增加导致国家法律的复杂化，改变社会进化的方向。

前四点说明利益集团的产生及其对经济增长的负面影响，后四点说明分利集团的性质以及它阻碍经济增长的机制。第五点与其他八点有所不同，它对泛利组织的作用做了一定的正面肯定。所谓泛利组织，即在民众中代表度比较广泛的组织。当一个组织的代表度比较高时，它趋于更多地关注社会整体利益，因为社会整体利益在很大程度上也是组织的利益。奥尔森应用以上九种关系解释了战后民主国家在经济增长方面的差异以及一些文明古国陷入停滞的原因。

第二次世界大战之后在民主国家之间的最大差异是英国的衰落和日本的崛起。根据奥尔森的理论，英国的衰落来自它长期稳定的政治环境。在一个长期稳定的社会里，政治组织者在个人利益的驱动下会极力保持一个利益组织的延续性，从而使得这样的社会里较少地观察到组织的解散；相反，利益集团趋于固化并相互进行勾结，以最大限度地从事分馅饼而不是将馅饼做大的集体行动。这是上述九点关系中的第二点和第四点所表明的。同时，第七点预测这些利益集团会努力提高进入门槛，又由于无休止的讨价还价而使得社会对外界条件的变化反应迟钝，从而降低经济的效率。最后，根据第九点，这些利益集团增加了国家的规制、官僚化以及对市场的干预，进一步降低经济效率。这正是英国在其长达几个世纪的政治稳定环境中所发生的事情，其后果是社会在政治上的不可治理性（ungovernance）以及随之而来的在经济上的英国病。政治的不可治理性来自利益集团的分散性和政治谈判的深入性。卡尔·波兰尼在《大转型》一书中试图向人们证明，英国由一个原始的资本主义社会转变为一个福利化的现代资本主义社会的过程是一个自发的过程。在他那里，这个自发过程的推动者是社会本身，因为随着商品经济对自然和人的异化的加深，社会自然地会产生反抗异化、保卫社会的力量。以当代社会科学的眼光来看，波兰尼对社会自主力量的强调是浪漫有余而分析不足的，但其思想和奥尔森的利益集团理论却是一脉相承：正是由于那些在商品化过程中受到伤害的利益集团的集体行动才迫使国家加强对市场的控制。这当然得益于英国十九世纪的民主化进程，因为只有民主才能使各种利益集团具备表达自己意愿并通过集体行动将之付诸实施的能力。但是，长期稳定的政治结构使这些利益集团走向了自己的反面：它们在为自己追求利益的同时阻碍了它们所瓜分的那张饼的尺寸的增长。从这个意义上来看，奥尔森的理论有助于我们抛弃对民主制度的浪漫遐想，现实地面对民主制度的问题。专制制度导致僵化，因为它扼杀了人民的创造力，民主制度也会导致僵化，因为利益集团之间的争夺产生英国式的不可治理性，从而使社会失去应变能力。

那么，如何解释日本在战后的奇迹呢？奥尔森认为，日本在战败之后国家制度的重建是一个关键因素。日本在盟军占领下进行了大刀阔斧的改革，其中之一是解散财阀，从而中断了它们对日本经济的垄断；与此同时，在战后东西方冷战背景下，左翼工人组织也被大大地削弱了。战后日本重新建立的商业组织的泛利性很高，并与政府保持相当紧密的合作关系。因此，根据第五点，日本的经济增长速度应该是较高的。这一结论也适用于战后的西德。西德的工会力量很强大，但其集中度也高，因此是泛利组织。相反，意大利由于受盟军占领的影响较低，其利益集团的发展得以延续下来，而它的经济增长速度也较日本和西德低。

奥尔森的理论对于我们理解苏联和东欧激进改革的失败非常有帮助。在剧变十年之后，当初主张休克疗法的经济学家不得不为自己药方的失效寻找台阶。杰佛瑞·萨克斯在一次会见当时的捷克总理克劳斯时说，东欧改革无法按预定目标实施的原因是东欧的工会势力太强大，是它们阻碍着改革的进程。休克疗法的另一支持者，俄裔经济学家安德鲁·施莱佛也持相同观点。[1] 就事论事，他们的观点应该说是正确的。但是，当萨克斯向克劳斯建议捷克像亚洲新兴工业化国家学习，限制工会势力的作用时，克劳斯的回答很干脆："福利国家是我们欧洲的传统。我们不能堕落到亚洲人的地步！"显然，萨克斯和施莱

---

[1] Shleifer, Andrei and Daniel Treisman [2000], *Without a Map: Political and Economic Reform in Russia*, The MIT Press, Cambridge, MA.

佛的观点不过是在特定场合对奥尔森理论的又一次表述而已。问题在于，一个国家是应该为经济效率而压制民主呢，还是应该为民主而牺牲经济效率？克劳斯的回答表面上表现的是欧洲人的傲慢，其实质是对现实的无奈：民主制度已经绑住了他的手脚，使他奈工会何。

对于一直困扰诺斯的经济停滞问题，奥尔森的理论似乎能够给出一个比较满意的回答。在《国家的兴衰》一书中，奥尔森还分析了中国和印度这样的文明古国之所以陷入停滞的原因。在印度，种姓制度是阻碍它经济持续增长的主要原因。种姓制度不是印度文明所固有的，而是在其发展到顶峰阶段产生的。但是，它不产生于政治等级或人种差别，而是产生于行会。商人们为了保护自己的利益而成立行会，并通过集体行动使国家给予他们垄断权。为了保护其垄断权不致被削弱，行会的一个特点是排斥外来者的进入，这主要是通过世袭以及禁止子女与行会以外的人结婚达到的。同时，为了固化它们的垄断权利，它们有意制造关于自身的神话和教条。这样，种姓制度就形成了。中国古代虽然没有种姓制度，但其行会之发达以及行会与官府勾结之深是每个对历史略知一二的人都知道的事实。这些行会的目的不是如何增加社会产出，而是如何从官府那里得到更多的垄断利益。因此，根据奥尔森提出的第七至第九点关系，像印度和中国这样的国家最终会陷于停滞。

当然，正如诺斯所指出的，奥尔森的利益集团理论在解释那些产生经济增长的国家以及历史上所表现出的变化时力不从心。比如，他无法解释为什么有些国家采纳了导致经济增长的"有效"制度。除了关于泛利集团的第五点而外,他的九点关系都是关于利益集团是如何自我加强并阻碍经济增长的,而没有说明利益集团是如何化解并有时也会达成有利于全社会的协议的。对于本章的目的而言,奥尔森的理论的意义在于,它给出了一个和诺斯的所有权理论所不同的关于制度和经济增长的关系的新理论。在最低层次上,这个理论证明,所有权不是决定一个国家经济表现的唯一要素。

04

规模报酬递增与经济增长

新制度经济学和新政治经济学都认定好的制度是经济增长的根本原因，但主流经济学家仍然关心被诺斯和托马斯称为"增长本身"的经济因素。一些后发国家的经验表明，即使采取了"好的"制度，它们的经济表现也非常不尽人意。比如，独立之后的非洲国家都采取了民主制度，它们的法律和司法体系也基本照搬原先宗主国的模样，但在过去半个世纪的多数时间里，它们在经济方面与发达国家的差距不是缩小了，而是拉大了。这让我们回到经济发展本身的一些因素上来，特别是规模报酬递增带来的经济非线性增长。

主流经济学的一个分支是经济增长理论。早期以梭罗为代表的古典增长理论将人口增长、储蓄、技术进步等因素视为外生给定的，而专注于资本的积累过程。在这样一个简单的模型中，我们很容易讨论这些"外生变量"对经济增长的影响。由于资本报酬在边际上递减，资本积累的必然结果是经济增长速度的降低。一个推论是，给定同一个稳态,[1] 经济起点较低的国家的增长速度较快,从而,具有同一稳态的国家的收入水平将趋同。一个国家稳态(即长期)收入水平的高低取决于前面提到的"外生变量"的大小。这个模型虽然简单,但却较好地解释了像英国这样的先发国家在当代的衰落,同时也较好地解释了像亚洲四小龙这样的后发国家(地区)的快速赶超。

古典增长理论和诺斯的所有权理论在这一点上是一致的,甚至在一定程度上,它是后者的注脚。古典增长理论强调储蓄、投资、技术进步和人口增长在决定一个国家稳态中的重要作用,而诺斯想说明的恰恰是,只要有一个好的所有权制度,较高的储蓄和投资水平、快速的技术进步以及较低的人口增长率就是自然而然的事情,所有国家因此最终将收敛到同样的收入水平。这里的主要原因是,古典增长理论的特点是经济增长的收敛和均衡具有唯一性,因此,只要有一个好的制度,那些决定均衡的外生因素在各个国家之间就会趋同,从而导致各个国家最终经济表现的趋同。

但是,现实经济中广泛存在规模经济,规模经济导致外部性和多重均衡。这是流行于1950年代的经典发展理论的经济学家们早已注意到的问题。在1980年代后期,以罗默等人为代表的新增长理论将规模经济引入正式的模型分析,并试图将技术进步等因素内生化。新增长理论强调知识积累在技术进步中的作用。知识积累具有自我加强的加

---

[1] 稳态指的是经济的状态变量如资本积累和收入增长达到稳定的正增长或零速度的状态。它是描述动态均衡的一个概念。

速性质，它一旦启动就会形成规模报酬递增的格局。规模经济导致市场本身不能消解的直接和间接的外部性，因此，知识的供给（往往存在于资本积累过程中）会低于社会最优水平。一个可能的后果是，在所有条件不变的情况下，经济的长期增长可能存在两个均衡的稳态，一个意味着较高的经济发展水平，一个意味着较低的经济发展水平。为了理解这一点，让我们先来看一下产生外部性的机制。

资本积累具有直接和间接外部性。直接外部性指的是企业之间的学习效应和网络效应。当一个经济中的企业个数增加的时候，不仅仅意味着社会增加了那些新增企业的产值，而且意味着原有企业有了更多的学习机会，从而提高它们的生产率。因此，企业数的增加具有正的外部性，尽管每个企业本身的生产不具有规模经济，整个经济却呈现出规模经济。这种可以称为"外溢效应"的外部性不能被所有权所内化，因为它们往往是无法定义的，并可能包容在形形色色的载体中。比如，一个外资企业进入一个地区，它的生产技术可能是保密的，但是，它的管理经验却很容易通过人员的流动或日常的观察为其他企业所获得。特别地，作为技术基石的科学知识完全被置于公共领域之中，同时也基本上是在政府资助下完成其积累的。原因在于，对科学知识建立产权不仅不会增加科学知识的创新，而是会阻碍它的创新。试想，如果科学家都不公开发表他们的科学论文，他们怎么知道什么问题是重要的，什么问题已经解决了呢？

间接外部性产生于单个企业所具有的规模报酬递增。规模收益的存在要求单个企业达到一定的规模才会赢利，因此，只有当对该企业的市场需求达到一定的规模时，建立这个企业才是有利可图的。此时，企业数的增加不仅仅是一家企业的事情，而且会因为提高社会的收入而增加需求，从而增加其他企业的收益。这种外溢效应不是直接提高其他企业的生产效率，而是通过市场而传导给其他企业，我们因此称它为"间接外部性"。[1]

了解了产生外部性的机制之后，让我们以早期的两个经济发展理论来说明规模经济是如何导致多重均衡的。第一个是罗森斯坦-罗丹的著名的"大推进"（Big Push）理论，[2] 这个理论后来被施莱佛等人在1980年代末用数学模型正式表达出来。[3] 在这个理论中，现代工业由于巨大的初始投资而具有规模经济，因此只有当它的产量达到一定规模之后才会有正的收益。但是，对于一个以农业为起点的经济，由于收入水平的限制，它对现代工业品的需求达不到现代工业所需要的规模，如果经济中只有少数的几个现代企业，整个经济的需求不足，因此它们都不能赢利；这样的话，现代工业从一开始就不会产生。相反，如果许多现代工业企业同时出现，则整个经济的收入水平就会大幅度提高，从而使得每个现代企业都有利可图。因此，在所有条件不

---

[1] 按照外部性的本来定义，它指的是一方对另一方（或多方）无须经市场传导而实现的直接影响。

[2] Rosenstein-Rodan, P. [1943], "Problems of Industrialization in Eastern and South-Eastern Europe," *Economic Journal*, 53: 466-489.

[3] Murphy, Kevin, Andrei Shleifer, and Robert Vishny [1989], "The Big Push," *Journal of Political Economy*, 104(3): 537-564. 这篇文章被克鲁格曼认为是流行于1950年代以规模报酬递增为特征的经典发展经济学理论的复兴之作。

变的情况下，经济中出现两个可能的均衡，一个有发展，一个没有发展。经济起飞所缺少的不是资本，而是各个现代企业之间的协调。此时，国家仅仅定义并执行有效的产权是不够的；要实现经济起飞，国家还要扮演一个协调人的角色。

第二个理论是赫胥曼提出的纵向联系理论。[1] 根据这个理论，一些必要的中间投入品行业具有规模经济，这样的行业包括交通、能源和原材料生产等。只有当它们的下游企业具有一定的规模时，这些行业才能达到赢利规模。由于这种纵向传导机制，整个经济呈现出规模报酬递增的性质。和"大推进"理论一样，经济中会出现一高、一低两个均衡。政府的任务因此是如何制定一定的政策，诱导经济向高水平均衡发展。

规模经济的引入也改变了以李嘉图的比较优势学说为代表的贸易分工理论。根据比较优势学说，一个国家应该更多地生产那些更为密集地使用本国相对成本较低的要素的产品。比如，A、B两国都可以用资本和劳动力生产玩具和汽车，A国的劳动力相对于资本的价格比B国的低，因此A国应该更多地，或更专于生产消耗劳动力较多的玩具，而B国应该更多地，或更专于生产密集使用资本的汽车。但是，比较优势学说无法解释为什么两个要素禀赋基本一样的国家（如两个发达国家）之间还会有贸易这样的现象，同时也无法解释为什么像韩

---

1 Hirschman, A. [1958], *The Strategy of Economic Development*, Yale University Press, New Heaven.

国这样在发展初期缺少资本的国家能在较早的时候就开始成功地生产汽车和芯片。在理论上，这个学说依赖两个基本假设：生产具有不变规模经济，以及两种产品都使用资本和劳动力。如果这两个假设之一不成立，则这个学说也不成立。[1]

克鲁格曼在发表于1987年的一篇文章中讨论了规模经济和贸易分工的关系。[2] 由于规模经济产生学习和纵向联系效应，因此只有当现代工业里已经有足够多的企业时，设置现代企业才可能赢利。由于这个原因，一个经济可能因为现代工业的起点的不同而出现两个均衡，一个是它专于生产劳动密集型产品的传统工业，一个是它专于生产资本密集型产品的现代工业，而两种情况下她的劳动力和资本的禀赋并没有变化。因此，要素禀赋不是决定一个国家贸易分工的条件，而决定一个国家起点的条件（包括偶然因素）却是重要的。

克鲁格曼的新贸易理论的一个推论是，现代工业的规模经济可能导致一个发展中国家长期无法产生现代工业，因此陷于出口低级产品的"贸易陷阱"中。事实上，流行于1950年代的经典发展经济学理论早已注意到了这个问题，产生了以佩里毕什（Raul Prebisch）

---

[1] 参见杨小凯、张永生 [2001]，当产品数目超过两个的时候，比较优势学说只能以较弱的形式存在，在一定的条件下，一个国家甚至可能出口使用较稀缺要素的产品，出现所谓的"要素倒转"现象。

[2] 参见Krugman, Paul [1987], "The Narrow Moving Band, the Dutch Disease, and the Competitiveness Consequences of Mrs. Thatcher," *Journal of Development Economics*, 27: 41-55.

等人为代表的依附理论。[1] 这个理论在当时被广泛接受，其结果是，多数发展中国家采取了进口替代的贸易政策，通过高关税来保护本国的幼稚工业。但是，这种内向的发展政策没有能够解决国内现代工业的市场问题，因此往往陷入失败，并逐渐被主流经济学所放弃，同时放弃的也包括经典发展经济学本身，后者直到1980年代后期新增长理论和新贸易理论出现之后才又重新活跃起来。[2]

新古典增长理论预测世界经济会发生有限收敛，即制度、偏好和政策相近的国家的增长速度和人均收入都将趋同。新增长理论则预测世界经济会发生发散，进入增长状态的国家会持续增长下去，而那些没有起飞的国家则会陷入停滞。就目前的经验研究成果而言，支持有限收敛的例子多一些。比如，在OECD国家中存在很强的收敛倾向，即起点较低的国家具有较高的增长速度，并最终赶上起点较高国家。扩容之后的欧共体也有类似的现象，在一段时间里，那些成功加入欧

---

[1] 参见 United Nations [1950], *The Economic Development of Latin America and Its Principal Problems*. United Nations, New York.

[2] 参见 Krugman, Paul [1995], *Development, Geography, and Economic Theory*, The MIT Press, Cambridge, MA 和 Ros, Jaime [2000], *Development Theory and the Economics of Growth*, The Michigan University Press, Ann Arbor, MI. 克鲁格曼对经典发展经济学在1960年代之后的衰落的解释有所不同。他认为，经典发展经济学的衰落不是因为它在政策上的失败，而是因为它的代表人物没有描述规模经济的恰当数学模型，因此无法通过课堂进行传授。这种说法有一定的道理。但是，后来解决规模经济问题的垄断竞争模型早已出现，只是缺少数学表达而已。如果仅仅是因为数学问题，相信有人会找到解决办法。德布鲁发表于1950年代的《价值理论》所使用的数学直到今天仍然在经济学中处于领先地位，而目前流行的垄断竞争模型所使用的数学还达不到这本书的水平。

共体的东欧国家保持了比西欧国家更快的增长速度,其收入水平也快速接近西欧的水平。但是,人们也同时观察到,发达国家和多数发展中国家的差距在过去100年间不是缩小了,而是扩大了。[1]因此,目前尚不清楚到底是新古典增长理论还是新增长理论更正确。但是,有一点是可以肯定的,即新增长理论和发展理论的复兴丰富了我们对经济运行以及政府在经济发展中作用的理解。

---

1 参见本书第316页注1,Ros [2000]:第1章。

05

国家与经济发展

由上一节的讨论所引出的一个话题是国家和经济发展的关系。自从经典发展经济学在1960年代被新古典经济学所取代之后，对发展中国家的标准政策建议是"理顺价格"（get prices right），减少国家干预。新古典经济学者认为，发展中国家没有什么特殊性，因此，新古典经济学的理论同样适用于发展中国家。T. W. 舒尔茨是这些学者中最具代表性的一位。在于1964年出版的《改造传统农业》一书中，[1] 他引用人类学者的田野调查资料证明，发展中国家的农民和发达国家的农民一样，同样具有经济理性，因此新古典理论对他们同样适用。同时，舒尔茨还着力批评了刘易斯的剩余劳动力理论。根据刘易斯的定义，剩余劳动力是那些边际产出为零的劳动力；因此，在一个存在剩余劳动

---

[1] Shultz, Theodore [1964], *Transforming Traditional Agriculture*, University of Chicago Press, Chicago, IL.

力的经济中增加劳动力供给不会增加产量。舒尔茨引用人类学者的资料证明，即使是在发展中国家的农村，劳动力的配置也是由劳动力市场的工资决定的，因此决不会出现劳动力的边际产出低于工资的情况。农村中有许多的非农就业机会，当一个人在农业里的边际产出低于工资时，他就会去寻找非农工作。

由于新古典理论的勃兴，宏观发展经济学到了1970年代已经基本上瓦解了，有人甚至宣布"发展经济学的死亡"。继续在发展经济学领域从事研究的人基本上从事微观层次的研究，而他们的方法也是新古典的。但是，1970和1980年代日本、新加坡、韩国和中国台湾地区在经济上的迅速崛起重新点燃了发展经济学者的热情。人们惊奇地发现，这些经济体所实行的政策和新古典原则完全相反。新古典理论的第一要义是"理顺价格"，而这些经济体则是"有意扭曲价格"，[1] 通过关税、国内税收政策和定向补贴等措施引导私人投资，从而在较短的时间内发展起来了一些关键性行业。新古典理论反对国家对经济的干预，而这些经济体的政府却都积极地参与经济的实际运作。在日本和韩国，政府直接指示私人资本的投向，韩国政府对经济的参与尤其深入。在中国台湾地区，全岛对经济的干预则是通过建立地区公有企业来实现的。自由贸易是新古典理论的一块基石，关税被认为会产生无谓的效率损失。但是，中国台湾地区和韩国对本国市场实行严格的保

---

[1] 参见 Amsden, Alice [1989]. *Asia's Next Giant: South Korea and Late Industrialization*. Oxford University Press, New York.

护，在它们的发展初期也实行了一段时间的进口替代政策。

东亚的成功促使学者们对发展理论进行重新认识，其中一个重要的成果是世界银行于1993年出版的《东亚的奇迹》一书。[1] 这本书首先提出了"发展主义国家"（"the developmental state"）的概念，用于指称像东亚各经济体那样志在赶超的政府。但是，够得上发展主义的政府不止东亚有，拉美国家、印度以及社会主义阵营里的各个国家都可以称得上是发展主义的，为什么只有东亚实现了迅速的赶超呢？在文献中，以下观点经常被提及。

第一种观点认为，东亚的成功是由于这些经济体实行了经济的出口导向政策。对于一个后发国家而言，由于收入水平低，对工业品的需求不足，因此只依靠国内市场无法进行快速的资本积累。出口则利用了世界市场，因此克服了国内市场狭窄的问题。《东亚的奇迹》一书基本持这种观点。有些人走得更远，认为东亚的成功是自由贸易和古典理论的胜利，因为这些经济体对经济的保护很少。这样的观点集中反映在所谓的"华盛顿共识"里，这个名词专指总部在华盛顿的世界银行和国际货币基金组织所秉持的自由经济观点，同时也暗含着美国政府的观点。这两个国际机构通过对它们的贷款的附加条件在世界各国积极推行自由经济政策。尤其是国际货币基金组织，它对许多国家的贷款附加结构调整项目，要求借贷国在短期内实现宏观经济的稳定（主要是遏止通货膨胀）、削减政府开支、减少或取消政府的各种

---

[1] World Bank [1993]. *The East Asian Miracle*. Oxford University Press, New York.

补贴、实现汇率自由化、开放市场、开放资本账户，等等。在这些要求中，有一些有利于发展中国家的长远发展（如遏止通货膨胀、减少政府补贴等），但是，开放市场，特别是金融市场却不一定对发展中国家有利，发生于1997年的亚洲金融危机就是一个很好的例子。

第二种经常出现的观点是，东亚具有独特的、有利于经济发展的文化，别的国家无法学到。[1] 但是，这种文化论的观点多少有一些事后合理化的嫌疑。韦伯在二十世纪初写了《新教伦理与资本主义精神》，认为新教伦理鼓励工作，因此有利于经济发展，而东亚的成功恰恰证明他的理论是有问题的，至少，新教伦理并具有独特之处。但是，反其道而行之，说儒家文化具有别的文化所没有的独特之处同样是有问题的。文化论的要害在于它无法被证伪，因为我们在任何文化中都能找到鼓励工作和勤俭的因素，文化论因此变成了哪里都可以抹的万金油。

第三种观点认为东亚各经济体的成功得益于有利的国际环境。日本在战后的迅速崛起被认为是沾了朝鲜战争和越南战争的光，因为这个时期日本为美国军队提供了主要的后勤服务。但是，这种观点忽视了日本早在战前就已经具备了相当的工业基础，更为重要的是，日本的国民教育水平普遍很高，它因此拥有一支高素质的劳动大军。对于经济增长而言，人力资本比物质资本更重要，因为有了前者，后者是

---

[1] 在笔者所参加的一个世界银行举办的小型研讨会上，一位来自韩国的教授就持这种观点，他慷慨激昂地指称："韩国的经验是独特的，别的国家学不了。"

可以被创造出来的。因此，日本虽然在战争中的物质损失惨重，人力资本却较完好地保存下来了，这是它能够在战后短短三十年间成为美国的强大竞争对手的根本原因。

中国台湾地区和韩国的情况有所不同，它们的确得益于美国对它们的贸易保护政策的宽容。出于"冷战"的需要，美国极力拉拢这两个处于"反共前哨"的政权，因此对它们的保护政策视而不见，同时又对它们开放自己的市场。另一个原因是，这两个经济体的规模在当时尚小，不足以吸引美国的出口，因此它们的保护政策无伤美国大体。从这个意义上说，中国台湾地区和韩国所实行的单边出口政策在目前已经不适用了；在WTO的框架下，开放必须是对等的，一个国家不可能在保护本国市场的同时又要求别的国家开放市场。在这种情况下，发展中国家必须寻找替代的资本积累方式。一个可取的方向是吸引外国资本的直接投资，以补充国内资本的不足。

最后一种观点认为东亚各经济体拥有很好的政府—私人部门关系以及一致性很高的关于赶超的认同感。[1]的确，东亚拥有融洽的政府—私人关系。一位在新加坡教书的美国朋友在评价新加坡的体制时说："新加坡有一个精于管理的政府和一群愿意被管理的人民。"这种融洽的关系当然和儒家文化中尊重权威的因素有关，但别的文化中也可能

---

1 参见 Hayami, Yujiro and Aoki, Masahiko, eds. [1998], *The Institutional Foundations of East Asian Economic Development*, St. Martin's Press, New York 和 Hayami, Yujiro [1997], *Development Economics: From the Poverty to the Wealth of Nations*, Oxford University Press and Clarendon Press, Oxford.

具有达到这种融洽关系的因素，只不过其表现形式不一定是对权威的尊重而已（比如德国传统中对法律和秩序的尊重可能是导致德国比其他西方国家更认同国家的原因）。同时，文化也不是唯一的原因。涑水佑次郎认为，[1] 导致东亚各经济体成功的一个关键因素是它们具有很高的对于赶超的一致性认同，这种认同降低了社会中的无效摩擦和效率损失，有利于政府和私人部门达成共识，政府的经济政策因此能够在低成本的情况下得到实施。这些经济体所实行的经济政策带有很大的扭曲性，如果没有对经济发展的认同感，这些政策极容易导致寻租行为，从而陷入前面所讨论的奥尔森的分利集团陷阱里。

那么，一致性的认同感从何而来呢？涑水认为，就日本、韩国而言，这来自一个危机感。日本在十九世纪和二十世纪初受西方列强的欺负，因此和中国一样具有强烈的民族自强意识，二次世界大战之后战败的事实更是加强了这种意识。韩国长期是日本的殖民地，同时又面临与朝鲜的军事对峙，因此国家自强意识也非常浓厚。中国台湾地区的国民党政权，在军事和政治上都输给了中国共产党，当时唯一可以和大陆竞争的领域是在经济上。特别是在蒋介石去世后，蒋经国全力经营经济，在他"执政"的十年间，经济实现了飞跃式发展。

最后，当我们讨论东亚的经济发展问题时，一个无法回避的问题是民主和经济发展的关系。中国台湾地区和韩国在1980年代末以前长期实行独裁统治，新加坡也是一个威权（authoritarian）体制。可以对

---

1 参见上引 Hayami, Yujiro [1997]：第8和第9章。

比的是，一些实行民主的发展中国家，如印度，却没有更好的经济发展表现。于是，一个自然的问题是，威权体制对于经济发展是否是必要的？现有的经验研究对这个问题的回答是不确定的。一方面，像韩国、新加坡在威权体制下得到了发展，而另一些威权体制国家，特别是拉美国家，却没有很好的经济表现。另一方面，实行民主的发展中国家里也有少数表现比较好的，如非洲的博茨瓦纳和毛里求斯。对于经济发展而言，可能存在比民主或威权体制更基本的因素。其中之一是法治。从原则上讲，没有独立于民主的法治，因为没有民主就不能保证对政府的法治。但是，法治和民主还是能够加以区分的。法治意味着国家对私有产权的保护和程序正义，它因此降低经济生活中的不确定性，从而有利于经济发展。撇开它们的威权体制不论，我们所讨论的几个东亚经济体在法治方面都做得相当好。另一个因素是涞水所说的一致性认同感。法治是靠人来实现的，因此无法摆脱人为因素的干扰，那种把法治和人治截然分开的观点是站不住脚的。保证法治的公正性的因素是立法者和执法者对一些公认的公益原则的认同，这些原则不是写在法律文本中的，而是存在于文化和传统中的。[1]

由此我们可以区分"好的"民主和"坏的"民主。一个好的民主是建立在法治和一定的国民认同基础上的民主，一个坏的民主是没有法治和国民认同的民主。在一个坏的民主里，法律无法得到有效的

---

1 这里的"文化"是广义的，包括所有非正式的约定俗成，并不特指传承于一个国家的那种文化。对法治和民主的详细讨论，参见姚洋[2002]：《自由、制度变迁和社会公正》的最后一部分。

实施，利益集团泛滥，并阻碍任何有效政策的出现和执行。也许，就拿与经济增长的关系而言，最典型的坏的民主是印度的民主。印度的民族和语言纷杂，各种利益冲突激烈，社会中缺少关于社会运转的基本认同。比如，印度的国营企业数量虽然少，但亏损严重，是政府的一大负担。当右派政党当政是，私有化被提上日程，此时左派政党则带领工人上街游行，反对私有化。当左派政党上台时，它也要私有化，因为国营企业实在太消耗政府财政了。有意思的是，此时的右派政党一改初衷，也带领工人上街游行，反对私有化。结果是，无论谁执政，私有化都无法进行。这里的问题是，左派和右派政党都没有原则，而只关心自己的执政前景，因此损失的是社会整体利益。米尔顿·弗里德曼是自由主义经济学的热情维护者，几乎反对一切形式的政府干预。但是，就连他也认为，对于基本价值的认同是民主得以有效运行的基本条件。[1]

---

[1] 米尔顿·弗里德曼：《资本主义与自由》，张瑞玉译。北京：商务印书馆，1986年。

06

制度在长期历史中是无关的吗？

制度之所以影响经济增长，是因为它界定了人们的激励结构。但是，仅有一个好的激励结构可能还是不够的，因为社会中存在一些像利益集团这样的阻碍。同时，规模经济可能使经济增长本身在同样的制度下存在多重均衡，因此，适度的政府干预是必要的。但是，政府干预可能出现不同的结果，决定因素可能是一个国家的法治和一致性程度。

在以上的讨论中，我们没有涉及制度在长时段的历史进程中的作用。对于长期历史而言，我们不仅要考察人们在给定制度条件下的选择，而且要考察人们对制度的学习和积累的过程。从长期历史角度来看，地理环境、气候和人力资本可能是比制度更加根本的决定长期经济表现的因素。

在地理环境方面，戴蒙德的《枪炮、细菌和钢铁：人类社会的命运》是一部经典之作。[1]在这部著作中，戴蒙德详细考察了地理环境如何塑造了各大洲的史前文明。我们知道，定居农耕文明发源于亚欧大陆，并以现今伊拉克的新月形台地为先，因为那里集中了多数可供人类驯化的动植物。由于欧亚大陆是东西横向展开的，这些动植物很容易沿着纬线扩散到其他地区，这决定了为什么是欧亚大陆产生了最发达的农耕文明。非洲、美洲和大洋洲就没有那么幸运。一方面，那里没有多少可供驯化的动植物，[2]另一方面，那里的地理形态也不利于被驯化的动植物传播。非洲和美洲都是南北纵向展开的，跨越几个气候带，不利于作物和动物的传播；大洋洲更是孤悬于南太平洋上，与外界几乎隔绝。

在气候方面，莫里斯的《西方将主宰多久？》是一部值得读的著作。[3]莫里斯接着戴蒙德的著作写欧亚大陆上东西方文明的分岔和超越。他的解释有两个重要的组成部分。一个是人的内在动力，即人具有追求舒适、贪婪和躲避风险的本性；另一个是外部条件，即地理环境和气候变化。由于戴蒙德讲到的地理优势，西方文明首先领先东方文明，到罗马帝国时期达到顶峰。公元三世纪到五世纪，北半球发生大降温。在中国，北方民族纷纷入主中原，出现持续几个世纪的大动乱；罗马帝国出现鼠疫，蛮族乘虚而入，导致帝国的分裂，从此西方

---

[1] 贾雷德·戴蒙德[2020]:《枪炮、细菌和钢铁：人类社会的命运》，中信出版社，北京。
[2] 北美可供驯化的植物多一些，如玉米、红薯、土豆、番茄等，但这些作物的蛋白质含量较欧亚大陆原生的小麦和水稻低很多。
[3] 伊恩·莫里斯[2014]:《西方将主宰多久？》，中信出版社，北京。

进入漫长的中世纪。随后，中华文明在废墟中崛起，最终在唐宋达到最高峰。北宋末年，东亚地区开始降温，导致北方民族再次南侵并建立第一个稳定的全国性政权。此次降温持续几个世纪，到十九世纪中叶才结束，期间还经历了明末的小冰期，促成了北方民族（满族）的第三次大规模南侵。在东亚降温一个多世纪之后，欧洲也开始降温，鼠疫再次蔓延，黑死病夺取欧洲40%人口的生命。这一次，如诺斯和托马斯在《西方世界的兴起》里所描述的，在废墟中崛起的是处于西方文明边缘地带的英国。然而，莫里斯不认同诺斯的制度决定论，他认为，西方的再次兴起和发现美洲大陆休戚相关，而欧洲发现新大陆，而不是当时处于领先地位的中国发现新大陆，和欧洲与美洲比较相近的地理位置有关。欧洲和美洲之间的大西洋不是很宽，且有洋流相互沟通，而横亘在亚洲和美洲之间的太平洋则太过辽阔，对当时的人们来说几乎无法逾越。

戴蒙德和莫里斯的著作对我们认识长期经济增长具有重要的意义。在古代，农业文明是靠天吃饭的文明，因此一定会受到地理和气候因素的塑造。世界各民族在文化、秉性和习俗等方面的差异，大体上都可以追溯到远古农耕文明兴起的时代。历史具有连续性，即使是在全球化的今天，我们仍然不能摆脱历史给我们赋予的特质。

由此导出人力资本的问题。这里的人力资本是广义的，包括知识、技能、经验和认知力等所有和人有关的能力。国际发展经济学界有一个争论，即制度和人力资本哪一个对经济发展更为重要？以诺斯和阿西莫格鲁等人为代表的新制度学派和新政治经济学派认为，制度更为重要,哈佛大学的一些教授则认为,人力资本更为重要。对于中短期的经济表现而言,恐怕很难在两者之间分出胜负,但就长期经济表现而言,恐怕人力资本显得更为重要。原因在于,广义人力资本的积累需要时间,因此是一个不容易改变的慢变量(想一想1860年之后清朝缓慢的变化就可以理解这一点了),而制度,特别是正式制度是一个快变量,比较容易改变。没有人否定制度和人力资本对经济增长都是重要的,既然在长期人力资本更难以改变,自然人力资本对于长期经济增长更为重要。

即使是进入工业文明之后,也可能存在比制度更为根本的因素,如技术。历史上存在如康德拉季耶夫周期这样的经济长波。比如,远古的几个文明如古埃及、波斯和古罗马都经历了由盛而衰的周期;中国和印度文明也不例外;欧洲则在第一次长波之后又在十世纪初重新开始了新的一轮长波,目前正处在其巅峰时期。中国文明在唐、宋之后逐渐走向衰落,并在十九世纪末二十世纪初跌至最低点,目前可能正处于新一波的开端。

最重要的是,如果长波理论成立的话,则制度就长期而言可能就变得无关紧要了。原因在于,在经济长波中,人们可以通过学习获得关于有效制度的知识,并将之运用到自己的国家,制度因此变成和其他知识一样的东西,而不是像诺斯所表达的那样,是制约知识创新的障碍或加速器。在全球化风起云涌之际,各国之间的相互学习和借鉴已经变得更为现实和可行。苏东阵营的解体宣告了长达近一个世纪的轰轰烈烈的苏联式社会主义实践的失败,西方的主流思想于是认为,这是自由资本主义意识形态的胜利。然而，以历史的眼光来看，我们毋宁更应该把这个巨变看作人类在其进步阶梯上长期积累所导致的一场突变，它绝不是在一夜之间完成的，而是社会主义本身积累的结果。如果我们没有从社会主义实践中学习到什么是能做的话，我们至少也学到了什么是不能做。这一点对于人类的进步而言已经足够重要了，因为我们不会再去犯同样的错误。苏联和东欧的巨变以及中国正在发生的悄然变革并不是简单地向资本主义的回归，而是人类关于制度的知识积累螺旋上升中的一环。

这个过程是两方面的。一方面，人们可以从过去的失败和成功中学习，不断地改进制度以使之有利于经济的增长；另一方面，一个国家还可以向其他国家学习，吸收它们成功的经验和失败的教训。如果我们将人类的学习过程加入诺斯的宏观制度理论中去，我们就会发现，制度对于长期经济增长可能是无关的，这是因为，虽然一时一地的制度有所不同，但人们通过学习会趋于采取同样的"有效"制度。这些制度可能因国家而有所不同，但就解决本国的问题而言却是有效的。由此说来，我们又回到了诺斯的效率假说上来了。但是，这里的效率假说产生的机制和诺斯原来所设想的机制大不一样。在诺斯那里，有效的制度来自人们对变化的经济参数的反映；在这里，一个国家采用有效的制度是学习和经验积累的结果。事实上，我们这里已经非常接近诺斯以人类认知为核心的新的制度分析框架，并可以看作他的分析的一个推论。

07 小结

本章对新制度学派关于制度与经济增长的关系进行了系统评论。就中短期经济增长而言,制度无疑是重要的,但在长期历史过程中,制度本身也是人类社会的一个选择变量,人们通过学习、比较和总结找到适合自己社会的制度。到此,细心的读者一定会有一个疑问:"那么,集体学习是如何可能的呢?"说到底,这是一个关于合作为什么可能的问题。答案之一是人们作为个体观察到过去制度的表现,那些不符合效率的制度虽然可能在短期有利于个人所属集团的利益,但在长期却会反过来妨碍它的利益,因此,这样的制度会自然被人们所淘汰。答案之二是人们可以找到替代分散的利益集团之间讨价还价过程的其他决策过程,从而打破社会的不可治理性。独裁自然是这样的一个替代物。但是,独裁虽然解决了不可治理性问题,但其结果无不是全社会被独裁者引领至疯狂、崩溃以至绝望的境地。然而,历史也同时证明,适度的权威有助于达成较广泛的共识,产生奥尔森所谓的泛利集团，从而使得有效的制度更可能被采纳。

目前关于制度变迁的理论还不能对学习在制度变迁中的作用给出一个满意的答案；事实上，除诺斯外，学习还没有进入绝大多数制度经济学家的视野。这里的讨论也仅仅是抛砖引玉，具体的研究工作有待于今后进一步展开。

ость # 第十章

制度变迁的过程

> 自发制度发展这个概念需要某种程度的非自觉性,而这种非自觉性很难在现代社会遇到。
>
> ——罗斯福德:《经济学中的制度》

在诺斯的早期著作中,制度变迁的过程被省略掉了。比如,当谈到圈地运动时,他和托马斯仅仅止于承认它的必然性以及由此而建立的土地私有制对英国经济发展的正面作用。对圈地运动发生的过程,他们基本上没有涉及。因此,他们对于制度变迁的研究仅仅是停留在两种制度的对比上,而效率假说则被用来作为跨越由无效制度到有效制度之间鸿沟的工具。我们可以把这种研究方法叫做制度变迁的黑箱化。但是,黑箱化的后果是使制度研究停留在制度变迁的外部条件上,而无法深入研究制度变迁的内在机制。以阿西莫格鲁为代表的新政治经济学派试图打破黑箱，从政治—经济互动的角度寻找制度变迁的一般性规律，但阿西莫格鲁仍然将经济利益作为政治集团支持或反对一项制度变迁的主要原因，并且和诺斯晚年一样，陷入了"最优"制度的想象之中，从而弱化了他的理论的适用性。

本章将首先对黑箱化方法给予评论，并以阿西莫格鲁的"政治-科斯定理"引出对效率假说现实性的质疑。接着，我将比较两种研究制度变迁过程的方法。方法之一是将制度看作个人选择之下形成的一种均衡，方法之二是将制度看作集体行动的结果。我将试图论证前一种方法是误导的，后一种方法才是研究制度变迁过程的有效方法。沿着后一种方法，又可以采取两种进路，一种是社会选择的进路，另一种是动态博弈的进路。我将用一节的内容介绍这两种进路，之后对全章做一个小结。

01

制度变迁的黑箱化

效率假说是制度变迁黑箱化的一个重要成果。尽管它从来就不是一个被理论上正式证明的假说，并且被其创立者之一的涑水佑次郎认为是幼稚的，但它是应用新古典经济学的"成本—收益"方法来跳过制度变迁过程的方便工具。"成本—收益"方法行为主体及其偏好给定的情况下研究外部条件的变化如何影响行为主体的行为。当行为主体定义完整且能够采取逻辑一致的行动的时候，这个方法是可行的，也可以揭示制度变迁中一些规律性的东西。但是，制度变迁不可能是一个行为主体完成的，而是多个行为主体博弈和互动的结果，忽视这个过程可能让我们无法认清制度变迁的本来面目。

一个例子是诺斯和托马斯对发生在十六世纪英国的圈地运动的叙述。诺斯和托马斯区分了两种圈地运动，一种是对草场的圈占以及将农用公地圈占为牧场的圈地运动，另一种是将农用公地圈占，但仍进行农业生产的圈地运动。对前者，他们指出其原因在于羊毛价格的上涨；对后者，他们认为原因在于新作物品种的引入。"新作物需要在公地上耕种条形土地的农民之间建立一个精细的合约。公地权必然受到限制，同时许多中间状态的制度安排建立起来，以便获取这些新作物带来的收益。这些安排是必需的，因为当时的产权不具有排他性。……因此，一系列不断对排他产权的类似应用在农业地区出现了。"[1] 排他性产权的后果是技术的进步。"英国的农业革命一般被认为是发生在十八世纪，但是到十七世纪末的时候，圈地运动和其他各种自愿的合约已经为此奠定了基础，因为它们铲除了土地所有权的许多公地性质，并增加了耕种者使用更有效的技术所带来的收益。"[2] 但是，诺斯和托马斯没有说明圈地运动是如何发生的，以及其他"自愿的合约"具体是什么样的，更没有说明它们为什么是自愿的。圈地运动不是一个均分土地的过程，对于那些得到土地较少或者干脆失去土地的人来说，这肯定不是一个自愿的合约。诺斯和托马斯也委婉地承认："当圈地产生显著的财富再分配时，它导致大范围的骚乱，甚至公开的暴动。"[3] 既然如此，圈地运动本身必然要以暴力为后盾。让我们来听听卡尔·波兰尼的控诉吧：

> 圈地运动被正确地称为一场富人对穷人的革命。公爵和乡绅们干扰了社会秩序，打破了古老的法则和习俗，有时靠暴力，更多的时候是靠

---

[1] North and Thomas [1973], *The Rise of the Western World*: 第151页。
[2] 同上。
[3] 同上。

压力和恐吓。他们在不折不扣地掠夺穷人在公地里的份额,推倒他们的房舍,而根据到那时为止,从未被打破的习俗,穷人一直是将这些看作他们以及他们的后嗣的财产。社会的纤维被拧断,空寂的村庄和残破的居所昭示着这场革命的剧烈:它将国家推向危险的边缘,毁灭了城镇,减少了人口,把过度放牧的土壤变成了尘埃;它骚扰人民,并将他们由正直的农人变成一群乞丐和小偷。尽管这些只发生在局部地区,但这些黑斑极可能融化成全面的灾难。[1]

诺斯和托马斯肯定是读过这段话的,他们的有意回避可能出于对波兰尼诗化批判的不以为然。但是,在波兰尼诗化批判的后面,我们应该看到圈地运动过程中的利益冲突。诺斯和托马斯肯定圈地运动对提高效率的作用无疑是正确的。因此,一个有意义的问题是,为什么一个对社会有效的制度转换需要暴力和恐吓呢?诺斯和托马斯没有回答这个问题,只是挥挥手,说这个转换是自愿的。这个转换显然不是自愿的,这是他们自己也承认的,他们之所以在这里挥挥手,是因为他们一方面试图为他们的效率假说自圆其说,另一方面也确实没有能够解释制度变迁过程的有效理论。诺斯本人在后期意识到他的前期工作的弱点,转而强调制度变迁中政治过程的重要性。这在他1981年的著作中已经有所表现。在那本书中,他用一个古典的国家理论解释制度的变化和停滞。但是,正如我们在前面章节所看到的,这样一个简化的政治决策模型无法用来描述当代的政治过程。如我们在第七章里

---

[1] Polanyi, Karl [1944], *The Great Transformation*, 第35页。

所看到的,在其后期的著作中,诺斯和他的合作者充分地考虑了政治过程对制度变迁的影响,但他们没有发展出一套可操作的研究范式,因而也没有人再跟随他们的研究。

以阿西莫格鲁为代表的新政治经济学派意识到新制度经济学在方法论方面的问题,试图打破制度变迁的黑箱,引进博弈论对制度变迁的过程进行动态研究。阿西莫格鲁对黑箱化的质疑是从质疑"政治科斯定理"开始的。[1]

科斯定理说的是:在两两交易中,如果交易成本为零且产权定义明晰,则社会最优结果与产权的归属无关。这个结论依赖于交易双方在产权定义明晰的前提下可以进行无成本的谈判。这个定理不是说社会无需政府或法院的干预即可达到社会最优;它的结论适用于理想状态,作用是为现实提供一面镜子,告诉我们在现实中向哪个方向寻找产权对于实现社会最优的作用。当科斯定理延伸到政治领域时,就形成政治科斯定理:当交易成本为零时,参与政治过程的行为主体可以通过谈判实现有效的制度。

和科斯定理一样,政治科斯定理描述的也是理想状态下的情况。在现实中,我们需要关注的是阻碍行为主体进行有效谈判的因素。在原则上,如果新的制度提高经济绩效,政治过程参与者总是可以找到一种补偿的办法,让所有人都接受新的制度。阿西莫格鲁认为,无法

---

[1] Acemoglu, Daron [2003]. "Why not a Political Coase Theorem?" *Journal of Comparative Economics*, 31 (2003) 620–652.

实现可信承诺是补偿无法实施的主要原因。比如，精英可以答应给平民一定的物质补偿，以换取民众对精英掌权的支持，但是精英的补偿承诺是不可信的，因为一旦掌权，他们就用不着给民众补偿。当然，这只是政治科斯定理在现实中失效的一个原因，阿西莫格鲁的贡献在于通过政治科斯定理提出了一个很好的问题，让研究者关注政治过程对制度的塑造。至于如何研究政治过程，存在两种进路。一种是个体的进路，把制度当作个体博弈的均衡来研究；另一种是采取社会互动的进路，研究制度是如何被集体行动或关键行动者塑造的。

02
―

制度变迁的个体眼光

既然制度变迁的过程很重要,接下来的问题就是如何研究这个过程。目前经济学界流行的方法是将制度变迁看成是一个在没有任何集体加总前提下个体理性选择的均衡。均衡是一种每个人都没有动机偏离其策略的状态。[1] 比如,在第四章的囚徒困境博弈中,坦白是两个人都不愿意偏离的策略,所以,两个人都坦白是一个(优势策略)均衡。制度分析的均衡方法将制度的选择看作一个博弈的均衡结果,因此具有两个特征。首先,制度变迁无须一个中央机构来对个体的制度偏好进行加总,而只是一种描述个体策略的状态;其次,制度是自我实施的,无须第三方的监督或管理,因为在给定其他人的选择的前提下,它对任何人都是最好的选择。比如,青木仓彦就把制度解释为人

---

[1] 应该注意的是,均衡有许多种类,这里只是一个笼统的定义,但它不妨碍我们所要进行的讨论。

们对规则的一种共同的均衡预期，因此必然是自我实施的。[1] 这种学术取向和将制度变迁看作集体选择结果的方法形成鲜明对照。集体选择意味着每个人将个人的制度偏好交于一个社会加总机制，由后者来选择制度。最常见的社会加总机制是多数原则，其他原则包括公平原则、功利主义原则、效率原则，等等。由于由社会加总机制所选择的制度可能不符合每个人的利益（比如，如果三个农户采用多数原则来决定是否将他们的土地合并起来，则如果合并通过的话，土地较多的农户的利益遭受损失），事后的强制实施就是必要的。由此可见，制度研究的个体方法和集体方法完全是不一样的。那么，哪种方法更有道理呢？我们从一个思想实验开始展开我们的讨论。

设想鲁滨逊不是一个人流落到荒岛上的，和他一起的还有一个叫星期五的人。这个星期五不是小说里的星期五，而是和鲁滨逊毫无二致的英国人。当他们来到小岛时，身上只有一些可以作为种子的麦粒，并发现岛上只有少数的面包树可以提供仅够一个人填饱肚子的食物，要使两个人都吃饱，开荒种麦必不可少。鲁滨逊和星期五关系平平，因此都非常计较自己的得失。他们要做的第一件事是分配岛上仅有的两种资源：面包树和土地（假设麦种随土地拥有量的比例分配）。由于土地数量是连续的，分配方案因此有无限多种。为简便起见，让我们只考虑以下三种：

---

[1] 参见 Aoki, Masahiko [2001], *Towards a Comparative Institutional Analysis*, The MIT Press, Cambridge, MA.

(ⅰ)鲁滨逊拥有全部面包树,星期五拥有全部土地;
(ⅱ)星期五拥有全部面包树,鲁滨逊拥有全部土地;
(ⅲ)鲁滨逊和星期五各拥有二分之一的面包树和土地。

由于面包树是天然生长的,而土地需要耕种方可有产出,两个人都想拥有更多的面包树。这样一来,两个人之间就有了利益冲突,如果他们俩不想使用武力争个鱼死网破的话,他们就必须就分配方式进行和平的协议,以确定小岛上的产权安排。这个协议既可能是在两个人都认可的一致意见下进行的"社会"选择,也可能是两个人在私利的驱使下达成的一个均衡。让我们先考察前一种方法。

如果可能的话,鲁滨逊和星期五会采用哪种"社会"加总方法呢?一个最简单的标准是公平原则,从而使得分配方案(ⅲ)被采纳。让我们考察一个更复杂,但经济学家更为关注的原则,即效率原则。在不存在任何交易费用的前提下,效率原则无法对三种分配方案做出优劣评判(换言之,三种分配方案都一样好),这是科斯定理所预言的。让我们来看看为什么。由于面包树无需劳动投入,谁拥有它们不会影响产出。对于土地的生产而言,如果鲁滨逊和星期五两个人无技能方面的差别,且小麦生产没有规模经济,则显然土地的分配也不会影响土地的产出。当鲁滨逊和星期五的小麦生产技能有差异或小麦生产存在规模经济时,土地的分配似乎会影响产出;但是,如果我们将两个人在事后的交易考虑进来的话,这种影响就不复存在了。为分析方便,假设鲁滨逊比星期五拥有更多的生产技能。则当分配(ⅰ)被采纳时，星期五会将土地全部租给鲁滨逊耕种，因此其结果和分配（ii）是一样的；当分配（iii）被采取时，星期五同样会将他拥有的一半土地租给鲁滨逊耕种，结果仍然和分配（ii）一样。由于鲁滨逊的产出高于星期五的产出，因此这种租赁合同对两个人而言都是有利的（比如，他们可以平均分配产出的增加部分）。另一种对称的合约是由星期五拥有（或租赁）全部土地并雇佣鲁滨逊来生产。

但是，如果存在正的交易费用，则这种合约逊于由鲁滨逊拥有全部土地的合约。比如，如果在雇佣关系中存在监督问题，星期五可能无法对鲁滨逊进行完全的监督，从而无法消除由鲁滨逊偷懒造成的道德风险问题。此时，由鲁滨逊来生产并拥有全部剩余是更有效的合同。[1]

以上是对存在一种社会加总机制时的情形的讨论，下面讨论个体选择均衡的情形。我们首先注意到，在上述例子中，虽然三种产权分配方案的产出将是一样的，鲁滨逊和星期五所得到的最终利益却不是一样的。无论何种情况，得到面包树越多的人，其效用越高。因此，一个自然的问题是，鲁滨逊和星期五完全出于自利的选择是否能够达成一个产权分配的均衡？自利在这里意味着他们之间不存在一个认可的加总原则，除了最大化自己的利益之外不做任何考虑；均衡则意味着存在一种产权分配结构，使得两个人都没有偏好其他产权分配的倾

---

[1] 这里的一个推论是定租合同优于分成租合同，因为按照前者，鲁滨逊是唯一的剩余索取者，而在后者里他不是。

向。[1]显然，这种均衡是不存在的，因为对于面包树所有权的争夺是一个零和博弈，一个人的所得就是另一个人的所失，因此争夺是必然的。所以，我们的结论是，个体的理性选择不可能达到制度均衡。

上面这个思想实验的实质是，制度不仅确定人们的交往规则，而且确定人们的财产关系。制度确定产权，这是产权学派的核心思想。如果我们广义地理解产权的话，任何制度都对个人的产权进行重新分配。比如，法律要求每个人在马路上靠右行车对于保护多数人来说是必要的，但是，对那些喜欢随意行事的人来说，这是对他们的"产权"——即随意行事的权利——的剥夺。事实上，康芒斯早就对此进行了深入的阐述，我在第四章讨论制度时已经对他的观点进行了介绍，这里不再赘述。要紧的是，产权的分配永远是一个零和博弈，一个人的所得就是另一个人的所失，而我们知道，一个零和博弈是没有均衡的，正如我们上面的思想实验所显示的。因此，制度的个体方法只适用于分析那些产权分配不那么明显的制度，或关于产权交换的合约问题。

在给定产权结构的前提下，个体均衡分析对于合约的选择是非常有用的。在上面鲁滨逊和星期五的例子里，我们已经看到，个体理性能够通过产权的交换导致最有效率的合约。因此，许多经济学家也把自己限定在给定的产权结构下对最优合约的研究的范围内，无怪乎新

---

[1] 严格地说，我们还必须考虑均衡的概念。比如，一个优势策略均衡和一个纳什均衡所要求的条件是不同的，但这种差别对我们这里的讨论无关紧要。

制度经济学在哈佛叫做"合约研究"。

但是，当我们所考察的是更基本的制度的时候，个体方法的适用范围就变得相当窄小，因为我们几乎不可能观察到不进行产权分配的制度。哈耶克要求我们将研究限定在那些自发的制度上，对于他来说，"自发"一词的含义是广泛的，它不仅适用于无须第三方实施的制度，而且适用于人们为制度的实施而建立的惩罚机制，只要这些机制是个体或分散的组织的自发行动所达成的。但是，这种"泛自发"倾向对于我们研究制度变迁的过程是没有好处的，因为它有碍我们对制度变迁过程的细节的研究。比如，当我们观察到一个村落对其公地（如山林）的一系列禁令和相应的惩罚机制时，"泛自发"方法只能说，这些禁令和惩罚机制都是这个村落自发形成的。从没有外力干预的角度来看，这种说法当然没有错，但却空洞无物，因为它无法告诉我们，为什么这个村落采用了这些制度，特别地，为什么其中还包括惩罚机制，而这个惩罚机制必须要有一个权威机构（如村委会）来实施。这些问题是有意义的，因为在"自发"的严格意义上讲，它意味着禁令是自我实施的，无须村庄组织的惩罚机制的介入。我们之所以观察到惩罚机制的存在，是因为禁令不是自我实施的。那么，我们应该研究的是，这些禁令的作用是什么，惩罚机制是如何使得每个人都有足够的动机去遵守这些禁令，正式的惩罚和非正式的惩罚（如邻里的鄙夷等社会压力）的关系是怎样的，等等；对于这些问题的答案对我们理解制度的运作机制是非常有帮助的。

03

集体选择与制度变迁

既然个体选择无法解释制度变迁，我们就有必要考察集体选择的作用。集体选择既可以是既定程序下个体之间的互动，也可以是关键行动者之间的博弈。在社会选择的框架下，制度的选择具有竞争性，这正是我们在现实中所观察到的。如同我们在前面所提到的，制度决定产权，而由于产权分配的零和博弈没有均衡，各种产权结构都可能产生。到底哪种产权结构被社会采纳，取决于社会的加总机制和社会中的利益对比。因此，和制度研究的个体方法相比，制度研究的集体方法更重视对利益分配的研究。在康芒斯和奥尔森那里，利益分配以及由此而导致的利益集团之间的竞争是制度研究的中心议题。对于个体方法而言，利益只在个体层次上起作用，而没有为个体利益提供一个竞争的场所。集体方法则不同，社会选择机制就是一个个体利益可以相互竞争的场所，这种直接的利益竞争可能导致多种制度的产生，其结果取决于各种利益及其联合的力量的对比，而与经济参数不相干。无怪乎老制度学派一般认为制度是不预测的。我们在后面将看到，这种观点可能是不正确的。

最重要的是，正如我多次强调的那样，现实中的制度变迁都或多或少地涉及集体（社会）选择。国家层面的正式制度自不待言，非正式制度也不是自我实施的，因此在某种程度上是集体选择的结果。因此，制度研究的集体方法比个体方法具有更广泛的适用性。在古代和前现代社会，制度变迁基本上掌握在君主、自然权威以及统治阶级的手中，社会中的多数人不过是被动的接受者而已。在现代民主社会中，制度变迁在不同程度上成为民众参与的集体选择，尽管其表达形式往往是局部参与或经由利益集团而实现。在现实中，关键行动者和权威是决定制度变迁的主要力量。前者指的是在制度变迁中扮演关键角色的人或组织，后者指的是对制度变迁的参与者具有影响力的人、组织或思想。

关键行动者可以分为三类，一类是在制度变迁中起支配作用的，一类是虽然不起支配作用，但其行动足以导致制度变迁的，最后一类是具有公共意识，其行动足以打破僵局的。第一类关键行动者最可能是古典国家里的君主和统治阶层，由于他们掌管着国家的命运，并垄断着国家的利益，他们是对制度变迁最关心，且最有能力从事制度变迁的人。在诺斯的古典国家理论中，君主就是这样一个关键行动者。由于关键行动者以他自己的利益得失作为是否从事制度变迁的唯一标准，这样的制度变迁的后果极可能是对社会不利的，诺斯对西欧以及世界经济制度史的研究正表明了这一点。在现代民主社会中，起支配作用的关键行动者几乎不存在了，因为在民主与法治的架构下，没有任何人和组织能够单独支配制度变迁的方向。相比之下，那些虽然不起支配作用，但其行动足以引致制度变迁的关键行动者显得更为重要了。这些行动者与"关键数量的群众"（the critical mass）这个概念是联系在一起的。比如，电话对一个人来说是没有用的，对两个人来说有一些用处，当成千上万人开始觉得电话有用时，电话公司铺设电话缆线才变得有利可图。在制度选择方面，当足够多的人开始参与国际贸易或从事与国际贸易相关或受其连带的工作时，自由贸易才会成为社会的选择。最后一类关键行动者——那些具有公共意识的人或组织——的积极行动足以打破僵局。像《白鹿原》里朱先生那样的乡绅、革命的领袖人物以及当代的一些具有眼光的政治家，都是这样的关键行动者。他们之所以重要，首先是因为他们能够用语言和行动说服群众采取合作行动。朱先生独闯军阀府第，奇迹般说服军阀退兵而使百姓避免了一场生灵涂炭的战争就是一个例子。在出现类似囚徒困境的两难境地时，领袖人物会向群众显示自己的牺牲精神，从而带领群众向合作的方向靠拢。其次，领袖人物还可以在交易成本高昂的情况下自愿担当起在群众中沟通的角色，节省群众所负担的制度变迁成本，从而使本来没有吸引力的制度变迁具有吸引力。领袖人物在许多情况下就是制度的设计者，为制度变迁引领方向。深深植根于中国文化的儒家思想不是历史无意识选择的结果，而是孔子、孟子以及朱熹这样少数几个思想家的开创和继承的结果。同样，社会主义实践在俄国和中国发生也不具有必然性，对中国而言是因为中国共产党人持之以恒的奋斗和牺牲使然。因此，有一些制度是无法被经济因素解释的，因为它们源自某些关键行动者的思想而不是经济现实。

集体选择的另一个关键因素是权威。如果权威是人或组织，它在很大程度上就和关键行动者重合，但也有一些重要的例外。其中之一是权威可能是由人们推选或设立的被动行动者。在最简单的层次上，体育比赛的双方都需要裁判来实施一组预设的比赛规则。裁判本身不参与比赛，也一般对比赛结果持中立态度，他的权威来自比赛双方无法实施比赛规则这一事实，而不是来自他自身所具有的任何品质或能力。在更复杂的层次上，国家机关是全体公民为了法的执行以及社会的运转而设立的代理机构，政府之所以有权威，不是因为政府本身或它的官员们具有高于普通公民的品质或能力，而是因为公民们在进行社会交往时必须要有一定的规则，而执行这些规则需要一个强大的垄断者。虽然公民在这样做时放弃了作为自由个体的一些权利，但两相比较，一个有组织的社会比一个无政府的社会要好得多。但是，政府的权威一旦创立，我们就很难避免它由被动变成主动。这首先是因为政府要在法律之外设计政治、经济和社会政策，而这些政策在很大程度上决定了制度的走向。其次，政府是由理性的官员们来掌管的，他们为了达到自己的目的，会积极投入到制度的设计中去，左右制度变迁的方向以便为他们谋取利益。第三，或许是出于对社会公益的认同，人们自然会产生对政府的尊重从而为政府对制度变迁的参与提供了合法性。我们不仅可以在集权国家里观察到政府无可比拟的优势，而且也可以在像美国这样的现代民主国家里观察到政府对社会和经济生活的广泛渗透。

除了人和组织之外，思想也可以成为支配制度变迁的权威。在这里，最具权威的思想是一个人浸濡一生的道德观，特别是其中与罪恶和廉耻有关的部分。用斯密的话来说，道德是"我们心中那个人"的命令，是对我们美好一面的赞美；无需任何人的监督，我们自动地按照道德的指引行事。道德之外的意识形态也具有权威性，但其效力较道德弱，意识形态指的主要是人们对世界状态的看法，诺斯在后期著作中将其置于影响制度变迁的主要位置上。在更广泛的层面上，文化——一个包容万象的名词——在人们选择制度时也具有权威性，一些与本土文化格格不入的外来制度可能很难存活下去。比如，像北欧那样对性充分宽容的法律不大可能在中国赢得支持，同样，一部不尊重以庆典为形式要件的习俗婚姻的《婚姻法》也不能得到人民（特别是农村居民）的支持。

诺斯一再强调，他早期工作的一个弱点是没有注意到非正式制度对正式制度的约束作用。他指的非正式制度包罗万象，囊括了除正式制度以外的所有东西，如文化、意识形态、习俗，等等。但是，正如我们在第三章里对正式和非正式制度的对比中所看到的，过分强调非正式制度对正式制度的约束可能使我们忽视两者之间反方向的作用，即正式制度对非正式制度的冲击。这里的关键是，制度变迁虽然受权威的左右，但它反过来又对权威进行修正。事实上，那些过分强调非正式制度对正式制度的约束的人多半是那些对外来制度抱有敌意的人。这种人在发展中国家大有人在。面对发达国家的强势文化，这些人不是积极地应对，而是试图在本土文化中寻找合理性并为之套上神圣的光环，以对抗前者的挑战。这种刺猬心态只能导致本土文化的封闭和没落。正确的态度是在分析现实条件的前提下积极地引进发达国家已经被证明行之有效的制度。在许多时候，引进的制度可能与本土文化之间存在冲突；此时，能够认清形势并说服民众的关键人物就非常重要了。

最后，我以我和合作者所做的一项对在线游戏《石器时代》的研究为本节的讨论提供一个例证。[1]《石器时代》是从2001年春天开始在中国流行的一款在线游戏，它模拟原始人在石器时代的狩猎和简单的交换生活。对于制度研究有意义的是，交换和打猎过程中存在欺诈行为。玩家的交易程序一般是这样的：在商议好交易以后，交易的双方把所要交换的东西和或者钱放在地上，然后各自取走对方放在地上的东西。在这个交易过程，会出现骗子和小偷。骗子假装和别人要进行交易，在交易时不把自己的交易物放在地上，而是抢过别人放下的东西就跑；小偷则在别人交易时趁双方都不备的时候，将双方的东西偷走。此外，还有一类人，他们在和别的玩家组建团队外出打猎的时候，趁人不备从背后把别人杀死，因为这样可以使自己获得很多的经验点数，很快地升级。

在开始的时候，玩家对上述欺诈行为只能进行个体的抵抗，许多人干脆同流合污，也欺骗别人。慢慢地，玩家社区发生了一些变化，

---

1 参见杨雷、姚洋 [2002]，《石器时代的规则》，《经济学季刊》第1卷第3期。

以抵制欺诈行为。首先出现的是交易方式的改变。玩家先组成一个临时团队，团队首领把团队带到密林深处，然后解散团队，并进行交易（游戏规则不允许团队内部进行交易）。在这里，加入团队的人可能大部分是经过自我选择的，即只有那些不想欺诈别人的人才会加入，因此这种新的交易方式可以减少被欺诈的可能性。更重要的改变是固定的组织的出现。这些叫"某某教"或"某某会"的组织有固定的首领、章程、入会要求、内部等级、网页以及内部活动（如比武大赛，后来还发展到网上婚礼），它们无一例外地将不欺诈写进了它们的章程，要求会员遵守，并规定如何惩罚不遵守规则的会员。这样一来，组织承担起执行规则的任务。由于组织通过内部活动为会员提供了好处，因此它的惩罚（通常是开除）是可以置信的。我们发现，组织的大小和活跃程度和它的首领的游戏等级以及他所拥有的一些稀缺资源（如可以帮助玩家进行瞬时移动的"秘笈"）有很强的正向关系。首领在这里扮演着前面所探讨的关键行动者的角色，他们出于非经济目的，甚至纯粹的利他主义观念而设立组织，从而可以克服对于合作具有致命伤害的搭便车现象。

实际上，《石器时代》浓缩了人类社会建立规则的历史。我们从这款游戏里至少可以得到一点启示，即规则不可能是个体博弈的均衡，而必须依赖组织对成本的内化才可能得到有效的实施。这正是现实中所发生的：家庭、学校、工厂、机关、教会、行会和政党等，这些组织都起到了内化社会成本、实施有效规则的作用。组织的产生改变了制度变迁的轨迹，使得有效的规则得以制定并实施。

04

集体选择的研究方法

从集体选择的角度研究制度变迁的政治过程，可以采取两种进路。一种是社会选择进路，着重于研究给定制度变迁方向下的政治过程；另一种是博弈论进路，着重于研究给定政治过程的前提下制度变迁的方向。在很大程度上，社会选择进路——如同社会选择理论一样——是规范性研究进路，考察社会的分散决策能否实现某种规范性的制度目标，而博弈论进路是实证性研究进路，考察给定的政治过程会带来何种制度。

在2004年发表的一篇文章中，我从社会选择的角度考察了政治过程与效率假说之间的关系。[1] 我所考察的问题是：是否存在一种社会选择机制（政治过程）和一个新的制度，使得（1）新制度下的产

---

1 Yao, Yang[2004]. "Political Process and Efficient Institutional Change." *Journal of Institutional and Theoretical Economics*, 2004, 160(3): 439-453.

出达到社会最优,和(2)新制度是被这个选择机制所选择的?换言之,我所考察的是,制度变迁的效率假说在社会选择的框架内是否成立。我们在本章开始的讨论中已经看到,效率假说往往被用来使制度变迁过程黑箱化的一个方便的工具;现在,我把制度变迁过程这个"黑箱子"打开了,并想知道制度变迁经过这个箱子之后是否还符合效率假说。

我把我的分析置于一个放牧经济中。假设N户牧民分散地使用一块牧场放牧自己的羊群,其目的是出售羊毛以换得收入。由于公共地的悲剧这样的原因,这N户牧民都过度放养羊群,牧场的质量因此退化,每只羊的产出下降;并且,随着羊毛价格的上升,牧民对牧场的争夺更加激烈,牧场质量的退化将加速。然而,牧民的放牧能力是不同的(比如,有些人可能掌握别人所没有的技术),他们参与牧场争夺的动机也不同,那些能力较差的人从牧场争夺中的获利也较少,因此他们总是会比别人放牧较少的羊。

显然,某种形式的联合放牧总是优于分散放牧。比如,如果由一个最大化所有人的利润之和的社会计划者来决定每个牧民所放牧的羊的数量,则社会达到最优,因为此时社会计划者内化了所有的外部性。私有化是另一个选择。如果由一个人来拥有整个草场,则这个人就相当于社会计划者。但是,由分散放牧到计划放牧的转变是要付出组织和谈判方面的交易成本的,在极端的情况下,还要考虑在这个转变中受损的人的反抗。因此,只有当羊毛价格上涨到一定程度时,对于牧场的争夺所导致的损失才会超过交易成本,制度变迁才会发生。

这就是效率假说。应该说明的是，以上讨论虽然以牧场为背景，但它的含义远远超出一个放牧经济。公共牧场可以代表任何产生外部性的资源，如发明、国有企业以及所有由私人提供的具有公共品性质的物品等。因此，这里所得到的效率假说具有一般意义。

接下来的问题是，如果关于制度变迁的决定是由一个政治过程（社会选择机制）所做出的，效率假说的预测是否成立？我将这个问题转化为一个实施理论问题：是否存在一个机制足以实施效率假说？这个机制需要解决两个问题，一个是对新制度的定义，另一个是对政治过程的定义。实施在这里意味着，在这个机制下，新制度最大化社会的利润总和，并且政治过程选择了这个新制度。

由于效率假说只是有关社会产出的，任何最大化社会产出的新制度都是可能的。我采用了一个狭义的制度定义：制度是关于生产要素配置和分配的合约。在我们的放牧经济中，制度确定每个人所放牧的羊的数量和他的所得。为了进行有效的研究，我们必须对可选制度进行必要的限制。在这里，主要的限制是，每个人的分配所得和制度变迁的过程无关；也就是说，每个人所分担的交易成本不能进入对他的所得的计算。由于新制度是一个长期的最终状态，不考虑制度变迁过程中的成本是合理的；同时，苏联东部地区的转型过程也证明了这一点。[1] 对于政治过程，我们主要要求它不接受个人效用间的比较并符

---

[1] 另外，考虑制度变迁的成本需要一个中央计划者对制度变迁进行协调，这和我们所考察的政治过程的分散性不一致。

合马斯金的单调性假设，即如果一个选择起先被社会所选择，则当所有的人的偏好都发生变化，但这个选择在每个人的排序中的地位没有降低时，它仍然被社会所选择。[1] 不允许个人间的效用比较是一个标准假设，而单调性假设在社会选择文献中也大量使用。

在以上假设下，我证明，不存在一个实施效率假说的机制；换言之，不存在一个政治过程和一个新制度，使得社会通过这个政治过程选择了这个新制度，而后者又使社会利润总和最大。其中的道理是，由于效率假说依赖个人间效用的比较，因此它的预测是线性的，只要羊毛价格上涨到一定程度，则制度变迁就应该发生；但是，政治过程不接纳个人间效用的比较，因此它所决定的制度变迁可能不是线性的，因此会发生制度变迁的"黏着"，即制度变迁可以在一段价格区间发生或不发生。这里的冲突仍然带有经典色彩：一个功利主义的社会目标不可能被一个非功利主义的政治过程所实施。

但是，如果允许牧民之间进行物质补偿，得利多的人补偿失利者，则效率假说就可以成立。这也是政治科斯定理的结论。[2] 但这是一个纯理论的、理想状态下的结论，告诉我们总是可以找到合适的政治过程和制度来实现一个预定的制度目标，而现实往往是，制度参与者只能在给定的政治过程中选择制度，所以，社会选择方法适合做给

---

[1] 参见 Maskin, Eric [1999], "Nash Equilibrium and Welfare Optimality." *The Review of Economic Studies*, Vol. 66: 23-38.
[2] 阿西莫格鲁并没有对政治科斯定理给出严格的证明，我的文章可以看作这样的一个证明。

定目标下的规范研究，而不适合做给定政治过程下的实证研究。

阿西莫格鲁和罗宾逊采用博弈论的方法来做制度变迁的实证研究。他们的分析框架是：政治制度决定权力的分配，权力的分配决定经济制度，经济制度决定利益的分配，后者决定一个群体是支持还是反对现有的政治制度。权力的集中导致制度偏向权力最大的群体，后者会倾向于垄断经济机会和资源，但他们自己未必是最具生产力的群体，由此，全社会的产出会降低。利用这个分析框架，阿西莫格鲁和罗宾逊完成了多篇非常有影响力的论文，得到了国际经济学界的广泛关注。下面以他们二人合作于2008年发表在《美国经济评论》一篇文章为例，说明他们如何用这个分析框架对制度进行实证研究。[1]

这篇文章旨在解释为什么政治制度与经济制度是可以分离的。就纸面制度而言，民主制度应该给每个公民平等的政治权利，根据阿西莫格鲁和罗宾逊的分析框架，民主制度下的经济制度应该是包容性的，给予每个人平等的参与经济活动的权利。然而，现实却不是这样的。掌握经济资源的群体（通常是精英阶层）会投资经济资源获取政治权力，从而获得超越其他群体的实际政治权力，并用这些权力建立和保持对自己有利的经济制度，垄断经济机会，把其他群体排除在有利的经济机会之外。由此，阿西莫格鲁和罗宾逊为"俘获的民主"提供了一个理论解释。这个解释给出的机制——掌握经济资源的群体

---

[1] Acemoglu, Daron, and James A. Robinson[2008]. "Persistence of Power, Elites, and Institutions." *American Economic Review,*?98 (1): 267-93.

通过投资政治权力掌握实际的政治权力并建立对自己有利的经济制度——没有什么新颖之处，社会科学研究者对此早已熟知，阿西莫格鲁和罗宾逊的贡献在于用标准的动态博弈论模型对这个机制进行了描述。[1]对政治经济学作为一个学科的建设来说，这个贡献是重要的。每个学科都有自己的研究规范，以便学科进行知识积累和传递。诺斯早期使用"成本—收益"的分析框架进行制度研究，对于新制度经济学的建立和传递起到了至关重要的作用；阿西莫格鲁和罗宾逊打开制度变迁的黑箱，用动态博弈作为新的研究范式，对新政治经济学作为一个学科的发展也是重要的。

然而，在现实层面，阿西莫格鲁和罗宾逊也陷入了诺斯后期的泥潭。在《国家为什么失败》这部著作中，他们提出了攫取型制度和包容性制度的概念，以统揽他们对制度的分类。[2]这个分类与NWW的限制性秩序—开放性秩序的分类大同小异。在攫取型制度下，少数精英垄断政治权力并利用政治权力从多数平民那里攫取利益；在包容性制度下，民众广泛参与政治进程，经济活动向所有人开放。我在第七章对这样的两分法已经进行了批评，下一章将进一步做系统的梳理。

---

1 他们构造的模型是动态博弈模型，使用的均衡是马尔科夫均衡。这个均衡概念不需要博弈参与者记住所有博弈历史，而可以只根据当期的状态变量做出对未来来说最优的选择，而且，这个选择也无需保证与未来某一天到达之后将做出的决策保持一致（用博弈论的语言来说，马尔科夫均衡无需是子博弈完美均衡）。
2 达隆·阿西莫格鲁和詹姆斯·罗宾逊[2015]:《国家为什么会失败？》，李增刚译，湖南科技出版社。

05
小结

　　制度研究的黑箱化使我们无法对制度变迁的过程进行深入的认识。一种观点是，制度变迁过程是政治学家的研究领域，经济学家无需过问，而只要指出制度变迁结果的优劣就可以了。然而，本章开始所举的例子已经表明，对制度变迁过程的忽视会导致经济理论的偏差。本章对制度研究的个体观点进行了批评，并描述了制度研究的集体选择方法，特别地，我提出了关键行动者的概念，力图丰富我们对制度变迁过程的理解。最后，本章介绍了我自己的社会选择方法以及阿西莫格鲁和罗宾逊的博弈论方法在制度演化研究方面的应用，指出了它们适用的情景以及优劣。

　　有一段时间，演化博弈论被认为是研究制度变迁的有力工具。演化博弈借用生物演化的原理，研究什么样的社会规则能够生存下来。然而，演化博弈所秉持的存续规则使得博弈结论变得比较僵化。和生物学一样，演化博弈给规则（制度）制定的存续规则是"适者生存"，即回报最高的规则可能被更多的人所坚持,而更多的人坚持这个规则会带来更高的回报。这样,一个规则能否在竞争中胜出,往往取决于起始状态下多大比例的人遵守这个规则。这样的结论显然不能令人满意。另一方面,演化博弈是一种个体博弈,正如本章所指出的,个体进路不是研究制度的可取进路。就目前情况来看,社会选择方法和博弈论方法是经济学家研究制度变迁的两种最佳的办法。

第十一章

制度绩效与制度的多样性

所谓有效的制度需要一个强假设,即收入分配是最优的,而不仅仅是可接受的。

——布罗姆利:《经济利益和制度》

经济学家关注制度,主要是因为制度影响经济效率。然而,制度在当初制定之时未必以经济效率为目标,因此,注意到制度绩效的多样性是必要的。在规范层面上,将对制度的评价由单纯的经济增长目标扩大到包括其他经济目标(如公平、平等、消减贫困等)乃至社会目标(个人自由、社会融洽等),不仅有利于我们取得一个全面的观点,而且有利于经济学家与其他社会科学家之间的沟通。本章第一节将讨论这些规范层次上的问题。这些问题在前面的章节,特别是第三章里已经有相当的涉及,这里只着重介绍阿玛蒂亚·森的基本能力学说,并讨论关于制度评价的公正理论。第二节将转向实证层次上的问题。诺斯将对制度绩效的评判仅仅限定在经济增长上,他的实证研究因此也是围绕这样一个问题展开的:"为什么有些制度有利于经济增长,有些制度不利于经济增长?"新政治经济学派打开了制度变迁的黑箱,在政治—经济互动层面寻找制度变迁的原因,但这一学派仍然将经济利益作为制度变迁的驱动力。第二节将讨论制度绩效的多样性对制度研究的意义。由制度绩效的多样性自然引导出制度本身的多样性问题。既然制度服务的目的不同,那么也就没有必要强求所有制度都是一样的;即使目标是一样的,也未必需要整齐划一的制度来实现这些目标。第三节由此转向对制度多样性的讨论。第四节小结全章。

01

制度绩效的规范评判

讨论对制度的规范性评价时,我们首先必须回答的一个问题是:我们能否找到在逻辑上具有一致性的评价标准?如果对这个问题的回答是否定的,则我们就无需进一步往前走了。如果我们的评价无需考虑全体公民的意见,对这个问题的答案几乎总是肯定的。比如,如果评价总是基于一个特定的个人偏好,则我们总能得到在逻辑上一致的结果。但是,如果我们所需要的评价必须以全体公民的偏好为基础,则逻辑一致的评价就几乎不可能。这是阿罗不可能定理告诉我们的。但是,阿玛蒂亚·森对此有不同的理解。他认为,阿罗不可能定理的意义不在于集体理性选择的不可能性,而在于它的信息基(information base)过于狭窄。[1] 在阿罗不可能定理中,集体选择只接受个人的序数偏好,它的信息基因此非常狭窄。在实际生活中,集体选择的信息基

---

1 Sen, Amartya K. [1999], *Development as Freedom*, Anchor Books, New York.

远较序数偏好宽广。

首先，在许多集体决策中，人们接受个人的基数偏好而不是序数偏好。序数偏好只说明一个人对两个选择的排列顺序，而不涉及其中的一个选择比另一个选择好多少这个问题。由于这个性质，序数偏好无法在个人之间进行比较。比如，对于一个穷人来说，一百元钱比一元钱好；对一个富人来说，一百元钱也比一元钱好。序数偏好只到此为止，而不对两个人偏好一百元钱的强度进行定义，从而也不对他们从一元到一百元的效用改进进行比较。基数偏好则不同，它不仅要说明一百元比一元好，而且要说明好的程度。在这里，经验告诉我们，由一元到一百元的效用改进对穷人来说要比富人高得多。在实际生活中，多数原则是以序数偏好为信息基的最典型的例子，而像人均收入这样的指标则以基数偏好为信息基。事实上，任何涉及在人口中进行比较和取舍的集体决策都全部或部分以基数偏好为信息基。

其次，集体选择不仅接受个人的福利偏好，而且接受个人的非福利偏好。比如，公平和平等是人类在福利之外所追求的两个重要目标。公平意味着每个人在过程上的平等，或者称为机会平等。比如，每个人之间无高低贵贱之分，每个人在法律面前享有同样的权利，每个人具有同样的迁移和就业自由，每个人在同样的工作上享受同样的报酬，等等。平等意味着每个人在结果上的距离不至于太大。人们至少在理念上都认同公平（尽管在现实世界中公平并不总能达到），但对于平等却有很大分歧。详细讨论这个问题不是本书的目的，我在此对此暂不予讨论。但是，仅仅考虑人们对公平的诉求就足以使集体选择的信息基超出个人福利的范畴。最极端的例子是奴隶制。罗伯特·福格尔和森都认为,奴隶制的消亡不是因为它的经济效率低下,而是因为它无情地践踏奴隶的基本人权,因此违背了最基本的公平原则。废除奴隶制这一集体选择不是基于福利标准而做出的,而是基于更基本的信息基——人权——而做出的。

对制度进行规范性评价所必须面对的一个挑战来自奥地利学派关于自发秩序的理论。哈耶克强调制度变迁的无目的性,将它看作个体行动者在无意识的情况下出于私利进行选择的结果的加总。由于制度本身的无目的性,对制度进行评价是没有必要的。

我在前面已经介绍了诺斯从制度变迁的主动性的角度对自发秩序的批评,这里介绍森从另一个侧面对这个理论所给予的无情批评。在《作为自由的发展》一书中,森认为,尽管许多行动带来非目的性的结果,但是,

> 对于这一点给予恰当的认可很难算得上是一个划时代的思想。如果真像哈耶克所说的那样,它的确是一个"深刻的见解"(profound insight),那么,"深刻"一词的含义就有问题了。[1]

森认为,虽然许多结果是在无意间被行动者带来的,但它们都是原来可以预见的。他以中国的例子来说明这个问题。在改革开放之

---

1 参见本书第366页注1:第257页。

前，中国的人均收入很低，但是，在毛泽东的领导下，中国那时十分重视教育的普及，并在包括农村在内的广大地区建立了基本的医疗保险机制，从而大大增强了国民的基本能力（capability）。[1] 这些成就在改革之前没有多大的效应，但是，在改革开放之后，它们却为中国迅猛的经济增长提供了坚实的基础。这种贡献当然也许不完全毛泽东的本意（他的本意可能更多的是在完成共产主义理想），但却是在当时就可以被预测到的，因为理论和实践告诉我们，增强国民的知识水平对经济增长具有正面作用。

既然制度变迁本身是具有目的性的，因此，即使是在最低层次上，我们也可以考察制度变迁的结果是否符合制度变迁的目的这个问题。在更高级的层次上，我们还必须考察制度变迁是否达到了一定的公意，信息基的拓展为一个社会形成这样的公意奠定了基础。对公意的考察不仅是为了对全体公民作一交代，而且是为了更好地设计未来的制度变迁。这是研究制度的主要目的之一，哈耶克的自发秩序理论否定了这一目的，这就难怪诺斯称之为"废话"了。

那么，如何对制度进行规范性评价呢？诺斯所给出的标准只有一个，这就是效率，或更具体地，是人均产出的增长。从新古典经济学的角度来看，经济学家能够做的也仅此而已；不仅诺斯，后续的新政治经济学派，乃至大部分经济学家都遵循这一原则。但是，即使我们

---

[1] 对于能力的解释，参见稍后的讨论。又见 Sen, Amartya [1992], *Inequality Reexamined*, Harvard University Press, Cambridge, MA.

无需相信波兰尼关于经济追求是社会追求的表象这样的观点，我们也无法否定，制度的目的和功能是多样化的。布罗姆利认为，以单一的经济指标评判制度的问题在于，"一个非经济问题被置于一个经济真理原则之下，以考察它是否符合经济理性，并对这个非经济问题进行处理。"[1] 布罗姆利强调公共政策的社会选择意义。面对一个传染病毒，人口中的某一部分人会因此而感染疾病，因此要求政府采取措施，以制止病毒的传播。这是一个社会选择过程。但是，到了一个经济学家那里，他首先要问的是："由政府来采取措施是否是有效率的？"殊不知，政府存在的理由是响应公民通过公共选择所提出的要求，而不是单纯的经济效率。这当然不是说公民在进行公共选择时不考虑经济利益，恰恰相反，经济利益是他们所关心的重要内容，只是不是唯一的内容。因此，当我们像森所要求的那样，把对制度的评判交给公民的公开和民主的讨论的时候，经济效率就不可能是评价制度绩效的唯一指标。

阿玛蒂亚·森是少有的对制度和发展进行全面和严肃思考的经济学家，在《作为自由的发展》一书中，他对自己的思想进行了全面的阐述。在这本书中，森对发展的目的进行了全新的思考，将我们的视线由单纯的收入增长转移到人的能力的提高上来，从而彻底革新了我们关于发展的概念。从这个意义上说，森的这本书是划时代著作。尽

---

[1] Bromley, Daniel [2000], *Sufficient Reason: Institutions and Economic Change*, manuscript. 第6章第6页。加重底线为原作者所加。

管森所讨论的主题是如何评判发展的成绩，他的理论对于我们在规范层次上对制度进行评价确是非常有帮助的，因为，无论是从森本人的角度，还是从诺斯的角度，制度都是发展的原动力，甚或发展本身。

全面讨论森在《作为自由的发展》一书中的思想是困难的，我在这里仅就其主要方面做一扼要介绍。森的出发点是，追求能力的增长和追求收入的增长之间存在巨大差异。在森写作此书的当时，印度、中国和斯里兰卡无疑处在世界人均收入最低的几十个国家之列，但它们的一些非收入指标却高于发达国家中的部分人口。比如，美国黑人的收入无疑大大高于中国和印度人口的收入，但美国男性黑人在每个年龄组的存活率都较中国和印度克拉拉邦男性低。[1] 再比如，中国和斯里兰卡的人均收入在世纪之交大约只有巴西的四分之一，但前两国的人口期望寿命却比巴西分别高五年和八年。[2] 因此，发展的质量不能仅看收入的增长，而应该包括其他非收入的指标。森将收入和这些其他指标统一在他的"能力"的框架之下。"能力"是森的平等和发展观的基本概念，指的是人实现有意义的目的所必需的功能的组合。视情况不同，这些功能包括健康、读写能力、自由移动、对自我的支配，等等。这些条件可以是关于自身的，也可以是关于社会的。比如，一个残疾人无法获得正常人的满足，不仅是因为他无法自如地移动，而且是因为社会没有给他提供必要的方便（如专供残疾人使用

---

[1] 克拉拉是印度南部一个贫穷但社会主义色彩较浓的邦，当地政府重视居民的教育和医疗卫生保障。
[2] 参见本书第337页注1，Sen [1999]：第47页。

的轮椅坡道等。）获取能力的目的是自由，而对自由的度量是能力的高低。因此，森在很大程度上是将自由和能力看作可以换用的两个概念。森的创见在于，他将发展看作对全面自由的追求过程；发展不仅意味着人均收入的提高，也不仅意味着纯粹福利指标的提高，而且意味着个人的政治与社会自由度的提高。

森的能力概念更多地接近伯林所说的主动自由。但是，森不认为主动自由和被动自由可以截然地分开，在很大程度上，具备一定的能力是实现被动自由的必要条件。[1] 把问题放在中国的现时背景中，我们可以说，一定程度的结果平等是保证过程平等的必要条件。以第三章所举的农地制度为例。在农村社会福利制度尚未建立的时候，对结果平等的追求是导致土地调整的重要因素，它保证每个人可以获得基本的生活来源，这对于那些处于社会最底层的农户是极其重要的。但是，在实现结果平等的同时，土地均分也增加了达到过程平等的可能性，因为，对于那些贫困农户来说，由于基本能力的缺失，过程平等对他们是没有意义的，而拥有土地至少为他们解决了温饱问题，从而使他们有可能从事有意义的活动。[2]

以上推理也可以运用到对社会保障制度的评价。对于一些新古典

---

[1] 参见本书第337页注1，Sen [1999]：第65-66页对诺齐克的评价。
[2] 自2002年起，农村地区开始恢复公共医疗保障，其形式被称为新型农村合作医疗，简称新农合。现在，几乎所有农村居民都参加了新农合。农村的养老保险也在建设过程中。在这个背景下，农村土地的社会保障功能已经大大下降，农村居民对土地调整的要求也大大下降。

经济学家来说，社会保障制度保护的是那些"在他们的生活的某个阶段做出了错误决策的人。"[1] 在一个无风险的确定性社会里，这种说法可能还有一些道理。但是，不确定性是常态而不是特例，而我们知道，在一个不确定性的环境里，即使是最聪明、最对自己负责任的人也难免犯错误，更确切地说，他的事前决策可能不是事后有效的。就整个社会而言，人们犯错误的概率是个人无法控制的；但是，一个人一旦犯了错误，则相对于今后而言，他的起点就和别人不一样了。因此，社会保障表面上看是为了结果平等，其实质是为每个人处于同一起点创造条件。

关于自由，森既不同于诺齐克，也不同于罗尔斯。诺齐克只接受被动自由，并将其置于绝对的地位，即使牺牲其他方面的自由也在所不惜。[2] 罗尔斯也强调基本权利项的优先地位，但同时要求社会改善境况最差的人的地位。[3] 森不接受诺齐克权利绝对论，也不接受罗尔斯的权利次序论，而是将所有的自由项放在同等重要地位。森试图将所有的自由项统一在能力这个框架下，并由此发展出一个新的公正理论。如果我们相信对制度的评价必须接受全体公民的意愿的话，那么，一个关于公正的理论就不可避免。所谓一个"公正理论"，就是全体人民都认可的关于社会应该如何运转以及如何对其运转结果进行评价的基本一致的意见。对于像哈耶克和诺齐克这样的古典自由主义者

---

[1] D. Gale Johnson 在北京大学的一次演讲中语。
[2] Nozick, Robert [1974], *Anarchy, State, and Utopia*, Basic Books, New York.
[3] Rawls, John [1971], *A Theory of Justice*, Harvard University Press, Cambridge, MA.

来说，这样的一个社会公正理论不过是幻想而已；哈耶克更是认为，社会公正是皇帝的新衣。对于他来说，每个人的偏好是不同的，不可能就社会评价达成共识。在他那里，作为社会评判标准的唯一有价值的东西是由法治所定义的正义，或更严格地讲，是程序正义；任何其他试图对社会分配结果进行评判的企图都是非正义的。他说："古典自由主义旨在实现的那种社会秩序与眼下正趋形成的那种社会秩序之间的重要差异在于：前者受正当个人行为原则的支配，而后者（亦即那种新社会）则旨在满足人们对'社会正义'的诉求。换言之，前者要求个人采取正当行动，而后者却越来越把正义之责置于那些有权向人们发号施令的权力机构的手中。"[1] 显然，哈耶克所认同的正义或公正是对个人的道德约束，而不是对社会结果的评判。

哈耶克对于社会公正的悲观态度来自两方面，一方面是他对公民就社会公正达成一致意见的可能性的怀疑，另一方面是他对国家的不信任。但是，正如罗尔斯所指出的，一个公正理论无需是一个"全面的"意识形态认同，而只需是社会的各种意识形态的交集。[2] 在一个多元化的社会里，寻找各种意识形态的交集是唯一的选择，同时也是一个可能的选择。罗尔斯在论证这种可能性时采用了契约论的方法，即社会公正是人们在原初状态下于"无知之幕"之后所做出的必然选择，因为他们意识到，只有这样他们才可能在未来的社会中和平相

---

[1] 弗里德利希·哈耶克 [2000]：《法律、立法与自由》（第二、三卷），第121页；邓正来、张守东、李静冰译，中国大百科全书出版社，北京。
[2] 约翰·罗尔斯 [2000]：《政治自由主义》，万俊人译，译林出版社，南京。

处。这种绝对权利的契约论观点的一个致命弱点是，它无法解释我们为什么认定一些权利是好的而排斥另一些权利。但是，我们无需罗尔斯的契约论而只依赖现实存在，也可以解释找到意识形态交集的可能性。一个社会的各种人群可能因为利益和社会背景的差异而持有不同的意识形态，但是，由于他们拥有共同的传统和文化，他们必然会赞同某些基本的理念（比如，像"一报还一报"这样的对等性观念是多数文化所共同拥有的）。在最低层次上，人们至少会就人的基本权利达成共识（比如，"人的生命不受无故的侵害"大概是任何文化都秉持的观念）。因此，意识形态的交集具有现实的基础。

哈耶克对国家的怀疑有道理，但是，在一个运转良好的民主社会里，我们无须"把正义之责置于那些有权向人们发号施令的权力机构的手中"。如森所指出的，确定一个公正理论的工作应该呈现给公开、民主的参与和讨论；他相信，这个过程能够确定一个国家在一定时期内的公正标准。

02

制度绩效多样性的实证意义

诺斯对制度变迁的实证研究是围绕着两个主题展开的。其一是制度的经济绩效，特别是制度对经济增长的影响；其二是制度如何受经济因素的诱导而发生变迁的。新政治经济学派打开制度变迁的黑箱，研究政治权力的分配如何影响制度变迁。然而，两者的共同之处在于关注制度的经济绩效，"为什么有些制度有利于经济发展，有些制度不利于经济发展"，这个问题始终占据着他们研究的核心地位。科斯告诫人们，经济学家关心制度必须是因为制度对经济表现产生影响，同时，经济学家对制度的关心也应该仅限于制度对经济表现的影响。从这一点看，诺斯的问题对于一个经济学家来说具有合法性。但是，承认这个问题的合法性不等于排斥其他问题的提出。在制度研究领域，一个倾向是将经济因素看作制度变迁的唯一诱因。在诺斯的早期著作中，经济因素对制度变迁的诱导这一主题占据了重要的地位，其核心成果就是效率假说。新政治经济学派也将经济利益置于制度变迁的主导地位；政治集团支持或反对制度变迁的原因在于对经济利益的计算。在上一章里，我从制度变迁的集体选择的角度对效率假说提出了疑问和补充；在这里，我将着重从制度目标的多样性角度对经济利益在制度变迁中的作用做进一步的探讨。

制度目标的多样性来自两个方面。其一是由制度变迁的集体选择的性质所决定的，其二是由制度变迁中关键行动者的意识形态所决定的。集体选择意味着制度不是由单一个人或组织所决定的，而是众多利益不同的个人和组织的碰撞和妥协的结果。在现代社会里，利益的多样性无处不在。一条高速公路对沿线的大中城市来说是非常有价值的，但对沿线的农村地区，特别是对当地经济收益来说，意义就不那么了。农村经济的地理局限性很大，一般工商业的交往范围多在县域以内或邻近县份。因此，高速公路远不如一条开放性的国道，甚或村边的一条柏油路对农村居民有用。再比如，一部保护消费者的法律会受到消费者的欢迎，但却违背了厂商的利益；相反，打击盗版对厂商有利，但又往往损害消费者的当前利益。在当代民主社会里，各种利益通过代议制民主最终在立法中予以体现。尽管即使是在民主最发达的国家（如北欧国家）也难免出现立法被某个利益集团所左右的情形，在多数情况下，立法所体现的往往是各种利益的综合与妥协。即使在中国这样实行民主集中制的国家，立法也是如此。立法涉及诸多的关键行动者，既包括那些倡议并积极参与法律修订过程的学者，更包括代表国家权力的全国人大及其常委会。人大及其常委会的目标是多元，有时甚至是相互冲突的，这种多元性自然会体现在立法上。任何政党或组织，如果它想领导一个国家的话，就必须尽量使自己成为一个接近被奥尔森称为泛利的组织。但是，一个泛利组织的目标必定是多元的，否则它就不能具有广泛的代表性。因此，作为一个国家制度变迁的关键行动者，执政党所建立的制度必定是具有多元目标的。

如我们在第十章所看到的，新政治经济学派从政治—经济相互作用的角度考察制度变迁的机制，是对新制度经济学研究的超越。然而，以阿西莫格鲁为代表的新政治经济学派仍然把经济利益作为推动制度变迁的主要动力，这与现实有较大的距离。阿西莫格鲁等人的制度模型将制度变迁的过程进行了简化，假设制度变迁的参与者是少数几个关键行动者，如执政者、精英团体和平民团体等。且不说这样做是否体现了制度变迁的公共选择性质，单就把经济利益定义为关键行动者追求的唯一目标就有问题。在参与制度变迁的过程中，经济利益未必是关键行动者考虑的唯一目标，甚至可能不是一个重要的目标。阿西莫格鲁和罗宾逊对欧洲民主化的研究就是一个反面例子。

十九世纪早期，资本主义的野蛮生长激起了欧洲社会的反抗，其结果之一是民主化的推进。什么原因导致了民主化呢？阿西莫格鲁和罗宾逊2000年在《经济学季刊》上发表一篇文章，[1] 构造了一个非常复杂的动态博弈模型探讨这个问题。文章的主要观点是，欧洲民主化的主要原因是精英集团和平民集团之间对经济成果的争夺和妥协。在民

---

[1] Daron Acemoglu and James Robinson [2000]. "Why Did the West Extend the Franchise? Democracy, Inequality, and Growth in Historical Perspective." *The Quarterly Journal of Economics*, Volume 115, Issue 4, November 2000, Pages 1167–1199.

主化之前，精英集团掌握国家政治，因而可以决定经济成果的分配。随着经济的增长，这会激起平民集团的反抗，精英集团面临被推翻的危险。为平息平民的反抗，精英可以通过给平民让渡更多的经济成果打消平民的反抗意愿。但是，这不是一个可信承诺，因为一旦平民相信了这个承诺而不反抗，精英就有动机反悔。平民也明白这个道理，因而从一开始就不会相信精英的承诺；这样，对抗就不可避免，平民和精英都受到损失。当精英的损失足够大的时候，他们就会实行民主，让平民参与经济结果的分配，如此，平民不再反抗，而精英也不至于被平民所消灭。

这个故事的逻辑很复杂，也很严密，而且还使用了诺斯的可信承诺概念，从纯经济学的角度来看是一篇优秀的论文。然而，经济利益是平民反抗精英集团的主要原因吗？我在本书中多次引用波兰尼的观点，波兰尼对这个问题的回答一定是否定的。市场让精英得益，但市场不仅制造了大量赤贫的工人，而且破坏了社会的纤维，这会激起社会的反抗。参与反抗的不仅有被压迫的平民，还包括像傅立叶和恩格斯这样的有产者，他们参与反抗不是为了获得更多的经济利益，而是要建立更加公平的制度。即使是平民，也未必完全是为了经济利益而反抗。十九世纪的资本主义把人变成纯粹的工具，让工人失去了做人的尊严。马克思的异化理论从这个现象出发对资本主义展开了深刻的批判。在马克思的影响之下，欧洲的工人运动超越了争取短期利益的目标，而把推翻资本主义、建立无阶级差别的共产主义作为最终目标。共产主义作为一个全新的社会形态，不仅消灭了剥削，而且让每个人都能够掌握自己的命运，得到自由和全面的发展，后者大大超出了简单的经济利益。欧洲的工人运动虽然最终被一次世界大战之后的阶级大妥协所消弭，但它对欧洲民主化进程的推动作用却是确定无疑的。欧洲民主化是一场波澜壮阔的社会运动，阿西莫格鲁和罗宾逊把它归结为关于经济利益的可信承诺，看似很学术，结果却是对这场运动的矮化。

经济学家之所以不关心制度绩效的多面性，很大程度上和他们所拥有的分析工具有关。我们知道，经济学家描述个人和组织决策的工具是最大化模型。这个模型虽然可以考虑决策者的多重目标，但这些目标必须可以被量化，而且决策者必须为这些目标分配确定的权重。然而，在现实中，决策者往往根本不具备为每个目标分配权重所需要的信息，因此也不可能把所有的目标都放到一个最大化决策中去。更重要的是，制度变迁不仅仅只有一个参与者，而是一个有许多参与者参与的社会选择过程，制度绩效的多面性体现的是参与者利益和意识形态的多样性。在这种情况下，经济学家更愿意构造一些简单的单目标决策模型来解释制度变迁的一个侧面。这正是诺斯在其早期所做的，也是阿西莫格鲁和罗宾逊在重复做的。如果"片面的深刻"是我们评价一个理论好坏的标准，[1]则他们是有贡献的。问题在于，当这种研究方法被广泛接受，甚至传入其他学科的时候，人们会倾向于认为这是唯一的方法。因此，诺斯在其学术生涯的后期勇于矫正自己早期

---

[1] 这里的"片面的深刻"是借用温铁军的话。

理论的不足，既是值得敬佩的，也为制度研究学者提了一个醒，告诉他们以单一标准来研究制度的危险性。

但是，正如我在前面章节所指出的，在制度研究中引进多重因素的危险在于，经济学家可能因此失去制度研究的比较优势，因为他们的分析工具不适合对多元目标的研究。在这方面，政治学家和社会学家可能比经济学家具有更多的优势。对于经济学家而言，将注意力放在制度的经济绩效方面可能更容易做出成果。在这方面，一个无法回避的问题仍然是：一个制度变迁是否增进经济绩效？效率假说作为一种制度研究的指导思想应该被放弃，因为它限制了制度研究的视野，并常常导致错误的预测；但是，否定效率假说作为一般指导思想的作用不等于否定我们对制度效率的追问。第八章介绍的我自己的研究已经表明，在一般性的条件下，效率假说是不成立的。但是，我们在现实中却观察到了许多有效率的制度变迁，中国的经济改革就是一个例子。因此，我们所要研究的是：在什么现实条件下，有效的制度变迁可能发生？这里涉及的另一个问题是制度变迁的可预测性，我将在下一章对此做进一步的讨论。

03

制度的多样性

无论是新制度经济学的代表人物诺斯，还是新政治经济学的代表人物阿西莫格鲁和罗宾逊，都坚持制度的两分法。古代社会的确如他们所指出的那样，一般来说以限制性制度为主要特征（尽管如我在第七章里所指出的，中国古代社会有较大的不同），而且，人类社会也的确如他们所指出的那样，在变得越来越开放和包容，但是，未来的社会是否就一定会收敛到他们所认可的开放性秩序或包容型制度？换言之，能够最大限度地增进民众福祉的制度是否是唯一的？我在第七章已经对制度的开放性进行了辨析，以儒家的贤能主义来说明，对政治过程施加一些与贤能有关的资质限制对于促进良治是必要和充分的。本节着重探讨制度的多样性问题，核心思想是，不存在放之四海而皆准的最优制度，而只存在与此时此地以及目标相匹配的适宜制度。

诺斯是一位经济史学家，他早已注意到制度的演进是渐进的。按理,他也应该意识到,所谓"最优的"制度只能放在历史情景里才可能做出定义——如果存在NWW所定义的最优的开放性秩序,为什么西方发达国家要等好几百年才建立这样的秩序?为什么光荣革命之后的英国没有立即建立这样的秩序?实际情况是,君主立宪是英国当时最好的选择。经过近一个世纪的革命与复辟的反复,国王的权力最终受到限制,辉格党主导的议会获得更大、更实在的权力,两者达到一种平衡。洛克在此时发表《政府论》,总结光荣革命的成果,建立了自由政府的理论,可以看作这种平衡作为一种可持续的国家治理模式的基础得到认可的标志。在当时,打破这个平衡、赋予平民参与政治的权利不仅不可能提高民众的福祉,而且会因为侵犯了辉格党人的利益而让英国社会再次陷入争斗之中。我们今天看到的西方发达社会里的开放秩序——如果如NWW所说的那样运转良好的话——是第一次世界大战之后民主化的结果,而后者并不是社会在抽象层面获得了"民主是好的"共识,而是第一次世界大战的残酷现实促成了国家内部的阶级和解。第一次世界大战是人类历史上第一次炮与火的大战,死伤异常残酷。欧洲各国的军官和士兵,不论他们出身贵族还是出身平民,都不得不在一个堑壕里与敌人对峙。大战让欧洲各国意识到,民族国家高于阶级属性,因而促成了大战之后的阶级大缓和。[1]另一方面,大战之中产生了国际红十字会,大批女性作为护士加入战场上救死扶伤的队伍;在各国内部,为弥补劳动力紧缺,妇女纷纷走出家

---

1 参见Pierre Rosanvallon[2014]. *The Society of Equals.* Harvard University Press.

门参与生产活动。由此，妇女地位大大提高，欧洲各国在战争期间和战后纷纷给予女性投票的权利。民主制度是一战之后欧洲社会实现阶级和解，再次确立民族国家的最佳选择，但民主制度——以其现有的形态——是否还是西方社会的最佳选择，答案未必是确定的。民主制度是一部精巧的机器，既有民主的成分，也保留了许多非民主的精英成分，如法院系统、精英学校、公司，等等。今天的西方社会，精英成分备受挑战，民粹主义风靡各国，西方民主的现有形态能否容纳民粹主义的冲击，是一个未解的问题。特朗普在败选之后，煽动他的支持者发动骚乱，最终导致2021年1月6日对国会大厦的冲击。这事实上已经构成暴乱，美国军方已经绕开行政部门直接与国会以及外国沟通，说明美国陷入了宪法危机。任何人都无法保证这样的事情今后不会发生。NWW、阿西莫格鲁和罗宾逊的开放性秩序/包容性制度是福山历史终结论的一个翻版，而福山本人已经放弃了历史终结论。历史不会终结在一个特定的政治制度上，秉持开放的心态，对于社会科学研究者获得有价值的学术成果是必要的。

事实上，即使是在西方社会内部，制度也存在多样性。个人主义是美国文化的主流，它的制度也与之相一致：最为自由的和保障最少的劳动力市场、最宽松的移民政策、最发达的金融市场、较少的再分配、抵制国家干预的社会、强大的私立大学，等等。这些制度赋予美国社会极大的创新能力，让它始终成为世界一流技术的领跑者。但它们的缺点也同样明显，就是社会的整合程度低、普通民众时刻面临失业的风险、社会问题突出等。北欧国家则处于西方社会里的另外一个极端。相比于美国式的个人主义，集体主义才是这些国家的文化主流。由此，这些国家的政府都非常强大，控制国民收入的一半以上，进行大规模的再分配。它们的创新能力虽然不如美国，但民众安居乐业，生活质量稳步提高，在各个方面都领先世界。丹麦做得如此之好，政治学里才有一个关于国家治理的终极之问："如何到达丹麦？"欧洲其他国家处于美国和北欧国家之间，它们的创新能力不如美国，但总体经济表现并不比美国差多少，政治和社会方面更是比美国表现更好。所以，从西方发达社会内部也可以看出来，没有最好的制度，而只有与本国主流文化相匹配的适宜制度。

当今发达国家的制度是经历几百年演进而来的结果，那么，发展中国家是否不用走发达国家走过的路，直接把发达国家现在实行的"最优"制度移植过来呢？阿西莫格鲁和罗宾逊倾向于给出一个肯定的答案。在《国家为什么失败？》里，他们试图用韩国和朝鲜的例子说明，韩国采用了包容型制度，因而成为一个发达国家，而朝鲜采用了攫取型制度，因而仍然处于贫困之中。但是他们忘记了，利比里亚是北美的自由黑人在十九世纪四十年代返回非洲建立的国家，不仅采取了和美国宪法几乎相同的宪法，而且还移植了美国的国旗，就连它的国名，Liberia，也预示着自由的希望。然而，今天的利比里亚仍然是世界上最贫困的国家之一，2020年的人均国民总收入只有580美元。利比里亚的例子说明，单纯地移植发达国家的制度不足以保证一个国家实现富裕，成为发达国家。至于韩国的成功，无数研究表明，它也不是简单地移植西方国家制度的结果，而是结合本国文化，采取渐进式制度建设的结果；如第七章介绍的施莱佛等人的研究所表明的，韩国的经济高速发展是在独裁政府下发生的，而民主化是收入达到一定水平之后才实现的。

中国自改革开放以来的经济成功更是表明，采纳适宜制度才是一个国家成功的关键。[1] 与苏联和东欧国家不同，中国采取了渐进式的改革策略，不追求制度建设的一步到位，而是不断创造临时性的、可以解决当时最为急迫问题的适宜制度，然后视情形再对它们进行改进，如价格双轨制、乡镇企业、国企制度等。中国的政治制度也是结合了马克思主义、中国革命和建设实践以及儒家传统的适宜制度，其经济和社会表现远超同等发展水平的采取西式民主的国家。[2] "历史是起作用的。"一个国家的制度只有与本国的历史和文化紧密契合方可发挥正面作用，中国自改革开放以来的实践是对此的最佳证明。

---

1 参见姚洋[2008]:《作为制度创新的经济改革》，格致出版社。
2 参见姚洋、秦子忠[2022]:《儒家政治》，中信出版社。

04

小结

　　人是具有多面性的社会动物，由人所设计的制度自然也具有多面性。主流经济学仅研究人的一个侧面，即理性计算的一面以及由此所衍生的经济和社会现象。但是，制度的多面性要求我们对制度评价的多面性，传统的以效率为核心的评判方式必须让位给更具包容性的综合性指标体系。在这个方面，森将发展看作人类对全面自由的追求的观点为我们提供了有益的启示。此外，牢记制度绩效的多样性对于制度的实证研究也是非常重要的，它不仅使我们避免提出虚假的问题，而且使我们对制度变迁给出更确切的描述。这个工作需要各个学科的社会科学工作者共同完成，他们的研究可能都具有片面性，但只要每个人都秉持开放的心态，虚心听取其他学科的意见，相信我们可以对制度变迁的过程做出更接近现实的描述。

　　认识到制度绩效的多样性对于我们为政府政策开的药方也有助益。政治家在考虑一个经济政策时往往不仅考虑这个政策将会带来的经济结果，而且考虑它的政治和社会后果，一个提高经济效率的经济政策不一定符合政治家的政治和社会目标。埋怨政治家对经济效率的漠视是无用的，经济学家应该在接受政治家的政治和社会考虑的前提下提出有利于经济效率的政策建议。这要求经济学家学会寻找次优的经济政策，而不是死抱着最优目标不放。事实上，经济效率和政治、社会目标不总是完全相冲突的，放弃一些经济效率可能带来巨大的社会收益；对于这样的经济政策，经济学家不应该拒绝。

最后，意识到制度本身的多样性是做出更有意义的制度研究所必不可少的前提。历史终结论会遮蔽许多人类社会面临的问题和挑战，由此会封闭研究者的思想，让思想变得单一和乏味。难怪乎福山自己也已经放弃了这个论断。而在他放弃这个论断之后，他的著述变得更加深刻和吸引人，他在过去十多年里完成的著作（如《政治秩序的起源》《政治秩序和政治衰败》《身份政治》等）为我们展现了人类诸社会在建立政治秩序方面丰富多彩的努力路径，也揭示了发达民主社会面临的政治衰败的挑战。对于中国学者而言，意识到制度的多样性可以促使我们更深入地研究中国自己的历史进程，并从中发现具有普适价值的理论。

第十二章

结语：制度研究的新视角

……有些制度变迁增加收入甚或社会净剩余，但（这些收入和净剩余）却被'错误的'人所拥有，因此它们从来没有发生。

——布罗姆利：《经济利益和制度》

在第八章里，我对比了新、老制度学派的方法和观点，为与新制度经济学和新政治经济学的对话设定了一个基调；沿着这个基调，我用三章的篇幅与新制度经济学和新政治经济学进行了综合性的对话。本章作为全书的结尾，将着重讨论制度研究的方法论问题。在第一节里，我将首先对制度研究中的事后合理化倾向提出批评，提出逻辑的严密性和逻辑的真实性的对比问题。然后，我将在第二节里以布罗姆利的"站在未来思考今天"的观点为参照，总结达到逻辑真实性的途径。第三节将系统地阐述制度研究的集体选择方法所要关注的问题。

第四节讨论制度变迁的可预测性问题。由于制度研究的社会选择观点必然将利益冲突和妥协引入制度分析,一个必须解决的问题是制度变迁的方向是否还可以被预测。如果无法对制度变迁做出预测,则经济学的比较优势就丧失了。我将试图说明,在集体选择的视角里,制度变迁的方向仍然是可以预测的。第五节总结全章。

01

逻辑的严密性和逻辑的真实性

在某种程度上，理论都是对历史的事后合理化，因为它只是我们理解历史的模型，而不是历史的真实。但是，当我们评判一个理论的好坏时，波普的证伪标准应该是唯一的标准，换言之，历史的真实性应该是唯一的标准。因此，当我在以前和本节使用"事后合理化"一词时，我指的是那些不顾历史真实的事后合理化。当这种事后合理化成为一种学术取向时，其后果就严重了。格瑞夫关于文化对政治制度的影响的研究就是一个例子。[1]

格瑞夫是历史制度分析领域的知名学者，他将博弈论引进对历史上的商业行为的分析，并着重研究了文化对商业传统的影响，因此得到学术界的认可。在1994年发表的一篇文章中，他对比了中世纪拥

---

1 Greif, Avner [1994], "Cultural Beliefs and the Organization of Society: A Historical and Theoretical Reflection on Collectivist and Individualist Societies." *Journal of Political Economy,* Vol. 102 (5): 912-50.

有两种不同文化的商人的行为及其对各自政治制度的影响。这两种文化中的一种是意大利热那亚的个人主义文化,另一种是散居在地中海沿岸阿拉伯地区的犹太商人的集体主义文化。格瑞夫考察了热那亚商人与阿拉伯犹太商人在和代理人打交道方面的差别。由于长距离商业活动的需要,两种商人都需要在远离自己居住地的其他城市寻找代理人。阿拉伯犹太人在寻找代理人时非常重视其他犹太商人的建议,只有当其他人认为某个代理人可靠时才会雇佣这个人。犹太人的集体主义文化表现在商人们相互之间沟通信息,使得每个人都能以最小的成本找到最可靠、最能干的代理人。不仅如此,当某个代理人欺骗了一个犹太商人之后,他的名声在所有犹太商人之中就坏了,没有人再会雇佣他做代理人。因此,犹太商人通过相互间的信息交流与信任对欺诈者实施有效的惩罚。相比之下,热那亚商人之间没有足够的信息沟通和信任,他们依赖各自对代理人的监督和惩罚保证自己不受欺骗或减少损失。一种惩罚办法是永远不和欺骗了自己一次的代理人做生意。显然,这种惩罚不如犹太商人的惩罚那样有效,因为,一个因为欺诈而失去了一个热那亚商人的代理人还可以去为其他商人做事。这样,热那亚商人不得不给他们的代理人付较高的工资,以增加他们因欺诈而失去工作的成本。相反,由于犹太商人能够对代理人实施集体监督,他们付给代理人的工资就少得多。格瑞夫对大量商人和代理人之间的合同的研究支持了这一点。

到此为止,格瑞夫的研究不失为一个不对称信息博弈的很好的应用,但是,他接下来的推论就有问题了。他认为,热那亚的个人主义文化导致了较高的商业成本，因此，商人们有动机建立一个以公法为基础的国家来为他们监督合同的执行提供保证，其结果是出现了具有现代国家意义的热那亚城邦。格瑞夫发现，热那亚商人及其代理人非常重视法律的作用，其结果是商人们可以雇佣代理人进行远距离的贸易活动而不用担心代理人的欺诈，因为后者知道，一旦欺骗了主人，法律将会对他进行惩罚。相反，由于犹太商人非常相信集体之间的信息传递，他们反而没有产生对现代国家的需求，因此我们也没有看到一个犹太国家的出现。

上述推理在逻辑上基本上是无懈可击的，但是，它是否与历史相符却是另一个问题。历史上的城邦国家很多，许多也以法律为统治手段。格瑞夫的理论能解释雅典或罗马这样的古典城邦的出现吗？显然不能。中世纪城邦也不是因为远程贸易的需要产生的，而恰恰是因为相反的原因。中世纪统一国家的衰败使得欧洲陷入战争和掠夺的泥潭之中，城邦小国因此起到了两个作用。第一，诸侯们通过提供保护而吸引人口并从后者身上获取税赋；第二，民众和商人通过进入城邦而得到保护，从而免于诸多诸侯的侵扰。因此，城邦将商业活动限定于一个窄小的地理区域而不是使之扩大到遥远的外国。只有当欧洲进入较为平稳的年代并随人口的增长而扩张的时候，远程贸易才再次兴盛起来。这是诺斯和托马斯在《西方世界的兴起》一书中为我们所描述的熟悉的历史。以这个描述来反观格瑞夫的理论，他对热那亚城邦的描述至多不过是事后的合理化而已，而不能称之为对历史的解释。他关于犹太商人没有建立自己的现代意义国家的理论更远离历史真实，因为犹太人散居在地中海沿岸各国，根本就没有建立自己国家的可能性。

事后合理化导致理论偏差的另一个例子是约翰·赖的国家理论。[1] 赖认为，暴力除了以下两方面，和一般的商品没有差别："第一，从一个规范的角度来看，（暴力的）交易可以不是对双方都有利的，其中一方进行交易不是自愿的。第二，暴力——或更准确地，暴力的技术——能在何种程度上改变（经济学的）标准分析（方法），取决于它能够被交易并被合理地'定价'的程度。"[2] 市场越完整、越成熟，则暴力的买卖就会更容易。因此，赖得到了和科斯定理平行的"推测"：

> 在一个具有定义完好的产权、完整的市场和零交易成本的世界里，不论暴力的初始分配如何，使用暴力的能力将向那些给予暴力最高价值的人手中集中。[3]

为什么呢？赖让我们

> 设想一个拥有镇子里唯一的一把枪的人。拥有枪使他强大到足以强迫其他人做他想做的任何事情，并允许他在枪口下抢劫路人。但是，如

---

[1] Nye, John [1997], "Thinking about the State: Property Rights, Trade, and Changing Contractual Arrangements in a World with Coercion." In John N. Drobak and John V. C. Nye editors, *The Frontiers of the New Institutional Economics*, Academic Press, Cambridge.

[2] 同上引，第124页。

[3] 同上引，第125页。

果某个人能够用枪做更多的事情，那么就会产生交易的动机；交易可以是直接的，由后者向枪的初始拥有者出一个很高的价格；也可以是间接的，由枪的初始拥有者向后者提供服务，而后者能够付给他比他自己为自己服务时所得到的更高收入。[1]

为了完成对科斯定理的类比，赖马上指出，在真实世界里，他的推测的前提条件不存在，因此，"我们发现暴力的初始分配将具有几乎不可争辩的重要性，并且，竞争的存在不会把我们带到一个最大化剩余的均衡。"[2] 赖用他的国家理论分析了几个历史上的例子。

但是，赖自己所列的暴力之不同于一般商品的两个性质，让赖的思想在逻辑上无法站住脚。如果交易的一方是非自愿的，难道我们还能称之为交易吗？在赖所举的例子中，枪的初始拥有者为什么会自愿地将枪卖给另一个人呢？如果他这样做了，买主会在得到枪之后立即把枪口对准他，强迫他把刚才得到的钱如数归还。知道了这一点，枪的初始拥有者卖枪岂不是十足的愚人行为？赖所谓间接的交易实际上不能被称为交易，因为枪的所有者没有放弃对枪的所有权，而仅仅是用枪的服务换取报酬。说他在从事枪的交易没有比狡辩有更多实质意义。

赖认为，诺斯的古典国家理论没有说明暴力的最终分布是如何形成的，声称他的文章的目的就是要解决这个问题。然而，他的所谓暴

---

[1] 参见本书第398页注1：第126页。
[2] 同上。

力的初始分配影响均衡结果（让我们姑且相信存在关于国家的均衡）的说法没有给我们提供任何新的信息，因为这不过是不言自明的事情，而且，暴力的初始分配也不是影响暴力的最终分配的唯一因素。

格瑞夫和赖的失误清楚地使我们看到事后合理化与解释之间的差距。事后合理化只要求逻辑的缜密性，却可以不顾历史的真实性；解释则要求解释者回到历史之中，站在当事人的角度思考制度的取向。格瑞夫的理论具有逻辑的严密性，但没有逻辑的真实性；而赖的理论在逻辑上也有问题。究其原因，是因为他们过分地追求一个非历史的理论，而这样做的结果往往是纯粹的对历史事件的事后合理化，而不是得到真正意义上的解释。要改变这种倾向，我们就必须将理论植根于历史的真实之中，使理论历史化。

有人可能担心，历史化的解释天然地排斥数理模型，因此无法进入主流经济学。这种担心在一定程度上是有道理的，但也不是不可以克服的。历史化并不是要我们放弃理论的分析细节，而是对理论的预设条件进行符合历史真实的描述。在这里，以下几点是非常重要的。

首先，历史化要求我们对理性假设进行更细致的定义，将它置于一定的制度环境中。弗里德曼认为，检验经济学模型的唯一标准是模型的预测能力，而与它的假设无关。在抽象的层次上，这个观点是没有问题的，因为它符合波普的证伪原则。但是，经济学的检验不能像自然科学那样完备，因为前者不能像后者那样，把检验建立在可控实验的基础上。再者，多数经济学模型只是为解释一个或一组现象而建立的，可供用来检验的实际经验本身就很有限，因此一个错误的模型可能在长时间里被认为是正确的。最后，经济学的观测本身极有可能是模棱两可的，根据这样的观测所进行的检验因此值得怀疑。在这种情况下，重视模型的假设是必要的，因为这样做能够保证模型从一开始就更可能接近现实。在这里，阿加西的制度个人主义是一个比纯粹的理性假设，也是更符合现实的假设，基于制度个人主义的模型因此具有更好的预测能力。

一个例子是我们在第十章里介绍的刘民权关于对等性对人类获取合作的作用的研究。我们知道，在严格的理性假设下，合作一般只能在无限重复博弈模型中找到。但是，正如诺斯所批评的，这样的合作所需要的条件是非常苛刻的，现实中一般无法找到（参见第四章）。然而，在刘民权的模型中，博弈次数不必是无限的，博弈的参与人也无需是固定的，只要他人的行动是可观察的，合作就可能出现。因此，刘民权考虑了对等性的模型比基于纯粹理性假设的模型更具有预测能力，所以是更好的模型。

其次，历史化研究要求我们将我们所希望解释的制度放在制度历史之中，而不是制度真空之中。这意味着，我们无需将所有制度还原为具有纯粹理性的个人的选择，而只需在一定的历史存在之上解释我们想解释的制度。在这里，诺斯的路径依赖学说对我们有一定的启示。虽然我们无需跟随诺斯去寻找制度路径依赖的轨迹，但这个学说至少告诉我们，历史上已经存在的制度对后续制度是有影响的，我们无法抛开前者来达到对后者的圆满解释。比如，中国的农地制度格局是在《宪法》所认定的集体所有制的框架下形成的，不认识到这一点是不可能建立一个关于中国农地制度变迁的正确模型的。

最后，历史化研究还要求我们对制度变迁所处的其他非制度条件给予关注。在历史上，技术和交通水平还不允许人类超越一定的居住空间去获取资源，因此，人类的初始文明深深地打上了地理环境的烙印。诺斯对古典国家的讨论是关注地理环境对人类早期文明影响的一个典范。事实上，中华文明和西方文明的巨大差别在很大程度上也是由它们所处的地理环境所决定的。一个困扰东西方学者的问题是李约瑟之谜：在很长的历史上，中国具有领先当时世界的生产技术，为什么工业革命却没有在中国，而是在相对落后的西欧发生？李约瑟自己的解释是，中国人不擅长逻辑思维，而专于技术的改进，因此无法产生以科学为基础的工业革命。但是，正如诺斯所指出的，工业革命不是科学革命，而是对已有技术的改进和利用。因此，中国人之专于技术的改进应该是导致工业革命的因素，而不是相反。还有许多其他解释，但我个人认为最可信的是围绕地理环境的两个解释。一个是尹懋可的"高水平均衡陷阱"理论，我在第五章结尾处对它的主要思想已经做了介绍。这个理论的实质是，中国和西欧所处的地理环境决定了它们不同的要素禀赋，而后者则决定了它们的不同发展轨迹。另一个理论是金克木提出的，这个理论更直接地把中国和西欧的对比放在地理环境之中进行考察。金克木认为，中国所处的地理环境相对于其他文明比较封闭，在东亚大陆及其边缘上，中华文明占据绝对的优势，没有任何其他文明足以与之相抗衡；同时，中国几乎没有海外贸易。但是，西欧文明发源于地中海沿岸，产生和壮大于不断的文明冲突和融合之中。在科学技术上，欧洲向阿拉伯学到了许多东西；在经济上，环地中海地区的贸易增强了欧洲本身的活力。工业革命的确在很大程度上得益于荷兰和英国海外贸易的增长，从这个意义上讲，金克木的理论在一定程度上解释了工业革命为什么产生于欧洲而不是中国。[1]

当经济学家试图解释历史时，他们最容易犯的错误是将非历史的理论套到历史事件上，而忽视了这些历史事件所所处的历史环境。但是，经济学家也具有一定的优势，这就是，他们注重历史事件之间的因果关系，并试图对它们给出解释。问题是如何将这个解释有效地置于历史环境之中。一个可取的途径是对历史事件所处的制度、经济和其他（如地理）因素进行恰当的描述，并在必要的时候对理性假设进行适当的修改。我们在本节所讨论刘民权、尹懋可和金克木的研究就是在这方面做得较好的例子。

---

[1] 以上讨论参见金克木，《读书》，1998年第3期。

02

站在未来思考今天

制度是为未来而不是现在设计的,因为制度的目标是协调人们在未来(包括明天)的相互作用。这是丹尼尔·布罗姆利在一本正在写作的新书中所表述的看法,他将这种研究方法概括为"站在未来思考今天"(Bromley, 2000)。根据这一方法,我们在进行制度研究时必须站在制度变迁的供应者的角度,考察他们在进行制度设计时对未来的预测,而不是对制度进行事后合理化;只有这样,我们才能得到关于制度变迁的充分理由(sufficient reason)。[1] 下面举两个布罗姆利使用过的例子来说明这个问题。

一个例子是人们对市场的看法。一般的看法是,市场的作用是为稀缺资源的配置提供一个价格机制,没有稀缺性就无所谓价格,也就

---

[1] 参见丹尼尔·布罗姆利[2006]:《充分理由》,简练、杨希、钟宁桦译,姚洋校,上海人民出版社。

无需市场。但是，布罗姆利的看法恰恰相反。他认为，市场产生于富余而不是稀缺。只有当一个人拥有超过其消费量的生产品时，他才会去想到交换；当许多人有了富余的产品时，交换得到深化，从而产生市场。这一对市场的描述与亚当·斯密的劳动分工理论是一致的。分工导致人们专业于生产某些产品，使这些产品的数量超过了个人消费所需，从而产生对交换的需求。因此，从市场的发生学角度来看，分工及其带来的个人在某些产品上的富余是产生市场的主要原因。市场对稀缺资源的配置功能虽然也很重要，但却不是产生市场的原因，而是市场的一个副产品。后人对这一副产品的合理化虽然加深了我们对市场的理解，但同时也使我们对从无市场到有市场的过程的理解产生偏差。

另一个例子是关于瑞典的。1967年9月2日，瑞典决定从第二天起，这个国家的车辆将由靠左行改成靠右行。这个决定并不是在当前的"成本—收益"分析基础上做出的，因为靠左或靠右行根本不会影响行车效率，而突然的改变却会使道路陷入一段时间的混乱之中。布罗姆利认为，瑞典政府之所以做此决定，是基于前瞻性的思索（prospective volition），因为它想使瑞典在未来更能和它的欧洲邻居们保持一致。

"站在未来思考今天"的意义之一是，制度研究必须回归到制度变迁的参与者的思考模型，而不是以研究者自己的思考模型去替代之。布罗姆利认为，目前制度理论的缺陷是，这些理论是建立在推理的（deductive）基础上的，它们所做的只是利用标准的行为假设和已知的经济学模型对现实中行动主体可能行动的推论。他建议，制度研究应该采取递展（abductive）的方法，以行为主体现实的行为规则为起点，分析他们的行为方式，并由此归纳而成理论。因此，推理方法是理论先于观察，而递展方法是观察先于理论。在这里，布罗姆利已经相当接近诺斯后期关于制度变迁的人类认知理论。诺斯强调制度参与者的认知模式对制度变迁的重要性，这和布罗姆利所建议的递展方法是一致的。

"站在未来思考今天"的意义之二是，制度研究不能是非历史的。递展方法不仅要求我们以制度参与者的模型来考察他们的行为，而且要求我们把自己放入他们的历史背景中，在他们的限制条件中考察他们的行为。在前一节所介绍的几个研究中，格瑞夫和赖的研究是非历史的，而尹懋可和金克木的理论具有历史性。

"站在未来思考今天"的意义之三是，制度变迁是人为的，而不是由某种原则在冥冥中作用的结果。它要求我们关注制度变迁的过程，而不是仅仅发现没有过程的规律。这意味着那种将制度变迁过程黑箱化的方法是行不通的。但是，布罗姆利走得更远，他认为，既然制度变迁是一个政治过程，则它将被制度参与者的意识形态和利益分配所主导，因此，制度变迁的方向是不可以预测的。

然而，集体选择不一定就不会呈现一定的规律性，参与集体选择的个体由于自然、经济和社会环境的相同限制可能拥有某些共同的特征或其特征的分布具有一定的规律性，同时，在制度变迁的动态过程中，制度变迁的参与者也会发生特定的变化，这些都可能使集体选择的结果呈现出某些规律性。下面一节沿着布罗姆利的思路，讨论研究集体选择和制度变迁的关系的方法；第四节将进一步讨论制度变迁的可预测性问题。

03
—

集体选择视角下的制度研究问题

我在第十章已经介绍了制度研究的两种集体选择进路，即社会选择方法和博弈论方法，本节进一步讨论这两种进路的实证研究取向。对于实证研究而言，以下三个问题是有意义的：(i) 对于一个观察到的制度变迁，什么样的集体选择过程以及什么样的经济环境足以导致这个制度变迁？(ii) 对于给定的经济环境和集体选择过程，什么样的制度变迁可能发生？(iii) 在什么情况下制度变迁符合经济效率？下面我对这三个问题给予进一步的解释，随后再讨论回答它们的方法。

让我们从第十章的放牧经济开始我们的讨论。假设我们观察到，当羊毛价格增涨到一定程度时，牧场被私有化了——比如，一个外来投资者购买了整个牧场，由他一个人来决定最佳的放牧规模，并雇用牧民们来替他放羊。由于私有化之后的社会收益等于私人收益，私有化将产生比公共所有制更有效的社会结果。具体地说，羊的数量将下降，但牧场的退化将缓解，每只羊所获得的收益增加，并足以抵消由羊只数量下降而导致的收入下降。

在获得这个观察之后,我们的第一个问题是,在上述经济环境下,什么样的集体选择机制足以导致牧民们接受私有化这个制度变迁?由于牧场对每个牧民的价值是不同的,我们无法期望所有N个牧民会达成一致意见,因此,某种形式的集体选择机制对于私有化这个变化是必不可少的。如果我们能够找到这样的机制,则我们就为效率假说找到了一个合适的制度变迁的过程。

当然,我们也可能观察到,当羊毛价格上涨时,私有化没有发生,而是出现竞争加剧、草场快速退化的现象。那么,我们的问题就变为:是什么原因导致这个放牧经济没有能够达到一个对每个人都更有利的结果?是因为交易成本太高,还是因为没有一个有效的决策机制(政治过程)?等等。

我们可以继续使用上述例子来讨论第二个问题。此时,我们所关心的是,给定例子里所描述的经济环境和某个社会选择机制(如多数原则),制度变迁的结果将是怎样的?这个问题实际上是比第一个问题更普遍的问题,许多社会选择领域的论文讨论这个问题。然而,对于制度研究而言,这个问题不如第一个问题有意义。首先,如果经济环境和社会选择机制都给定了,社会选择的结果(即制度)不过是机械性地内生于这些给定的东西,它的研究价值因此降低了。其次,更重要的问题在于,作为一个外来的观察者,一个研究人员很难说清楚一个社会或团体的决策机制;在这种情况下,社会选择就不是现成给定的。比如,对于中国农村决定其土地制度的过程,我们就知之甚少,且莫衷一是。有人认为,中国村庄制度变迁的决定权完全由村干部所掌握;有人则反其道而行之,认为全体村民才是制度变迁的决定者;更多的人认为,村民和干部的互动决定着村庄的内部事务。在这种情况下,任何对村庄集体决策过程的假设都可能仅仅是事后合理化,而无法达到对制度变迁过程的解释。

第三个问题实际上是第一个问题的一个特例,但是,对于经济学家来说,它最有意义,因为经济学家研究制度的一个最重要的原因是制度决定经济绩效。让我们暂时搁置放牧经济这个例子,通过考察一个内容更丰富的例子来说明这个问题。这个例子是中国在改革开放的前二十年所经历的制度变迁过程。我们都知道,中国的转型过程是渐进式的,中间还有多次反复。但是,中国在这二十年间的制度变迁基本上是在朝着增进经济效率的方向发展。农村改革废除了公社制度,重新确立了家庭经营模式,中国几乎在一夜之间解决了温饱问题。这大概是唯一一次帕累托式的制度改进。相比之下,城市改革要艰难得多,价格改革持续了将近十年时间,企业改革到今天还没有完成,而金融改革才刚刚开始。但是,这些改革还是给中国带来了巨大的变化,特别是价格改革,虽然经历了很长时间,但它的最终完成是中国经济向市场化迈进的开始。在其他方面,改革对效率的改进也是明显的。二十世纪八十年代兴起的乡村工业成为中国经济增长不可或缺的一部分,二十世纪九十年代的结构调整和社会保障制度的改革增强了国营企业的活力;特别地,九十年代中后期开始的企业改制显著地改变了中国的所有制结构,而农村的大量移民为城市工业和服务业提供了充足的廉价劳动力。可以说，中国在改革开放前二十的经济增长在很大程度上来自制度变革所释放的能量。

那么，一个有意义的问题是，这个有效的制度变迁过程是如何发生的呢？是因为领导层的远见卓识，还是他们靠"摸着石头过河"所积累的经验？是因为经济利益的驱动导致由下而上的自发变革，还是因为理论的预见导致自上而下的制度变迁？在这个过程中，利益的调和以及组织的动态重组扮演了什么样的角色？等等。

任何一个学科可能都无法对上述问题给出全面而满意的答案，作为一个经济学者，我也只能谈一下经济学家对上述问题的可能回答途径。经济学家关心普遍的理论，因此，他们研究制度变迁的角度是发现一些普遍的规律。效率假说是一个关于制度变迁方向的理论，路径依赖是另一个理论，而诺斯的人类认知模式又是一个理论。因此，在上面中国二十年改革历程的例子中，经济学家的问题可能是，这个历程是否蕴涵着一些规律性的东西？现有的理论是否足以解释它？如果不是，新的理论是什么？在这里，讨论一个特定制度变迁的结果所需要的条件和社会选择过程，可以更容易地对问题进行界定，并得到有意义的理论回答。在这方面，经济学研究和数学研究的方法类似。对于数学家而言，任何结果都是可以证明的，只要找到合适的假设即可，问题是如何找到和数学的基本公理相一致的最紧密的假设。因此，数学家采用的是一种从结论到假设的倒推法。这个方法对经济学家也适用，他们从观察到的事件出发，试图寻找一个理论来对导致这个事件发生的条件和逻辑做出解释。如果不是这样，而是从条件开始，研究这些条件可能导致的结果，则很难提出一个有价值的理论。这是因为，经济现实纷繁复杂，我们甚至无法预先知道存在什么样的条件，更不用说对它们进行描述了。

有灵感的经济学家往往能提出出其不意的问题，然后回过头来寻找它们的答案。比如，科斯当初写《企业的性质》的时候，就是从福特汽车公司收购费雪尔车身公司的观察开始的，他的问题是："什么原因导致了福特对费雪尔的收购？"进一步的问题是："企业的边界是如何决定的？"一个好的问题往往是对现有理论提出的反例。比如，根据资本边际收益递减原理，资本在发展中国家的收益率应该比在发达国家高，但是，卢卡斯针对资本在现实中向发达国家集中的事实提出一个问题："为什么资本不向发展中国家流动？"由此而导致了一系列有价值的研究。

对于上述中国改革的例子而言，我们的问题是："为什么中国改革时期的制度变迁是符合经济效率的？"最简单的回答是，这是因为领导者的正确决策。但是，许多改革不是中央发动的，而是地方，甚至民众自发发动，然后被中央政府所认可的，1970年代末到1980年代初的农村改革和1990年代的公有企业改制是最好的例子。政治学者谢淑丽（Susan Shirk）认为，中国的改革是利益冲撞和妥协的结果，[1] 但是，为什么这没有阻碍制度朝着有效的方向改进？对这个问题的回答足以写一部有分量的学术著作，同时也可能产生意想不到的具有普遍意义的理论。

---

1 参见 Susan Shirk [1993], *The Political Logic of Economic Reform in China*, University of California Press, Berkeley, CA.

04

制度变迁的可预测性

新制度经济学家认为制度变迁是可以解释和预测的,特别地,他们认为制度变迁可以还原为经济参数的变化,诺斯和托马斯对西欧经济制度的解释以及诺斯本人对人类经济制度的解释都属于对这种认识的实践。在他们的解释模型中,制度变迁的供应者被简约为一个行为主体,而制度变迁不过是这个行为主体在"成本—收益"计算的基础上做出的选择。在这样的模型里,标准的比较静态分析方法是适用的,行为主体的制度选择因此容易还原为经济参数的变化。然而,由于这样的模型忽视了制度变迁的集体选择性质,它对制度变迁的预测的准确性值得怀疑。

对于老制度学家来说,制度变迁是不可预测的;对于他们来说,制度变迁是集体行动,它的参与者具有不同的目标,因此,试图将制度变迁还原为经济参数的变化是不可能的。布罗姆利虽然也认为相对价格是导致制度变迁的关键因素之一,但他并不认为相对价格和制度变迁之间具有一个固定的关系。对于他来说，相对价格的变化只导致人们的经济利益格局的变化，从而促使人们试图通过集体行动改变现存制度，使之更有利于自己的利益。但是，由于相对价格的变化对不同阶层的影响可能不同，集体行动的结果并不会当然地有利于某一个阶层，实际情况视各种利益集团的谈判能力而定。比如，当石油价格上涨的时候，社会中的一部分人有动机要求政府采取措施以保障他们的利益。在1970年代初的第一次石油危机中，这种要求得到一定程度上的满足，美国政府实行了短时期的限价政策。但是，当石油价格于2000年再一次狂涨的时候，货运司机要求限价的请求却没有得到政府的响应。原因在于，1970年代的石油危机导致全民的恐慌，政府受到来自各方的巨大压力；而2000年的石油价格的涨价幅度虽然和1970年代相当，但却没有引起全民的恐慌，政府所受到的压力很小。这个例子说明，相对价格的变化虽然导致人们对制度变迁的要求，但对制度变迁的结果没有预测能力。

如果老制度学家的观点是正确的，那么，对于制度变迁的研究就只能停留在对制度变迁过程的描述上，而无法建立具有预测能力的理论。这显然不是一个令人满意的结果。然而，我们无需像老制度学家那样悲观，而是有理由相信，即使是在集体选择的框架内，制度变迁的方向也是可以预测的，新政治经济学派的工作已经在这方面做出了很好的示范。总体而言，基于三个理由，经济学家可以基于外生的经济或社会参数对制度的演进方向给出预测。

首先，在和平年代，制度主要是用来协调人们之间的利益分配的。这里的利益不仅仅指像收入这样单一的指标，而是可以包括非收入指标。但是，无论如何，这些指标都与经济参数有关。比如，平等可能是人们在参与制度变迁时所追求的指标之一，而相对价格的变化影响人们对平等的看法。让我们来看一个例子。考虑我国的一个纯农业社区，在那里，农业是当地唯一的收入来源，但人们也可以到外省去打工，赚取额外的收入。假定一开始的土地分配被人们认为是平等的，也就是说，没有人嫉妒别人的土地拥有量，因为土地少的人家可以在外面挣取足够多的收入，无需嫉妒土地多的人家，而土地多的人家也无需嫉妒土地少的人家，因为土地给他们带来足够的收入。现在，假设国家的整体经济遭遇突然的不利冲击（比如，出口大幅度下降），工厂大量辞退工人，此时，土地少的人家在外面打工的成员不得不回到家里，当地劳动力供应量骤然增加，劳动力价格下降，土地价格上升。因此，原先被认为是平等的土地分配在地少的人家看来就不平等了，他们因此有动机要求改变土地分配。

不仅平等，其他非收入指标也与经济参数息息相关，这是因为经济现实对于人们日常生活的基本性。在诺斯的认知模型中，人的意识形态产生于人对经济现实的认识，尽管主观的过滤是重要的，经济现实的作用仍然不可忽视。对于那些以协调人们的经济利益为目标的制度，经济现实的重要性就更加不言而喻了。如果经济学家将自己的注意力集中在经济制度上，那么，认为制度参与者的利益受经济参数的左右并不是一个过分的假设。

第二，当经济参数变化时，人们的利益的改变可能呈现出一定的规律性。比如，在我们前面所举的牧场的例子里，当羊毛价格上涨时，所有的牧民都将更偏好于某种形式的联合生产，因为羊毛价格的上涨导致过度放牧，使每只羊的价值下降。由此可见，羊毛价格可以成为预测制度变迁的经济参数。

第三，某些制度变迁的动态机制可能有利于经济参数发挥作用。比如，第十章谈到关键行动者的作用，如果这个作用足够大，制度变迁可能被关键行动者所左右，从而使制度变迁更接近诺斯的个体模型。即使在不存在关键行动者的时候，社会选择也可能不是基于完全分散的个人偏好之间的竞争而做出的。在最普通的情形下，利益集团之间的斗争也不总是胜负难分的，强势利益集团往往会占据主导地位，使制度变迁体现它们的利益。另一种常见的情况是，通过说服、宣传乃至对某种伦理的遵从，社会可能就制度变迁方式的某个侧面达成一致意见，当社会的集体生存面临挑战时，这种一致性更可能产生。比如，当一个国家面临外敌入侵时，国内各种势力可以暂时抛开成见，联合起来一致对外。在当代，发动战争或渲染战争的威胁是一些国家的政府在面临国内难题时所惯用的手法。

第十章所介绍的杨雷和我对在线游戏《石器时代》的研究表明，制度变迁参与者会发生动态变化，从而使制度演进呈现出一定的规律性，在那个游戏中，这个动态变化就是组织的出现。这种动态变化特别值得研究，因为我们在现实中频繁的发现它们，而经济学家对它们的关注又远远不够。

在这里，我想以我的另一个早期研究为例说明制度变迁的可预测性及其复杂性。[1]我的这个研究是关于中国土地制度的选择的。我们知道，中国的土地制度自农村改革之后主要由各个行政村或自然村自己决定，这样一来，土地制度就呈现出丰富多彩的式样。我所考察的只是土地制度的一个方面，即地权的稳定性问题。土地调整频率越低，说明一个村子的地权越稳定，土地所有权的个人化程度越高。显然，地权个人化程度的提高有利于农户增加对土地的长期投资，因此是更有效的。那么，一个自然的问题是，是什么原因导致不同的村庄采用不同的地权形式？按照效率假说的预测，那些土地越稀缺的村庄越不可能调整土地，因为这些村庄的土地价值高，对土地投资的需求因此也越高。我首先在理论上证明，如果土地制度是由"理性的"集体决定的——在这里，"理性的"集体意味着村集体最大化每个农户的农业剩余之和，则效率假说是成立的。原因在于，当村集体试图最大化农业剩余之和时，它必须采用提高土地生产率的制度，而当土地越稀缺时，投资就更重要，因此更个人化的地权就是必然的选择。所以，根据这个"理性的"集体决策模型，制度变迁的方向是可以预测的。但是，我接着证明，如果制度变迁的集体选择不是由一个理性的集体代言人做出的，而是由多数原则所决定的，则效率假说不成立。原因在于，在多数原则下，制度的选择只受利益在人口中的分布所左右，而与外在的经济参数无关。这个结论和老制度学派的观点一致，即在政

---

[1] 参见 Yao, Yang[2004]. "Land Tenure Choice in Chinese Villages: The Rational versus the Political Model." *Land Economics*, 80(4): 477-488.

治过程中，制度变迁的方向是不能被预测的。

但是，以上两个集体决策模型都是静态模型，现实可能比它们要复杂得多。在研究中，我对分布在四个省的83个村在1980到1993年间的土地制度选择进行了计量分析，发现人均土地较少的村调整土地的频率的确更低一些。但是，我同时也发现，集体决策参与程度越高的村（更准确地说，那些关于土地调整的决定必须要村民大会通过的村）更不愿意调整土地。这个发现和"理性的"集体模型不一致，因为这个模型的预测和集体决策的参与程度无关；但它和政治模型是一致的，因为参与度越高意味着影响决策的利益更分散，因此也更不容易达成一致意见。由此可见，中国农村的集体决策过程可能是"理性"集体和政治模型的混合体。在一定程度上，这个决策过程的制度选择是可以用经济参数来预测的，只是它可能比效率假说所要求的决策模型要复杂得多。

当然，上述解释和研究并不说明制度变迁总是可以用经济或社会参数来预测；正如我多次强调的，意识形态是促成激烈的制度变迁的主要原因，经济因素只处于次要地位，或根本不起作用。这就要求经济学家对自己的解释能力有一个清醒的认识，不盲目地以经济因素去解释制度变迁。那么，是否存在一个决定经济学解释能力的标准呢？似乎没有。过去一些绝对不属于经济学研究范畴的领域（如家庭内部的分工）却产生了很有意义的经济学成果，而一些纯粹的经济制度（如人民公社）却无法用经济因素来解释。如果一定要给出一个标准的话，那么，产生有意义的结果，为我们对制度的理解增加新东西大概可以算一个标准。

05
小结

本章对事后合理化的研究倾向提出了尖锐的批评，认为，检验理论正确与否的标准不应该是理论逻辑的严密性，而应该是它的逻辑的真实性。接着，我以布罗姆利的"站在未来思考今天"的观点为起点，将制度研究置于对制度变迁当事人的现实考量之上。由这个起点出发，我试图在综合新、老制度学派以及新政治经济学派的基础上为读者呈现制度研究的集体选择视角，并提出了一些值得研究的问题。这个视角接纳了老制度学派对制度变迁过程的重视，但同时强调对现代经济学的应用。另一方面，这个视角也接纳了新制度学派和新政治经济学派对理论的预测性的重视，提出了在集体选择的框架内以经济或社会参数预测制度变迁方向的几种可能性。随着博弈论的广泛应用，相信在新政治经济学的框架下，制度研究会出现更多有影响的研究成果。